The Concise History of Fashion

増補新装

カラー版
世界服飾史

監修＝深井晃子

執筆＝深井晃子＋徳井淑子＋古賀令子
周防珠実＋石上美紀＋新居理絵＋石関亮

美術出版社

はじめに

毎日の生活のなかで,服飾は私たち一人一人とあまりにも密接で,あまりにも親密な関係にあるためにか,軽んじられ,無関心なままにおかれることも少なくない.しかし,考えるまでもなく着るという行為が,人間が自分という個人になるための行為だということを否定することはできないだろう.本書は服飾とその歴史がもつ多様性,そしてその意味の広さ,深さを考えてみたい.

私たちは,なぜ服を着ているのだろうか? この一見素朴な問いは,思いがけないほど深いところから発せられている.それは服飾が社会とかかわりあいながら現われた人間の心と身体との総体的な表象だからである.暑さ,寒さとかかわる生理的な理由,記号である服飾が示している社会的な要因,装飾変身願望,隠蔽と顕示といった心理的な理由……それらが複雑に絡みあって,私たちは服を着ている.ということは,なぜ,という問いに対する答えを探し出すのを急ぐ前に,どのように私たちは服を着てきたのだろうかを,見ていく必要がありそうだ.そこに服飾の本質の一端が隠されているのだから.

現在の日本の服飾はいわゆる「洋服」と私たちが呼んでいるものである.それは西欧の服装にその起源を持つ.そしてこれは,日本もそうだが,情報をほとんど同時に共有するようになった今日,世界の大多数の国々で着られているものでもある.したがって本書のタイトルは「世界」としたが,あらゆる時代のあらゆる国々の服飾を網羅するというものではなく,あくまでも私たちが着ている現在の世界共通の服飾という視点に立って,それがどのように生まれ発展してきたのかを理解することを目的としている.したがって日本が伝統的な和服から洋服へと変換していった過程も明らかにした.

さらに言えば,過去の歴史のなかで西欧の服装,そして染織品は,異文化圏との交流,つまり西欧以外の世界とのダイナミックな経済的,あるいは文化的交流によって,ある時期にはかりしれない大きな影響を受けている.それはイスラムの国々,インド,中国,さらには日本などからの影響,またアメリカで生まれたジーンズの影響であり,その意味においても世界的な広がりを持っているのである.

本書で用いた用語については,その時代の服飾流行を支配していた用語に準じることとした.中世以降は時代によってはイギリスやオランダ他の国々の影響を受けたものの,西欧の服飾の歴史は,フラ

ンスの服飾史といってもそれほど過言ではなく，フランス語に準じた．20世紀後半になると服飾流行においても英語による情報の広がりが優位になったという事実から，英語からの用語を用いている．しかし，たとえばコルセット，クリノリンなどのようにフランス語のコルセ，クリノリーヌではなく，すでに日本で広く定着している言葉についてはそれを尊重した．

服飾は，時代の美を集約する美的作品，驚くべき奔放な創造性を示すデザインの宝庫，最新技術の，あるいは素晴らしい手仕事が集約されたもの，でもある．本書は，絵画，彫刻，版画，ファッションプレート，図版など従来のビジュアル資料に加えて，京都服飾文化研究財団が収蔵する実物の写真を使用し，歴史的な服飾品の現実を伝えるよう試みた．それらのビジュアルな史料からは同時に，つねに人々がそれをどのように着ていたのかという服飾の本質ができるだけ正確に把握されなくてはならない．そのために，執筆者は文献，文学，記事など書かれた史料で補いながらそれを描き出すことを心がけた．いいかえれば，ある時代に生きた人々の生活とその服飾が着られた実態，現代とは異なるかもしれないその時代の美意識，価値観などをできるだけ具体的に蘇らせるように，そして歴史の流れや，服飾の発展の原因となった社会的，経済的，技術的，あるいは政治的な，複層する条件をできるだけ明解に浮かび上がらせるように限られた紙面の制約の中で試みた．

本書を始めて刊行したのは20世紀末だったが，改めて増補版として上梓するにあたり，1990年代を加筆し，21世紀を新たな章として付け加えた．同時に年表も新たなデザインで再構成し，文献目録にもできるだけ最新情報を入れるよう試みた．本書が服飾を理解するために多くの人々の手引きとなることを願うと同時に，人間の存在と切り離して考えることのできない服飾がかかわっている，さまざまな研究領域からの興味がより深まることを願っている．

監修者＝深井晃子

著者紹介

深井晃子（ふかいあきこ）
京都服飾文化研究財団理事
同名誉キュレーター

徳井淑子（とくいよしこ）
お茶の水女子大学名誉教授

古賀令子（こがれいこ）
ファッション文化研究者

周防珠実（すおうたまみ）
京都服飾文化研究財団学芸員

石上美紀（いわがみみき）
文化学園大学講師

新居理絵（にいりえ）
京都服飾文化研究財団学芸員

石関亮（いしぜきまこと）
京都服飾文化研究財団学芸員

図版担当
横田尚美（よこたなおみ）
元KCI 現滋賀県立大学准教授

筒井直子（つついなおこ）
京都服飾文化研究財団学芸員

目次 — The Concise History of Fashion

　　　　　　はじめに

I章
古代 | The Ancient Age
- 6 ……… オリエント
- 13 ……… ギリシア
- 18 ……… ローマ

II章
中世 | The Middle Age
- 26 ……… 5世紀から10世紀
- 30 ……… 11世紀から12世紀
- 36 ……… 12世紀末から14世紀半ばまで
- 44 ……… 14世紀半ばから15世紀まで

III章
16世紀 | The Sixteenth Century
- 54 ……… 形態と装飾
- 63 ……… 国民性と国際性

IV章
17世紀 | The Seventeenth Century
- 68 ……… オランダの隆盛、そしてフランス・モードの確立へ
- 69 ……… 17世紀前半
- 73 ……… バロックの美意識：ギャラントリー
- 75 ……… 17世紀後半
- 82 ……… インド更紗の流行

V章
18世紀 | The Eighteenth Century
- 86 ……… 貴族社会の頂点、そして革命へ
- 87 ……… ロココの男性服
- 89 ……… 18世紀前半の女性服
- 99 ……… 18世紀後半の女性服
- 103 ……… 革命からナポレオンの時代

VI章
19世紀 | The Nineteenth Century
- 110 ……… ブルジョワジーの時代、新しい流行のリーダー
- 110 ……… 男性の服飾
- 116 ……… 女性の服飾
- 126 ……… モード産業の基盤
- 129 ……… 新しい衣服の方向

VII章
20世紀前半 | The First Half of Twentieth Century

- 136 ······ 1900-1910年代
- 142 ······ 1920年代
- 155 ······ 1930年代
- 159 ······ 1940年代

VIII章
20世紀後半 | The Latter Half of Twentieth Century

- 162 ······ 1950・60年代
- 175 ······ 1970年代
- 179 ······ 1980年代
- 181 ······ 1990年代

IX章
21世紀 | The Twenty-first Century

- 186 ······ 2000年代

付録

- 193 ······ 年表
- 201 ······ 掲載作品一覧
- 206 ······ 参考文献
- 212 ······ 索引

凡例

1 | 本文中の作品名表示は「　」を,雑誌および書籍の表示には『　』を用いた.
2 | 本文中の図版番号は《　》で囲んだ.
3 | 本文中の外国語表示の国名には〈　〉を用いた.
4 | 姓名は一般に,ルネ・ラコステのように中黒(・)でつないだが,Henri de Toulouse-Lautrecのような場合には,アンリ・ドゥ・トゥールーズ＝ロートレックとした.
5 | 人名・地名のカタカナ表記は,できるだけ現地発音に近づけた.
6 | 作品の所蔵表記はできるだけその国の欧文表記に従ったが,英文表記を採用している場合もある.
7 | 巻末に人名索引,事項索引,および参考文献リスト,簡易年表を付した. 人名索引,事項索引は五十音順,参考文献は同類ごとにまとめたが,展覧会カタログは刊行年順とした.

古代
The Ancient Age

I

The Concise History of Fashion

オリエント

メソポタミア

　今日のイラク共和国を流れるティグリス河とユーフラテス河の流域を、両河の間という意味でメソポタミアと呼ぶ。この地域は前6500年に農耕・牧畜を営む新石器時代に入り、前3000年には南部のバビロニアで文字をもつまでの文明に至った。これが本格的な文明の段階に達したのが、シュメール人の初期王朝時代（前2900-2400）である。出土品によれば、この時代の服飾はもっぱらカウナケスだが、これは素朴ながら、その後前4世紀のギリシアにまで及ぶ伝統をつくった衣服である。マリの高官エビフ・イルの腰に巻かれているのがカウナケスの原初の姿で《I-1》、本来は羊や山羊の毛の房をつけた毛皮だが、やがてこれを真似て粗毛ウールの束を重ねた布がつくられ、これが後々まで伝えられるのである。カウナケスとは、つまり毛皮、もしくは毛皮を真似たウールの素材をさすことばである。男は腰衣をつけた上に一種のショールを体に巻きつけ、女は袖のついた全身着を着ることがあるが、出土品はいずれもカウナケスの特徴的な模様を示している。ウルのスタンダード「平和」の場面にはカウナケスの腰衣を着けた人物が多く描かれており、「戦争」の場面には腰衣の上にマントと頭巾（ずきん）をつけた兵士が槍を携えて進軍するさまが描かれている《I-2》。

　メソポタミアは諸民族の興亡のめまぐるしい地域である。シュメール人の初期王朝は前2370年頃にセム系アッカド人により滅ぼされた。前2000年頃に西セム系アムル人の支配するところとなり、前1792年頃ハンムラビがバビロニアを統一したが、前1595年頃ヒッタイトに滅ぼされ、その後「海国」つづいてカッシート人の支配下に入った。限られた出土品から興亡する民族ごとの服飾を見分けることは難しいが、基本的にはシュメール人の服飾を受け継いでいる。ナピル・アス王妃像《I-3》はこの時期の服飾を示す貴重な資料で、カッシート王朝時代の宮廷服を示す。長い房飾りつきの裾が広がり、ぴったりと肘まで覆う袖のついた全身着の肩をブローチでとめ、その上にショールを巻きつけている。

　アッシリアはメソポタミア北部の国である。前9世紀のアッシュールナシルパル2世の治世にこの国は力をつけ始め、前7世紀のアッシュールバニパル王はエジプトやバビロニアを含めてオリエントを統一した。しかしその繁栄はつづかず、王の没後にメディア、新バビロニア、リディア、エジプトに分裂した。アッシリア最盛期の服飾は、今日に少なからず残された極めて写実的な浮彫から知られるが、たとえばサルゴン2世（前721-705在位）の宮殿跡から出土した浮彫《I-4》が一つの典型を示す。裾に房飾りがつき、ぴったりと肘まで覆う袖のついた全身着の上に、やはり長い房飾りのついたショールを巻きつけている。繊細で精巧な房飾りはアッシリア服飾に際立つ装飾である。手首と肘の上で腕輪をつけること、踵（かかと）に覆いのあるサンダルをはくことも特徴である。髪と髭は縮らせる習慣で、髭のない右の人物は宦官（かんがん）だろう。

　前6世紀半ばにメソポタミアはアケメネス朝ペルシアに征服されてしまう。第三代のダレイオス1世（前522-486在位）はインダス河からマケドニア、エジプトにいたる大帝国を建設し、前331年にアレクサンドロス大王に滅ぼされるまでペルシアは繁栄を誇る。ペルシア人の伝統的な服装は、身体を緊密に包む上衣と、踝（くるぶし）のあたりで細く締めたズボンを組み合わせたものであるが、これは彼らが高原地帯の比較的寒冷な地方に故国をもつ遊牧民族であることに由来する。宮廷では本来メディア人の服装である、ゆったりとした全身着カンディスを用いている。

◆ I-1｜古代オリエント［エビフ・イルの像］　前3000年前半　シリア・マリ出土　Musée du Louvre, Paris
　（ⒸPhoto. RMN-Hervé Lewandowski）
◆ I-2｜古代オリエント［ウルのスタンダード「戦争」］　前2600年頃　British Museum, London
◆ I-3｜古代オリエント［ナピル・アス王妃の像］　前1300年頃　スーサ出土　Musée du Louvre, Paris
　（ⒸPhoto. RMN-Chenant）

◆ I-4 | 古代オリエント［サルゴン2世の従者］　前721-700年頃　コンサバード出土
Musée du Louvre, Paris (ⒸPhoto. RMN-Hervé Lewandowski)

◆I-5

エジプト

　ナイル河の流域の都市国家が統一されたのは前3100年頃である．以後エジプトは，砂漠とナイル河に囲まれた地勢のため外からの侵略を受けることが少なく，したがってメソポタミアとは異なり文化の連続性が保たれた．おそらく服飾はこれを最もよく示している．すなわちピラミッドが盛んにつくられた古王国時代(前2700-2300)と，テーベに都が置かれ，国が再統一された中王国時代(前2000-1800)の繁栄にもかかわらず，服飾は目に見える変化を示していない．これらの時期の男の衣服はシェンティと呼ばれる腰衣につきる．亜麻の白い布に端正なプリーツをつけて巻きつけたものだが，スカートのように単純に巻きつけたもののほか，股をくぐらせてかなり複雑な結びのものなど種々の変形がある．シェンティの原初のスタイルは後の時代まで行われる《I-5》．一方，女の装いは現代の衣服かと見紛うデザインで驚かされる．英型の胸下までのスカートを，細かいプリーツを寄せてつくった肩紐で吊る《I-6》．革細工に秀で，鱗状の模様は彩色した革を切り抜き，ネット状にしたものを重ねたと推測されている《I-7》．

◆ I-5｜［トトメス3世像］　前1482-1450年頃(第18王朝)　カルナク出土　Luxor Museum
　(写真=仁田三夫)

I｜古代

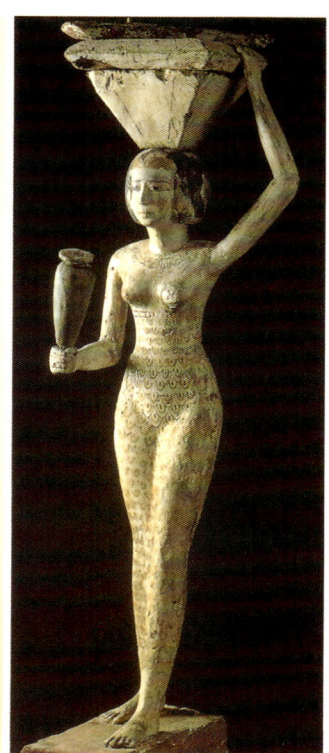

◆I-6　　　　　　　　　◆I-7

　新しい衣服が現れるのは、一世紀にわたるセム系ヒクソスの支配を脱し、新王国時代(前1570-1190)を迎えたときである。前1460年頃トトメス3世は地中海東岸をユーフラテス河に至るまで遠征し、エジプトの版図を最大としたが、この時期にエジプトに呼ばれたシリアの機織り職工は、この地の織物技術を飛躍的に発展させた。戦利品や貢物、そして復活した対外交易によってテーベの都に富が蓄積されたのもこの時期である。こうした時代を反映して服飾は華麗ともいえる様相を見せ、それは王墓壁画や彫像や工芸品にとどめられることになる。
　カラシリスは、その新しい衣服を代表し、《I-9》はその最も素朴な形を示している。正確な形状はわからないが、一種の貫頭衣を帯で整えて着用する全身着であると推測され、薄地の麻や亜麻布でつくられる。女のカラシリスは丈量豊かな貫頭衣の腰をカラフルな帯で締め、袖から胸にかけて細かなプリーツを、あるいは下半身に垂直のプリーツをつけた優雅な衣装である《I-8》。麻や亜麻布にプリーツをつける以外に、縮みの入った布も使われたらしく、ラムセス王の時代に好まれている。もっぱら麻や亜麻が使われたのは気候に適したためだが、ウールを不浄とし、麻や亜麻の白さを宗教的に聖なるものとする観念があったためでもある。《I-10》で

◆I-6｜象牙女性像　前2000年初頭　Musée du Louvre, Paris (ⒸPhoto. RMN-Chuzeville)
◆I-7｜[供物を運ぶ女]　前1990-1900年頃(第11王朝)　アシュート出土　Musée du Louvre, Paris
(ⒸPhoto. RMN-Hervé Lewandowski)

◆ I-8

 右のセティ1世が、凝った結びのシェンティの上に薄い衣服を二着重ねているように描かれているのは、実は一枚の大きな布を巻きつけたものである。一枚の布でありながら、短めのスカート、チュニック、そしてマントを重ねているように見せる巻き方があったらしい。

 古王国時代以来、豪華さで際立つのが、金属や宝石を二列から四列に円盤状に並べてつくる男女の首飾りで、権力の象徴でもあり護符でもあった。酷暑のため男女とも頭髪を剃るか短く刈ってしまい、祝祭や宗教的儀礼では鬘(かつら)をかぶる。王は玉座にあるとき人工のつけ髭をつける。

◆ I-9

◆ I-8｜古代オリエント［王と王妃（ツタンカーメン王の玉座の背もたれ）］　前1355年頃（第18王朝）
　　Egyptian Museum, Cairo
◆ I-9｜古代オリエント［ネブケド埋葬用パピルス］　前1370-1360年頃（第18王朝）　テーベ出土（推定）
　　Musée du Louvre, Paris (ⓒPhoto RMN-Chuzeville)

◆ Ⅰ-10｜古代オリエント［セティ1世とハトル女神］　前1300年頃（第19王朝）　テーベ，王家の谷出土
Musée du Louvre, Paris (©Photo. RMN-Chuzeville)

ギリシア 2

クレタ文明とミュケナイ文明

　クレタ島はエーゲ海の南端,ギリシア本土とアフリカ北岸の中央に位置する.この島は前3000年頃,新石器時代を脱し青銅器時代を迎えると独自の文化を花開かせた.前2000年頃から大規模な宮殿が島のあちこちに建設され,支配者階級の宮廷生活が始まり,やがてクノッソスの王のもとに中央集権が行われ,前1600年から前1400年にクレタ文明は最盛期を迎えた.クノッソス宮殿に残る壁画は日常の住まいを飾る絵画という点で貴重な資料であり,その人物画は自由で開放的な生活を思わせ,断片ながら服飾の様子をうかがわせる.男はシェンティによく似た膝丈の腰衣をつけているが,これはエジプトの影響であろう.シェンティによく似ている.宮殿「祭儀の間」から出土した陶製

◆Ⅰ-11｜ギリシア［蛇女神］　前1600-1500年頃　クノッソス出土
　Archaeological Museum, Heraklion
◆Ⅰ-12｜［石棺部分］　前1450年　ハギア・トリアダ出土
　Archaeological Museum, Heraklion

◆I-13

われる彩色画があるが、二つのタイプの服装が注目される《I-12》。僧侶と思われる男が下半身に巻いているのはカウナケスである。一方、上半身が密着し腰から円錐形に裾が広がる長い衣は男にも女にも用いられている様子で、これはやがてミュケナイ文明に受け継がれる。すでにメソポタミアや小アジアに見られるような、T字型の布に首を通す部分を丸く開けた仕立てだろう。

ギリシア本土には前2000年頃アカイア人と呼ばれる北方民族が南下し、中でも強力なミュケナイ王国が前1500年頃クレタ人に代わって東地中海の海上交易権を握った。ミュケナイ文明はギリシア本土からロードス島、キプロス島、小アジア沿岸のトロイア、シチリア島に及ぶ広い地域で前1300年頃まで栄えた。革細工や金・銀・青銅の金属細工が盛んで、葬礼用の黄金のマスクや冠帯、銀杯や銀壺など優れた金工品が今日に残されている。麻布と葡萄を大量に産し、シチリアでは象牙、キプロス島では明礬や錫を産し、これらが交易品の主なものだった。ミュケナイ文字の解読から知られるこうした生活文化は、ホメロスの描いた叙事詩の世界にほぼ一致する。『イーリアス』がトロイア戦争の勇士を語りながら「牛の皮でつくり、その外側にイノシシの白く輝く牙が隙間なしに並べられていた」(第10巻)と伝える兜は、実際にデンドラで出土している。服飾はクレタ文明を受け継いだが、男の衣服はエジプト風の腰衣からショート・パンツの形態に変化している。ミュケナイ文明は前1200年頃ドーリア人の南下によって滅びてしまう。

懸衣とドレーパリー

古代ギリシアの服飾を詳細に知るには、着衣の人物像が制作される前6世紀まで待たねばならない。前500年から前400年までに制作されたアルカイック期とクラシック期の彫像や壺絵は、先のエーゲ海文明とは異なったギリシアの華麗な服飾を伝えている。一枚の布を二つに折

人形《I-11》は、豊穣・生産を司る女神ともその随伴の婦人の像ともいわれるが、身体に密着した上半身と円錐形のスカートがつくるシルエットは実にモダンである。上着の密着した仕立ては、おそらく皮製のために、トップレスの胸下を紐締めにし、スカートの上につけているエプロンには背後にも垂れがある。ハギア・トリアダ出土の石棺の両側面には、葬儀の情景と思

◆I-13｜ギリシア[アテナ女神]ゼウス神殿のメトープ　前460年頃　Archaeological Museum, Olympia

◆I-14

り、間に体をはさんで肩で留め帯をする、といin うただそれだけの衣服だが、そのドレーパリーが多彩な表情を見せるのである。体の形に合わせて裁断し縫うということをしない単純な構成であるがゆえに、かえって自由自在な表現が生まれるのだろう《I-15》。

アテナ女神像《I-13》は、ギリシア本土のドーリア人が着た典型的なペプロスを示している。およそ肘から肘の長さの二倍の布を二つ折りにして体をはさみ、肩をピンで留める。布の上端は折り返され、その上から腰で帯を締める。左腕の下では布が輪になり、右腕の側では折り返しが切ったままになる、という衣服である。折り返しの部分をヴェールのように頭にかぶることも可能で、この場合、折り返しは両端が切り開かれている《I-14》。折り返しを片側開く

◆ I-14｜ギリシア［ヘルメス，エウリュディケ，オルフェウス］（ローマ時代の模作）　前420-410年
Musée du Louvre, Paris (©Photo. RMN-Porteuse d'offrandes)

◆I-15　　　　　　　　　　　　　　◆I-16

か，両側開くか，あるいは両側閉じてしまうかによりペプロスの表情は変わるのである．アテナ女神の右側面は足下まですっかり閉じられているように見えるが，開いたままにすればジグザグの大きな重ね襞が生まれる．腰の紐もドレーパリーの表情に一役買い，紐を折り返しの上で結ぶか下で結ぶか，あるいは折り返しをたるませるか，下の布をたるませて折り返しの下に覗かせるか，たるみの量をどのくらいにするかで表情は無限である．もとの布地の幅を大きくとれば，腕の下に下がる輪は大きく重厚な表情を見せるのであり，アテネのパルテノン神殿の浮彫やエレクティオン神殿の女人柱はそのよう な例である．

　小アジアに住むイオニア人の文化に起源をもつキトンはさらにドレーパリーを追求した衣服といえる．ドーリア人のペプロスが毛織物を使ったのに対しキトンは，もともと麻の衣服という意味のことばであったとおり，麻や絹などの薄地を使い，あらかじめ襞づけをすることもあった衣服である．ピンを用いずに，肩から腕にかけて複数の箇所を閉じ合わせるため独特のしわが並ぶ《I-18》．袂ができる場合もあるから，単純に二つ折りにした布ではなくT字型に裁断した布を原型とすることもあったようである．キトンに紐をたすきがけにすることも多い《I

◆I-15｜ギリシア[踊るマイナス]　前400年代　Museo Palazzo dei Conservatori, Roma
◆I-16｜ギリシア[デルフォイの御者像]　前470年頃　Archaeological Museum, Delphi

◆I-17

◆I-18

◆I-19

　-16》. イオニア人のキトンはやがてドーリア人の間にも広まるが, この経緯についてはヘロドトスの『歴史』に次のような逸話がある. アテナイが対岸のアイギナと戦争になったときのことである. アテナイ軍は全滅し, 生き残った一人の男がアテナイに戻って悲報を伝えると, 戦死した男たちの妻が, この男一人だけ助かったことに憤慨し, 衣服の留針で男を刺しながら, 自分の夫はどこにいるのだと詰め寄り, ついに殺してしまった. 敗戦の悲運より女たちの所行の方が恐ろしかったアテナイの人は, 留針を使うことがないよう女性の衣服をイオニア風に改めた, というのである (巻V-87).

　アルカイック期の女性像は, ペプロスやキトンの上にディプラックスを重ねていることが多い《I-17》. 同様に二つ折りにした布に体をはさんで一方の肩でとめ合わせただけだが, 他方の肩を脱いで脇の下に巻き込むことで優美な衣服になる. 長方形の大きな布を体に巻きつけるヒマティオンは, 男女に用いられた一種の外套である《I-19》. 幅2m, 丈1mほどの小さな布の外套はクラミュスという《I-14前出》. 男の衣服は基本的には女性のペプロスと変わりないが, 丈が短い. 長いキトンが用いられるのは儀式のときである《I-16》.

◆ I-17｜ギリシア[マイナス] 前490年頃 ヴルチ出土 Staatliche Antikensammlungen Und Glyptothek, München (Photo Studio KOPPERMANN)
◆ I-18｜ギリシア[着物を脱ぐ遊女]赤絵の杯　前500-490年頃　ヴルチ出土 British Museum, London
◆ I-19｜ギリシア[ティマリスタとクリトの墓碑]　前400年　ロドス島, カメイロス出土 Archaeological Museum, Ródhos

◆ I-20

ローマ

エトルリア文化

　イタリアに初めて文化の花を咲かせたのはエトルリア人である。もともと小アジアからの移住者である彼らは前8世紀半ば頃から目立った活動を始め，前6世紀末にイタリア中部から北部にかけて政治勢力を拡大し，経済の繁栄を見せた。しかし前3世紀半ばにはローマの支配下に入り，彼らの文化は衰えてしまう。

　エトルリア人の服飾を生き生きと伝えてくれるのは，タルクィニアを中心に多く残されている墓室壁画である。エトルリア文化の最盛期に制作されたこれらの壁画は，墓室とはいいながら死者の生前の生活を写し，宴会や競技，音楽や舞踊，狩猟や漁獲などの情景を示している。これらの墳墓からイオニア地方のギリシア人の手になる陶器が大量に出土しているから，エトルリア文化へのギリシアの影響は大きかったはずだが，服飾の場合は必ずしもそうではない。小アジアからの移住者としての伝統からか東洋的要素が濃く，たとえば「鳥占い師の墓」の人物《I-21》が示す先端のそり返った靴はシリアやフェニキアの人々が使っていたものである。《I-20》が示す色彩豊かなマントは祭のためだろうか。半月形のマントを，次に述べるトガの前身とみる説もある。

◆ I-20｜ローマ［タルクィニアの墓室壁画］　前460年頃　Museo Nazionale Tarquiniese, Tarquinia

◆ I-21

トガの展開

　伝説では前753年，考古学的資料によれば，それより1世紀ほど後にローマは建国された．都市国家として出発したローマは前509年に共和政を敷き，エトルリアの諸都市を従え，やがて前2世紀には東地中海を勢力下においた．この頃からローマの男性の市民服として定着したのがトガである《I-22》．トガtogaは覆うという意味の動詞から生まれたことばで，トガトゥスtogatusはトガを着ているというのが本来の意味だが，ローマ市民という意味さえ獲得している．初期の素朴なトガは，帝政時代が始まる前27年の頃にはドレーパリーが技巧的になり《I-24》，トガを着た男たちが居並ぶ風景は荘重な趣さえ漂わせるが《I-23》，4世紀末にロ

◆ I-22

◆ I-21｜［鳥占い師の墓］墓室壁画　前530年頃　Museo Nazionale Tarquiniese, Tarquinia
◆ I-22｜ローマ［演説者］　前2世紀または1世紀
　　　 Museo Archeologico Nazionale di Firenze, Firenze

◆Ⅰ-23

ーマの東西分裂を迎える頃には形式化してしまう《Ⅰ-25》。

　トガは直縁で5から6m, 中心で深さ2mほどの弧を描く布と推測されるが, その正確な形状については半円形, 楕円形, 台形などの説に分かれ, 結論は出ていない. もちろん時代による形の変化も考えられる. いずれにしろ, この大きな布を左肩にかけて後に回し, 右脇下からもちあげて再び左肩にかけるというのが基本である. 帝政初期のトガは右の腰の上と, 左肩から胸にかけて大きな襞をとるのが特徴で, 前者にシヌス, 後者にウンボーという名が与えられているから, これらが着つけのポイントなのだろう. 演説家は前夜にトガの襞どりの準備をし, 態度・表情とともにドレーパリーに気を配ったというクインティリアヌスの証言もある. 布地の多くは毛織物で, 自然の羊毛色のものは「無地のトガ」と呼ばれて市民服を代表した. 中国など東洋渡来の絹を使うこともあり, 絹と麻,

◆Ⅰ-24

◆Ⅰ-23｜ローマ［アウグストゥスの平和の祭壇］部分　前9年
　　　　 Personage of the imperial parade (part 1), Roma
◆Ⅰ-24｜ローマ［アウグストゥス像］　1世紀初め　Museo Nazionale Romano, Roma

あるいは絹と綿の混紡が使われることもあった。赤紫の絹に金糸の刺繍をほどこしたものは「絵模様のトガ」といい、初めは凱旋将軍に、やがて皇帝や執政官に用いられた。元老院議員のトガには赤紫の「線条」が入る。高位身分の衣服に特徴的なこれらの赤紫は、地中海に生息する数種類の巻貝の分泌液で染めた、いわゆる貝紫（パープル染）である。日光にさらされると赤紫に変色する分泌液は、小さな貝の中にわずか含まれるだけだから、しかるべき染料を得るには膨大な量の貝を必要とし、したがって貴重である。フェニキア人の商業都市として栄えたテュロスが「テュロスの紫」ということばを残したとおり、地中海では古くから知られていた。

トガの下に着るトゥニカは、二つ折りにした布地を頭と腕を通す部分を残して閉じ合わせるか、T字型に裁断した布を使うかする簡単な衣服だが、ここでも貝紫の装飾が身分象徴の機能を果たした。縦に二本の線条が入ったものは貴族の、「幅広の線条」が入ったものは元老院議員の表徴だった。素材は初期には毛織物、帝政期には麻のほか、毛と絹あるいは毛と絹の混紡も用いられ、麻には緑や赤、濃いピンクから濃い茶色まで種々のニュアンスの色があったことが知られている。トガは外出着であり、家の中で着ることはない。食事にはスュンテシスという正餐着をつけ、サンダルをはく。トガを着た外出時の履物は、足首をすっぽりと覆うカルケウスという靴である。高位の貴族は赤い革を使い、これは名誉のしるしとなった。

日常服としてトガを着用したのは紀元2世紀頃までで、以後はこれに代わる種々の衣服がトゥニカの上に重ねられている。エトルリア起源ともギリシアのヒマティオンに由来するともいわれるパリウムは、着装の簡便さから特に好まれたらしい。布の真中に穴を開けたポンチョ形式のパエヌラは旅装として用いられた。クラミュスに由来するラケルナはトガの上に羽織られることもあった。高位の軍人が用いたのはパルーダーメントゥムという大型のマントで、兵士

◆I-25

が着たのはサグムという正方形の小型のマントであった。

ギリシアの継承とゲルマンの影響

女性の服飾はギリシアの服飾をほぼ継承している。イオニア風キトンの場合《I-26》と、ペプロスと思われる場合《I-27》《I-28》とがある。ただしギリシア語ではなく彼らのことばでストラと呼ぶ。ストラの下にはトゥニカ・インティマと呼ぶ下着を着るが、これも必ずしもトゥニカの形をとらずキトンの形をとることもある。ストラの上にはギリシアのヒマティオンを受け継いだパルラを着る。パルラの着装はさまざまだが、トガと同じように左肩から後に回し、再び左肩にかけるのが一般的である。ストラとパルラの着用は3世紀には廃れ、代わってダルマティカとコロビウムということばが記録には頻出する。いずれもトゥニカの変形で、前者は

◆I-25｜ローマ[執政官]　400年　Museo Palazzo dei Conservatori, Roma

◆Ⅰ-26

◆Ⅰ-27

◆ Ⅰ-26｜ローマ［アグリッピーナ像］部分　1世紀　Museo Capitolini, Roma
◆ Ⅰ-27｜ローマ［花を摘むフローラ］　スタビア出土の壁画　40-63年
　　　　Museo Archeologico Nazionale, Napoli

ゆったりした袖がつき,後者は短い袖がつくか袖なしである.女性が外出時にはくのはサンダルで,左右の区別はない《Ⅰ-26前出》.

ローマは周辺のゲルマン諸族を従えながら領土を拡大する過程で,ゲルマン人のズボンを知った《Ⅰ-29》.ズボンはもともとローマには存在しなかったから,ローマ人にとってこれは蛮族のしるしと見えたらしく,彼らはガリアの地を「ズボンをはいたガリア」と呼んでいる.ゲルマン人のズボンは脚にぴったりした,ももひき状のズボンである.ローマ人はズボンをブラカエと呼び,機能的であることからまず兵士の服装に採用したのち,日常の服装にも広げた.301年のディオクレティアヌス帝の定めた販売価格表にはブラカエ仕立て職人の名があるから,3世紀から4世紀にはかなり普及したと思われる.ただし4世紀末のテオドシウス法典は着用禁止令を記しているから,蛮族の衣服に抵抗がなかったわけではない.

(徳井淑子)

◆マールティアーリスの『エピグランマタ』

古代ローマの詩人マールティアーリス(40-104年)が著した『エピグランマタ』は,頽廃の世相に対する諷刺のことばを多く含んだ,いわば警句詩集である.露骨すぎる性(それも男色)の描写を含み,必ずしも文学的価値が高いとはいえないが,ローマ風俗史に貢献した点では際立っている.作品によれば,もっぱら男の衣服であり,ローマ市民の,あるいは戦時に対する平時の代名詞でもあるトガが,遊女や姦通罪で捕まった女には強制されたらしい.したがって女の衣服であるストラは「廉恥のストラ」と記されて,堅気の既婚婦人のもるしてある.元老議員の伊達男の服装は「なんどもテュロスの紫に染ましたラケルナで,トガは処女雪をもしのぐ白づくり」である.無染色の羊毛のトガはその白さを誇り,ていねいな染の濃いパープルが高価だったということである.上等のパープルには強い染の匂いが残ったらしく,体臭の強い遊女に恰好と皮肉る歌もある.パープルの紫色は薄緑色(ガルビーヌス)などとともに女性の色で,男が着ると軟弱な気風を示すこともあった.そして紫や薄緑を着た女性的な男は,腕の体毛など脱毛することもしたらしい.全部の指に六つずつ指輪をしているのは指輪入れの箱がないからか,とからかわれるとおり,男がよく指輪をしている.軽い(夏用)指輪と重い(冬用)指輪という季節による区別があることが面白い.ゲルマン人の特徴である金髪はすでに女性の憧れの的で,遊女は金髪の髪をつけたり染髪したりするから「捕虜の髪の毛でもっとシックになれる」と皮肉られる.一回の晩めしに十一回もスュンテシスを着替えた男は,汗をかいたからではない,所持数を見せびらかしたいからだと作者は見抜いている.(藤井昇訳『マールティアーリスのエピグランマタ』上・下,1973・78年)

(徳井)

Ⅰ 古代

◆Ⅰ-28

◆Ⅰ-29

◆ Ⅰ-28｜ローマ［キューピッドを罰する婦人］　100年　Museo Archeologico Nazionale, Napoli
◆ Ⅰ-29｜ローマ［異民族とローマ軍の戦い］石棺浮彫　250年　Museo Nazionale Romano, Roma

中世
The Middle Age

II

The Concise History of Fashion

5世紀から10世紀

地中海の東北部に位置し、西ヨーロッパとオリエントを結ぶ要にあるばかりか、周縁地域のさまざまな物産が取引される場であったから、ビザンティン服飾は古代ローマの伝統を受け継ぎながら、東洋の文物をはじめとする周縁文化の大きな影響を受けたのである。

《Ⅱ-1》は伝統的な古代ローマの服装をしたアナスタジウス帝(491-518在位)である。トゥニカの上にやや丈の短いコロビウムをまとい、その上に巻きつけているのはトガである。トガはすでにかなりの変形を見せており、10世紀には完全に帯状のものになってしまうが、皇帝の公式の服装として残っている。一方、帝国が最盛期を迎えたユスティニアヌス帝(527-565在位)治世下に建造されたラヴェンナのサン・ヴィターレ教会には、ビザンティン独自の新しい宮廷服をまとった皇帝・皇妃のモザイク画が残されている《Ⅱ-2》《Ⅱ-3》。皇帝のマントはローマ末期のパルーダーメントゥムの流れを汲んでいるということもできるが、広い面をタブリオンという方形のはりつけ装飾で強調する表現は新しい。古代ギリシア・ローマ文明が服飾の美しさをドレーパリーに求めたというなら、ビザンティン文明は平面装飾に求めたといえ、これは東洋の影響による。テオドラ皇妃の右に並ぶ女性の多彩な服飾には、コプト織に影響を受けたモティーフが織り出されていると推測する向きもあるが、現存する染織品にはササン朝ペルシアのモティーフをもつものが多い。皇妃の胸を取り巻いているのはマニアキスといい、金糸で刺繍し真珠や宝石を飾った布で、ペルシア起源である。きらびやかな宝石の冠も同様である。皇帝が着ている筒袖の衣服はパラガウディオンといい、やはりペルシアに起源する。

ユスティニアヌス帝と皇妃の衣服、それに廷臣らのタブリオンが紫であるのはパープル染を示しているからである。輸入の生糸をパ

◆Ⅱ-1

ビザンティン文明

今日のトルコの町イスタンブールは古くビュザーンティオンと呼ばれ、ギリシアの植民都市として栄えた。ローマ皇帝コンスタンティヌスは330年ここに新都を建設し、コンスタンティノポリスと改称し、やがて395年にローマ帝国が東西に分裂すると、この町は東ローマ帝国の首都として1453年トルコの侵入によって帝国が滅亡するまで栄えた。都市コンスタンティノポリスの旧名をもって一般にビザンティンと呼ぶこの文明は、その地理的環境によって西欧とアジアを融合させた服飾文化を生みだした。

◆Ⅱ-1 [皇帝アナスタシウスの象牙二連板浮彫] 部分　517年　Bibliothèque Nationale de France

◆ II-2

◆ II-3

　　ープル染にして織りあげる皇帝直営の工房が、コンスタンティノポリスの建設とほぼ同時につくられ、製品の使用は宮廷に限られ、販売は厳しく制限された。したがってパープルは皇帝のシンボルであり、後継の皇子を「パープルの中で生まれた子」と呼ぶことばさえ生まれている。養蚕はユスティニアヌス帝治世下の552年導入されるが、ペルシアや中国の技術にならって絹織物業が本格的になり、コンスタンティノポリスの染織品がヨーロッパで宮廷の憧れの的となるには10世紀まで待たねばならない。ユスティニアヌス帝の右にいる三人の僧が着ているのは、2世紀にイタリア半島対岸のダルマティアからローマに入ったダルマティカである。ダルマティカという名は起源の地名に因む。袖口と身頃に二筋の線条が見えるのは、パープル染の装飾である。ダルマティカは今日のカトリックの祭服に名も形もそのまま残されている。

　《II-4》は同じラヴェンナにあるサン・タポリナーレ・ヌオーヴォ教会のモザイク画で、東方の三博士のイエス礼拝の主題を描いている。ビザンティン服飾を示しているわけではないが、ペルシア人をモデルにした三人の博士の服装は、ビザンティンにとっての東方のイメージを示す点で興味深い。彼らの帽子は先端を前にたわめた、いわゆるフリジア帽で、やがてヴェネツィアの頭領のかぶり物の手本となり、くだっ

◆ II-2 ｜ [ユスティニアヌス帝と廷臣たち]　547年　San Vitale, Ravenna (ⒸPhoto. SCALA)
◆ II-3 ｜ [テオドラ皇妃と従者たち]　547年　San Vitale, Ravenna (ⒸPhoto. SCALA)

て18世紀末のフランス革命時に共和制の象徴として再登場する有名なかぶり物である。この帽子は小アジアの古代国家フリュギアに由来し、古代ギリシア・ローマの図像に少なからず描かれてきたが、前6世紀にフリュギアがアケメネス朝ペルシアに占領されたことから、ペルシア人のシンボルともなった。両脇に切込みの入ったマントと脚にぴったりしたズボンもペルシア服の特徴を示している。ビザンティンの市民服にズボンが普及したのは、この種のペルシアのズボンの影響によるところが大きい。もちろんズボンはすでに古代ローマ末期にゲルマン民族から伝播し、民族大移動による草原民族フン族との接触で普及したともいわれ、決して単一の起源に求められるものではないし、ペルシアの影響もすでにローマ時代以来のことである。

フランク族の文化

繰り返すが、ゲルマン民族の服飾の特徴は、二本の脚を別々に包むズボンの形式にある《II-5》。そして上半身を包む衣服もまた「ぴったり身について、関節の一つ一つがはっきりあらわれている」と紀元1世紀のタキトゥスが『ゲルマニア』に記したように、身体に緊密に着けられることを特徴とする。今日のヨーロッパ服、ことに背広にズボンという男の服装は、したがってゲルマン民族の服飾に源流があるといえる。

375年のフン族の西方進出を機に、ヨーロッパ大陸はいわゆる民族移動の時期に入り、6世紀半ばに至るまでの間にゲルマン諸王国が成立した。大陸中央部ではフランク人の部族が486年にクロヴィスにより統合されフランク王国をなし、751年にカロリング家にとって代わられるまでメロヴィング家に治められる。クロタール1世(511-561在位)はクロヴィスの子であるが、その妻アレグンデの遺骸が1957年以来のサン・ドゥニ教会の発掘で発見され、メロヴィング王朝の宮廷服の一端が明らかにされている。着衣の埋葬はこのころ高位の人物に限られていた。アレグンデの衣服はわずかな断片を残して塵と化していたが、科学的分析により次のように推測されている。彼女は肌の上に膝丈のウールの衣服を着け、その上に膝下ほどの丈の藍染の絹の衣服を重ね、さらに袖口が広がり、裾を引く茜染の絹の衣服を着ている。一番

◆II-4 ［3人のペルシャ僧と殉教の聖女］ 568年頃　San't Apollinare Nuovo, Ravenna

◆ II-5

◆ II-6

上の衣服は前中央で開いていたらしく,遺骸の首のつけ根とみぞおちに残された二つの留金がこの開きを閉じ合わせていたらしい.二つの留金の間にさらに金銀に柘榴石を象嵌した26cmほどの留針が残されており,これも衣服の閉じ合わせに使われていたと推測される.頭には,おそらく赤いサテンのヴェールをかぶり,左右のこめかみのところで留めていたのだろう,二つの留針が発見されている.靴下はウールで,踝を覆う革靴を履き,足の甲とふくらはぎの上で交差するようにバックルつきの革紐で固定されている.

カロリング王朝二代目のカール大帝(768-814在位)は周辺部族を征服し,西方世界の統一をなしとげた後,800年のクリスマスにローマ教皇レオ3世により西ローマ皇帝の称号を得た.カール大帝の治世は,カロリング・ルネサンスと呼ばれる文芸復興の時代でもある.大帝の知遇を得た伝記作家アインハルトによれば,カール大帝はフランク人らしい服装を好み,ローマの服装を嫌ったという.おそらくローマと,これを受け継いだビザンティンの服飾がゲルマン諸族の宮廷服の範になったと思われるのだが,ローマ風の長いトゥニカとクラミュスを大

◆ II-5│『聖務日課書』写本挿絵,［アラマン族の王］ 5世紀
　Bibliothèque Nationale de France：Ms.lat. 4404 f.197v
◆ II-6│『シャルル禿頭王の聖書』挿絵 9世紀 Bibliothèque Nationale de France：Ms.lat.1 f.423

帝が着たのは，教皇の要請によるローマでの二回の機会に限られたらしい．大帝が皇帝に戴冠されたことにより，皇帝の称号の唯一正当な保有者とされていた東ローマ帝国との関係は断絶し，そのために絹織物などの贅沢品の輸入は表向きは途絶したが，それでも絹や豪華な毛皮が流入した．それらは廷臣らの服装を飾ったが，カール大帝自身は庶民と変わらぬ装いであったという．すなわち亜麻布の下着とズボン下をつけ，その上に絹の縁取りのあるトゥニカをつけ，腰を帯で締める．下半身にはティビアリアというズボンをはき，脚絆を巻く．冬にはカワウソや貂の毛皮を使い，紺色のマントを羽織る．アインハルトの『カール大帝伝』はこのように伝えるが，このころティビアリアはブラカエ，トゥニカはグンナということばで記されることもある．《Ⅱ-6》は大帝の孫シャルル禿頭王と廷臣を描いた写本挿絵だが，玉座の左右の人物の服装はアインハルトが記す大帝の服装に符合するだろう．

カール大帝によって統一されたヨーロッパ世界は，孫のシャルル，ルードヴィヒ，ロタールの時代に分裂を余儀なくされる．843年，西フランク，東フランク，ロタールの三国に分割された後，870年にはロタールの北部が東西フランクの間で分割され，これらの境界は今日のフランス，ドイツ，イタリアの国境にほぼ相当する．

11世紀から12世紀まで

バイユーのタピスリーが伝える風俗

限られた図像資料で見る限り11世紀のフランスに服飾の流行などないように見えるが，新しいモードを非難する聖職者の説教など流行を語る記録が少なからずあるから，必ずしもそうではない．新しいモードは他の地域のモードが伝播して起こることが多かったらしく，たとえば11世紀初めにロベール敬虔王がアルルのコンスタンスを妻に迎えたとき，オーヴェルニュやアキテーヌの南フランスのモードが，ブルゴーニュや北フランスに伝えられ広まったことに激しい不満をあらわす記録がある．衣服の丈がそれまでより短くなり，しかも脇にスリットが入り，下着のブラカエや靴下留めが見えるほどだったという．軽薄と虚栄に満ちた服装は，最も高貴なるブルゴーニュとフランスの人を汚辱にまみれさせ，このような風俗の変化は社会にいっそうの悪事がはびこる徴候だと，著者らは深刻に憂えている．髭は剃り落とすか短く刈るのが新しいやり方で，髪は後頭部で半ばまで剃りあげてしまうことが流行ったらしく，この風俗はバイユーのタピスリーの中でノルマン人の風俗として伝えられている《Ⅱ-7》．バイユーのタピスリーの制作は世紀後半のことだが，おそらく南フランスから広まったこの髪形が，タピスリーの制作時代までつづいたのだろう．

バイユーのタピスリーは，ノルマンディ公ウィリアムがイングランドのアングロ・サクソン王ハロルドと闘った1066年のヘイスティングの戦いの模様を描いている．幅50cmほどの麻布に毛糸で刺繡したものとはいえ，70mに及ぶ布地には戦闘の場面ばかりか，当時の生活の情景がいきいきと写されている．アングロ・サクソンとノルマンの風俗のちがいも明確に描き分けられ，ノルマン人が頭を剃りあげて髭を剃り落としているのに対し，アングロ・サクソン人は髭をつけ，髪の長さは普通である．ノルマン人の衣服の下半身は明らかにズボンの形状を示している一方で，アングロ・サクソン人の

◆ II-7

◆ II-8

場合スカートの形状に見える描写もあるが、こちらも中央で割れたズボンである。大きなマントを前中央もしくは右肩で留めて羽織っている様子は、いずれの人々にも共通である。

文学が記す男性の服飾

　1090年頃に服飾に大きな変化が起こったことは、ノルマンディの僧オルドリク・ヴィタルの記録から知られる。男たちが今度は裾を引くような長い衣服を着るようになり、髪を長く伸ばし鏝で縮らせ、若干の髭を蓄える風が流行りになったという。若い男は女のように柔弱になったと著者は嘆き、長い裾は床のほこりを掃くようで、大きくて長い袖は手を覆いつくし、身軽な行動はもはや不可能であると新しいモードを憂えている。この長い衣服は、この頃に書かれた『ローランの歌』に言及があるブリオーという衣服に対応するのだろう。ブリオーは次の12世紀にかけて男女に広く用いられた衣服で、ふくらはぎから踝丈の長さをもち、大きく長い袖をもつことは当時の図像から確か

◆ II-7｜[バイユーのタピスリー（イギリス王ハロルドとノルマンディ公ウィリアム）] 1066-77年
　Musée de la Reine Mathilde, Bayeux
◆ II-8｜[バイユーのタピスリー（ヘイスティングの戦い）] 1066-77年
　Musée de la Reine Mathilde, Bayeux

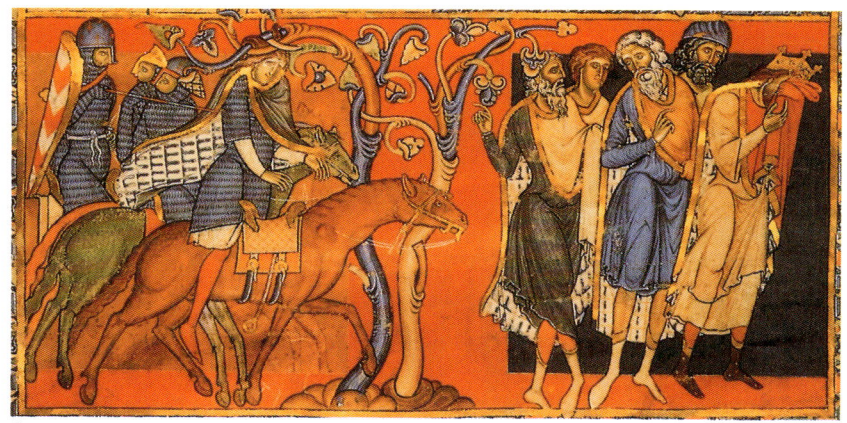

である．

　『ローランの歌』は，カール大帝が778年にイスラム教徒と戦った史実に拠る武勲詩だが，その内容は作品の成立した11世紀末から12世紀初めの社会・風俗を反映している．この作品に初出とされるブリオーは，カール大帝の家臣ガヌロンの衣服を示すことばとして登場している．すなわち，イスラム教徒の陣営への使者という危険な役目に推挙されたガヌロンが怒りと苦悶のあまりマントを脱ぎ捨てるという冒頭の場面で，彼がマントの下に着ているのがブリオーである．胸張り広げた堂々たる姿に皆が見惚れたと記しているから，ブリオーの布地を示すことばのパイユは薄い布を思わせるが，これは作品の中で敷物やテント，寝台の覆い，天蓋，あるいは遺体を覆う布として頻出することばで，広範の織物をさすようにも見える．パイユpaileは，古代ローマでマントの一種をさしたラテン語のpalliumの派生語で，ラテン語自体が衣服を仕立てる布，布の中でも特に絹地など広い意味内容をもっていた．同じ布はガヌロンのマントとしても記され，そこではアレキサンドリア産と形容されているから，東洋渡来の高価な絹織物であったということである．エジプトのアレキサンドリアの町が，地中海随一の商港として繁栄した当時の事実を語ることはもちろんである．

　ガヌロンのマントの裏には黒貂（テン）の毛皮が張られているが，この毛皮を提供するのは学名をMartes zibellinaという貂族の一種で，シベリアの特に北の地域でのみ生息し，しかも生息数が少ない貴重な動物である．したがってその毛皮は最高級を誇り，中世を通して貴族階級に愛好された．敵地に着いたガヌロンは敵意むきだしのイスラム人に囲まれて，あたかも見えを切るがごとくマントを脱ぎ捨てているが，そのマントをイスラム人が早速拾いあげているのは，この贅沢な衣服をおそらく奪わんがためである．一方のガヌロンはそんなことに頓着もせず，その様子が敵を驚かせている．マントをめぐる仕草や態度は，この衣服が単純な仕立てとはいえ豊かな表現性をもったことを感じさせる．

　『ローランの歌』には，武具を示すことばとしてブロワーニュとオーベールの二つのことばが出てくる．前者は獣皮または丈夫な布地を重ねたものの上に金属の小片を一面に縫いつけた鎧（よろい）で，バイユーのタピスリーが描いているのはおそらくこれだろう《II-8》．後者は鎖鎧と称し

◆II-9［アブサロムの死］1150-80年　Pierpont Morgan Library, New York

て鎖状に編み込んだもので，13世紀まで写本挿絵に頻繁に見られる中世を代表する鎧である《II-9》．

ブリオーの形態と表現

ブリオーが丈の長い衣服であったことは，11世紀末から12世紀の写本挿絵や教会の壁画の描写から確かである．丈量豊かで，特に女性服の場合，繊細な縦のドレーパリーをもった衣服であり，これは『ローランの歌』が記すように，やはり薄い絹地などで仕立てた効果だろう《II-10》《II-11》《II-14後出》．ただし胸から腹にかけては，身体に緊密に着けられている風で，この部分に見える横縞は，細い紐を用い背後でかたく締めあげているためとする推測がある．確かに12世紀半ば頃の文字は，女性服について少なからず紐締めのことに言及している．

たとえば1170年頃にクレチャン・ド・トロワが書いた宮廷風騎士道物語『エレックとエニード』は，女主人公エニードのブリオーの装着に関し，紐締めのことに触れている．エニードの衣装の詳細な描写はまさしく《II-10》《II-11》に符合し，彫像のようにエニードも金銀刺繍の

◆ II-10

◆ II-11

◆ II-10 ｜［ソロモン王の母バテシバの像（シャルトル大聖堂西正面，王の扉口）］ 1145-55年
　Cathédrale Notre-Dame, Chartres
◆ II-11 ｜［ノートル・ダム・ド・コルベイユ教会のシバの女王像］ 1180-90年　Musée du Louvre, Paris
　（©Photo. RMN-Gérard Blot）

◆II-12　◆II-13

帯を巻いている。ブリオーの上に羽織るマントは、エニードの場合アーミンの毛皮つきである。アーミンは学名をMustela ermineaというイタチ科の動物の冬毛が提供する白い毛皮で、黒貂に並ぶ高級な毛皮である。彫像によればブリオーの袖口はじょうご型に大きく開いているが、その下に見える筒袖の衣服はシュミーズもしくはシェーンズだろう。いずれも亜麻布で仕立てた、いわば下着で、後者はまさに亜麻布ということばから派生している。これらもブリオーと同じように裾幅が広く、たっぷりと襞のよる衣服であったことは、エニードの服飾描写が示している。エニードの盛装は最後に金髪を金糸で編むことで完了しているが、長く伸ばした髪をリボンでからめるか三つ編みにするかが、この頃の女性の髪形であったことを彫像

◆ 手袋のシンボル

　ラテン語の手manusということばは、権力とか権威とかの比喩として使われることがある。手は剣や槍などの武器をもつから、まず戦闘や軍隊や勲功の意味に拡大し、そこから戦勝がもたらす権力や権威の意味を担うことになったのである。フランス語の手mainはラテン語の派生語で、同様の意味を内包している。「ビロードの手袋をはめた鉄の手」という言い方は、見掛けはソフトだが確固とした権威のことをいう。つまり手自体のもつ意味が、手を包む服飾品に移行するのだろう。手袋は中世に力や権利のシンボルとしての機能を果たしている。たとえば封建制度の家臣契約にもとづく授封の際、主君は臣下に土地を与える約束をして手袋を渡す。文書にもとづかない契約だから保証という意味があるが、同時に所有の権利の移行という意味がある。『ローランの歌』でイスラムへの使者に推挙されたガヌロンが出発に際し、カール大帝から手袋と杖を得ているのは、それによって交渉の権利が皇帝から移譲されたということだろう。服飾が社会的言語としての役目を担うのは、文書に頼らない時代だからである。

（徳井）

◆II-12　『ランベスの聖書』挿絵　1140-50年　Lambeth Palace Library, London：Ms.3 f 198
◆II-13　［結婚の小箱（側面の装飾）］　1160-70年　Cathédrale Saint-Pierre, Vannes

も示している.

　ブリオーの袖の裾に結び目をつくっているのが，この頃の図像に散見される《II-12》．裾を引きずらない配慮か，単純な流行か理由はわからないが，あるいはポケットの機能をもたせる都合かとも思える．文学の記述によれば，ブリオーの大袖は少なからず物を運ぶポケットの役目を果たしているからで，このように丸めれば袂のように物を収めることができると思うからである．ブリオーの袖には種々の形状があって面白い．腕を下ろすと筒袖が延々と床に達する長さになるような袖もある《II-13》．こうした大きく長い袖はときに戦場で軍旗や幟とともにはためき，また馬上槍試合で闘う騎士の盾や兜や槍にとりつけられることがあった《II-20 後出》．袖は恋人の女性から愛の保証として贈られたもので，これは当時の男女交際に存在した儀礼的慣行である．袖は恋人の戦勝と幸運を祈念して贈られ，その袖は騎士の士気を鼓舞し，一枚の袖を介して恋人たちの気持ちが確認される．こうした慣行からすれば，一着の衣服に用意される袖は一対とは限らない．一着の衣服に複数の袖が用意される一方で片袖の場合もあったらしい．今日の常識とちがって袖は必ずしも身頃と一体化したものではなく，したがって後の会計記録では袖は装飾品として分類されている．

パープル染

　12世紀の西欧人を魅了したのは，東方渡来のパープル染である．ブリオーであれマントであれ，文学は高貴な人物の服飾には決まったようにこれを記しているからである．「濃い」貝紫という表現が頻出するのは，染色技術の未発達な時代で，鮮かに濃く染まる織物が貴重な時代だからだろう．時代はやや後にずれるが，13世紀前半の『薔薇物語』が〈富〉という擬人化人物にパープル染を着せ，しかもそこに諸王・諸公の事績を金糸・銀糸で縫いとらせているのは，やはりパープル染を支配者・権力者のシンボル

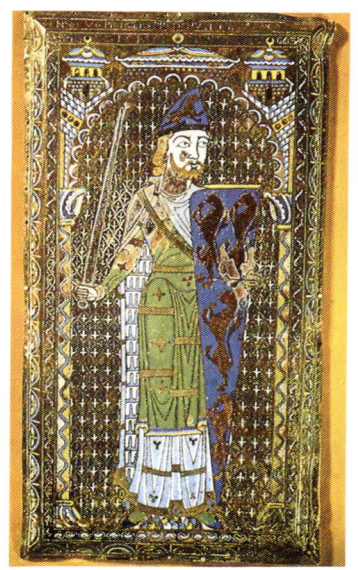

◆II-14

とする機能があるからである．もちろんこのようなシンボル機能は古代ローマからビザンティン文明に受け継がれた伝統である．

　当時のパープル染の主産地は，ビザンティン帝国の首都コンスタンティノポリスで，他の貴重な物資とともにアレキサンドリアを経由してフランスにもたらされたらしい．華麗な都市コンスタンティノポリスの評判はヨーロッパ中にいきわたり，十字軍の遠征はこの都市の奪取を一つの理由としたともいわれる．おそらくパープル染の評価も，これに貢献しているのだろう．フランスの人はもちろんパープル染の技法には無知で，貝を魚と誤解し，魚の尻尾を切った時の血で染めると想像するくらいである．しかし技法の謎は，貝紫が美しいだけに想像力をかきたて，コンスタンティノポリスへの羨望を刺激したことだろう．東方の異国への限りない好奇心を誘うのが12世紀のパープル染だった．

◆II-14｜［ジョフロワ・プランタジュネの墓板］ 1151-60年　Musée Tessé, Le Mans

◆Ⅱ-15

12世紀末から14世紀半ばまで

マントの習慣

　中世は毛皮をことのほか好んだ．もちろん本来は防寒のためだが，高価な毛皮の使用はステイタス・シンボルの機能を生み出した．上に引用したガヌロンの黒貂(テン)のマントも，エニードのアーミンのマントも身分象徴の意味が大きい．貴族階級の人々は屋内の食事の席でもマントを着ているのであり，さらに気候のよい時節に下の衣服を省くことがあってもマントを欠かさないのである．すなわち防寒・防雨の機能を求めた旅装のシャプとは，ほぼ同じ形態とはいえ区別され，マントはむしろ城や館での平和な日常生活の衣服である．防寒衣としての性格の強い衣服をあげるとするなら，それは布地の間に毛皮を挟んでつくるプリソンである．裏に毛皮を張ったコートは今日プリスと呼ぶが，これはその名残で防寒の機能をそのまま受け継いでいる．

　さてマントは貴族にとって欠かすことのできない衣服であるだけに，その着方にエチケットがある．つまりマントを着る場合，着てはならない場合のルールがある．たとえば旅の騎士を迎えた城で客の身の回りの世話をする騎士はマントを着てはならないし，食卓で奉仕の任務を負う騎士も同様である．活動の妨げになることが本来の理由だが，貴族社会のエチケットとして定着し，客に対する敬意の表現でもある．あるいは戦いを挑まれた騎士は受けてたつ意思を示してマントを脱ぐ．これも基本的には活動の自由を得るためだが，同時に士気を示す所作であった．『ローランの歌』でガヌロンが使者に推挙されて居並ぶ騎士の前でマントを脱いだのも，またイスラムの陣地の敵将の前でマントを脱いだのも同じような所作である．緊急の任務を負って到着した使者は，それを知らせるべくマントを脱ぐという習慣もある．

◆Ⅱ-15｜［シチリア国王ルッジェーロ2世戴冠式のパープルのマント］ 1133年
Kunsthistorisches Museum, Wien

◆ II-16

　マントは半円形もしくは四分の三円形の単純な形態だが《II-15》、それゆえに人の感情と所作にともない、豊かな表現性を示したといえようか。マントは、しかし13世紀初頭には儀式用として残る傾向を見せ、日常生活からはやがて消えてしまう。

毛皮文明

　今日に残されたブリスが示しているように毛皮は、マントであれ何であれ衣服の裏に張るのが普通で、表につけることは中世には皆無と

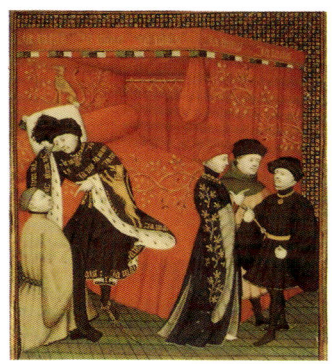

◆ II-17

◆ II-16 |『聖マルティヌスの慈愛』 13世紀末
　　Bibliothèque Nationale de France：Ms.n.a.fr.16251 f.89
◆ II-17 |『シャルル6世の質問とピエール・サルモンの応答集』 1409年
　　Bibliothèque Nationale de France：Ms.fr 165, fol.4

いってよい．黒貂の毛皮を写本挿絵に確認するわけにはいかないが，特徴的な模様を表す毛皮，すなわちアーミンやヴェールは間違いなく裏に描かれているからである．アーミンは北海道に生息するオコジョやエゾイタチに近い動物で，冬毛は白く，細く長い尾の先だけが黒い．この尾をぶらさげて接ぎ合わせるのが習慣だから，黒い斑点が規則的に並ぶのである《Ⅱ-17》．そして最も頻繁に挿絵に現れるのが，次に述べるヴェールである《Ⅱ-16》．

ヴェールとは学名をSciurus variusという，シベリア産のリスの毛皮を接ぎ合わせた毛皮のことである．腹部の白く繊細な毛を主に使い(し

たがって毛皮を数える単位は腹（ヴァントル）である)，背部にかかる灰色の毛を若干残して繋ぐので図のような模様になる．ヴェールvairという語は学名にあるラテン語variusの派生語で，きらきら光るという意味である．つまり光線の具合でリスの毛が光るための命名である．背の灰色の毛だけを繋いだものは，灰色という意味でグリと呼ばれて価値はやや劣る．グリとヴェール，それに上述のアーミンと黒貂，この四種が貴族階級に好まれた最高級の毛皮であるが，近隣で捕獲可能なリス，貂，ビーバー，ジーネット，オオイタチ，ミンク，カワウソ，子羊，大山猫，ウサギ，キツネなどさまざまな動物の毛皮が広範囲の衣服に用いられた．

毛皮の種類と使用された量，その範囲において中世は毛皮文明を誇ったといえるが，ヴェールの場合には毛の品質と接ぎ合わせの密度による細かな等級があり，これが宮廷での身分序列に従うということがあったことは驚くべきことである．できるかぎり背の灰色の毛を落とし，全体を白い毛皮に近づければ，一腹の毛皮は小さく，接ぎ合わせの密度は大きくなる．一定の面積を覆うにはそれだけ多くのリスを要し，したがって高額になる．このような接ぎ合わせの

◆Ⅱ-18 ［最後の審判］部分（ブールジュ大聖堂タンパン） 1300年頃 Cathedral of Bourges, Bourges
◆Ⅱ-19 『聖ルイ王詩編集』挿絵，［アブラハム僕に命じて息子の嫁を選ぶ］ 1253-70年 Bibliothèque Nationale de France : Ms.lat.10525 f.11v

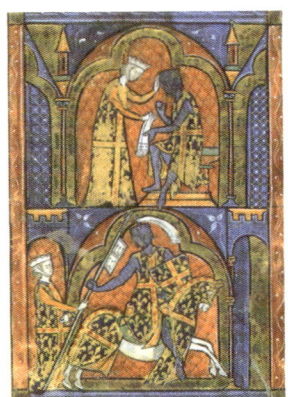

◆ II-20

◆ II-21

密度による等級に、さらに毛質の差が加わる。繊細できらきら光る冬毛から、捕獲の時期が遅れて茶のぶちが入った夏毛まで、毛の品質がヴェールの等級をさらに複雑にする。ヴェールが最も好まれたのは14世紀で、この時代のフランス王室では臣下・奉公人への毛皮の給付がヴェールの各種で完結するほどである。

リスのような小さな動物の毛皮を使う場合、かなりの数の動物を必要とするから、裏地の毛皮に要する金額は表地をはるかに上回る。ヴェール一腹は15×6cmほどの大きさだから、たとえば身丈140cmを半径とする半円形のマントなら、342匹のリスを要する計算になる。マントの表地にはフランドル産の毛織物を使うことが多いが、王室の会計記録によれば裏地の毛皮の価格の半分ほどにしかならないこともある。1352年、後のシャルル5世(1364-80在位)が12歳の王太子の時代に新調した一揃いの衣服は、二着のスュルコにそれぞれ200腹、コットとスュルコの袖に60腹、クロッシュに288腹、帽子に100腹、合計848腹のヴェールを使っている。毛皮はマントに限らず、ほとんどすべての衣服に使用されたということである。記録はこれを二揃いつくり、合計1696腹のヴェールの代金として113リーヴル16ドゥニエ払ったと記しているが、この金額は当時の学生の年間生活費13リーヴルの8倍である。

コットとスュルコ

シャルル王太子の服装に記されるコットとスュルコは、12世紀末にまず男の服から、それまでのブリオーにとって代わった衣服である。コットは外来語として日本語にもなった英語のコートの古い形である。スュルコは「コットの上」という意味で、コットの上に重ね着される服である。これらの衣服は13世紀には女性の間でも普及し、14世紀半ばまで服装の主流をなす。なおシャルル王太子の記録に見えるクロッシュは、鐘という意味が本来であるから、そのようなシルエットのマントを推測させるが、詳細はわからない。

コットはワンピース型の長衣で、女の場合は裾を引き、男の場合は長くても踝(くるぶし)丈である《II-16》《II-18》《II-19》《II-20》。下半身には襠(まち)を入れたらしく、裾幅の大きなスカートをもつが、筒袖で上半身が身体に密着している様子は、ブリオーに比べればはるかに簡便な印象を

◆ II-20 「梨物語」挿絵　1275年頃　Bibliothèque Nationale de France : Ms.fr 2186 f.8v
◆ II-21 「ギョーム・ド・マショー作品集」写本挿絵,[輪舞]　1350年頃
　　　　 Bibliothèque Nationale de France : Ms.fr 1586 f 151

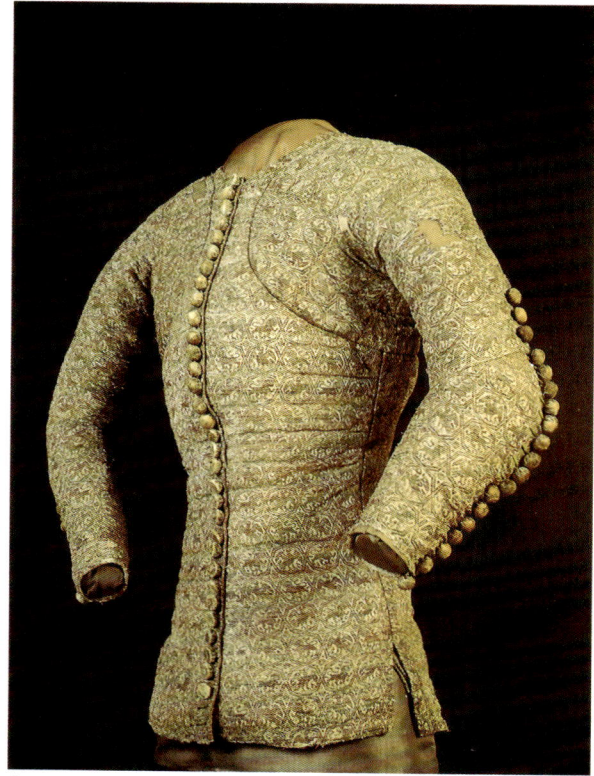

与える.これはもともと騎士が鎖鎧（よろい）の上に着た服コット・ダルムだからである.13世紀に商業の発展とともに商人の旅が多くなり、また領主にとっても旅の機会が増えたことが、この衣服の普及を促したといわれる.スュルコは袖のない場合もあるし、袖があっても袖を抜いて着る場合も多い《II-19前出》.14世紀には肘のところに長い垂れをつける飾りが流行っている《II-21》.

　コットは、その袖が少なくとも袖口のあたりで腕に密着していることを特徴とする.ボタンは14世紀にならないと登場せず、これまで

◆ II-22 ［シャルル・ド・ブロアのコタルディ］ 1364年前半　Musée Historique des Tissus, Lyon
◆ II-23 「薔薇物語」挿絵　14世紀末　Musée Condé, Chantilly：Ms.482/665 f.1
(Photo. GIRAUDON)

◆Ⅱ-24

ブリオーであれマントであれ前開きを閉じるにはブローチに頼ってきた。ボタンを知らない13世紀の人はコットの袖を腕に密着させるために，手首から肘までを装着のたびに糸で縫うことをした《Ⅱ-23》。「袖を縫う」ことはエチケットであり，袖を縫わない様子は「くだけた」雰囲気をかもしだしたらしい。14世紀にボタンが普及したことは，32個のボタンが並んだ遺品《Ⅱ-22》が示している。

男はコットの下に肌着としてブレーをはいている《Ⅱ-24》。ラテン語のブラカエから派生した12世紀以来のことばで，つまりズボンのこ とである。ブリオーやコットという丈の長い衣服が用いられた時代に，ズボンは亜麻布の肌着として残った。シュミーズが男女ともに着られた肌着であることは中世を通して変化ない。

ミ・パルティと縞柄

上に引いたシャルル王太子の二揃いの衣裳は，一つは藍色のビロードと金襴，もう一つは藍色のビロードと赤色のビロードで二分割されたデザインになっている。すなわち身頃(みごろ)の中央で左右に色分けした，いわゆるミ・パルティで

◆Ⅱ-24｜［旧約聖書の写本挿絵）］ 1250年前半
Pierpont Morgan Library, New York：Ms.638 f.12v

◆ II-25

◆ II-26

ある．同じデザインの衣裳は，シャルルの弟や従兄弟など6歳から16歳までの男性にも同じ機会に新調されているように，これは少年の衣服として特に14世紀前半に流行した．たとえばアヴィニョン教皇庁の壁画には，少年たちが鹿や兎を追い，魚を捕って遊ぶ様が描かれているが，赤と緑，白と茶，茶と青のミ・パルティを着た少年の姿がある《II-25》．ミ・パルティはイタリアと，その文化が及んだ地域に特に多く見られるから，イタリアに起源があるらしい．イタリアでは男性ばかりでなく，たとえばフィレンツェのサンタ・マリア・ノヴェッラ教会の壁画に残されているように，若い女性の衣服にもこのデザインが使われている．

ミ・パルティは一方で宮廷の道化や奉公人の仕着せ，あるいは楽師や芸人の衣服として14世紀に定着している．つまりミ・パルティは一種の蔑視感をともなったデザインでもある．道化服の場合は黄色と緑と赤の三色，もしくはこの中の二色がミ・パルティを構成するが

◆ "ズボン(キュロット)をめぐる争い"

「ズボンをはくものが自由を得る」「ズボンをはくことは男としての素質を示すことである」「男と女が二人してズボンをはくことはできない」等々，古くからいわれているこれらのことばは，いずれも男の女に対する優位を示す．ズボンが男のシンボルとして意識された痕跡は少なくとも13世紀にさかのぼる．1272年の万聖節にギヨーム・ド・モントゥルイュはパリで説教して，「かつて妻は夫に従い羊のようにおとなしかったのに，今や彼女たちは牝獅子である．それにブレーをはきたがる」と言っているからである．そして同じ頃，夫婦がブレー争奪戦を繰り広げる笑話「アンの旦那と女房アニューズの話」が書かれている．亭主が煮込みの肉を欲しがると，女房のアニューズは灰をまぶした焼き肉を出してくる，という具合にことごとく逆らう女房との関係にけりをつけようとアンの旦那は提案する．「明朝わしはブレーを脱ぎ，庭の真中に置くことにしよう．それを勝ち取ったものが今後，家長権を握るのだ」．死に物狂いの取っ組みあいの末ブレーは亭主に戻って，女房は柔順になり，生活は平穏になったという話である．15世紀には夫婦のブレーを取り合う夫婦の図が盛んに彫られ，「ズボンをめぐる争い」の図像は以後の歴史に繰り返される．1899年のJ.グラン=カルトレの著作『ズボンをはいた女』は，昔の女は家長権が欲しくてズボンをはきたがったが，今の女は自立と社会活動の自由を求めてズボンをはく，と女性の権力拡張運動と結びついた当時のズボンの流行を伝えている．

(徳井)

◆ II-25 | マッテオ・ジョヴァネッティ［アヴィニョン教皇庁（鹿の間）の壁画］ 1343年 Palais des Papes, Avignon
◆ II-26 | ジャン・フーケ［道化ゴネルラ］ 15世紀 Kunsthistorisches Museum, Wien

◆Ⅱ-27

◆Ⅱ-28

《Ⅱ-26》、これらの色の選択にも特別のものがある．緑と特に黄色は，しかるべき身分の男女の衣服の色にはなりにくかった時代だからである．《Ⅱ-28》で笛を吹く楽師のミ・パルティのデザインに大きな縞柄が組み込まれていることにも，やはり卑しめられた意味がある．縞柄のしるしを娼婦につけるよう強制した都市条例があったように，縞もしかるべき身分の人が身につけることは決してなかった模様である．

◆Ⅱ-27｜アンブロジオ・ロレンツェッティ［都市における善政の結果］部分　1337-40年
　　　　Palazzo Pubblico, Siena
◆Ⅱ-28｜シモーネ・マルティーニ［聖マルティヌスの騎士叙任（聖フランチェスコ聖堂下堂）］　1317年頃
　　　　Chiesa Inferiore di San Francesco, Assisi

14世紀半ばから15世紀まで

脚衣と短い上衣の組み合わせ

　14世紀半ばに男の衣服に大きな変化が起きた。11世紀末以来ブリオーであれコットであれ男の衣服の丈は長かったが、1340-50年頃に男の衣服の丈が短くなった《Ⅱ-21前出》。長い服と短い服は以後しばらく男の服装に共存するが、現代の男性服に連なる上衣と脚衣の組み合わせがここに誕生したということもできる。女性の長い衣装に対し、上衣と脚衣の組み合わせを男性服の特徴とする、以後の歴史に長く見られる構図の始まりである。

　この短い衣服は当初コタルディと呼ばれた。「大胆なコット」cote hardieという言い方が短縮したことばである。ただしこの語は女の衣裳もさし《Ⅱ-21前出》、13世紀から15世紀まで男性服にも女性服にも広く用いられたことばである。男のコタルディは15世紀にはプールポワンpourpointと呼ばれ定着するが、このことばは「刺し子にする」poindreという語の派生語だから、鎧の下に着たいわゆるキルティングの服にこれが由来することがわかる。遺品《Ⅱ-22前出》は本来の様子をとどめた初期のプールポワンで、《Ⅱ-29》は肩から胸にかけて詰め物をし、腰のあたりで身体に密着した衣服のシルエットをよく伝えている。15世紀にはいっそうの詰め物をされ、丈も極端に短くなり、「体の前でも後でも恥ずべき部分をこれみよがしにする」と聖職者の非難を買うことになる《Ⅱ-30》。同じ衣服はさらにジャクJaqueと呼ばれることがあるから複雑である。農民に対するあだ名ジャックに由来するから、もともと農民に多く着られた服であるということか。このことばの派生語であるjaquetteは英語でジャケットjacketと綴られ、イングランドでも同じ衣服が流行している。

　脚衣のいわばタイツはフランス語でショース、英語でホーズと呼ぶ。脚の形に合わせて裁断したウール仕立てで、エギュイエットという紐でプールポワンに結びつけて着用する。この紐には色などに少なからぬ種類があったようで、種々買い揃えるのは若者の楽しみの一つだったらしい（『結婚十五の歓び』）。先の尖った男の靴はプーレーヌといい、1460-70年頃に長さは頂点に達し、馬の毛などの詰め物を鯨の髭で支え60-70cmに及んだらしい《Ⅱ-30》。同じ頃、女性の間では円錐形の高い帽子が流行っている。服飾史ではエナンという呼名で知られているが、もともとこのことばは侮蔑語で、しかも世紀前半に流行った角形帽coiffure à cornesに対して使われた語であった。16世紀のある作家の間違いで、帽子の名称として今日に至っている。

紋章の流行

　《Ⅱ-31》の中央で向かいあう二人が着ている衣服は、ウースもしくはガナシュと呼ばれ、胸の舌状の飾りであるランゲットとケープのように見える広い袖が特徴の男の衣服である。右の人物は青地に金の百合花の文様をつけているからフランス王であり、左でひざまずく人物は赤地に獅子の文様をつけているからイギリス王であることがわかる。紋章は、鎧兜に身を包んだ騎士が特定されるよう防御用の盾にこれをあらわしたのが始まりで、鎧の上にコット・ダルムを着たのも紋章をあらわすためであった。中世末期はしかし、このような合理的理由というより遊戯的・祝祭的気分から紋章が生活の種々の場面を彩った。

　そもそも一人の個人が複数の紋章をもち、たとえば《Ⅱ-32》《Ⅱ-17前出》はフランス王シャルル6世（1380-1422在位）の紋章のいくつかを示している。最初の図で頁の欄外に描かれているクジャクと、花と莢をつけたエニシダの枝は

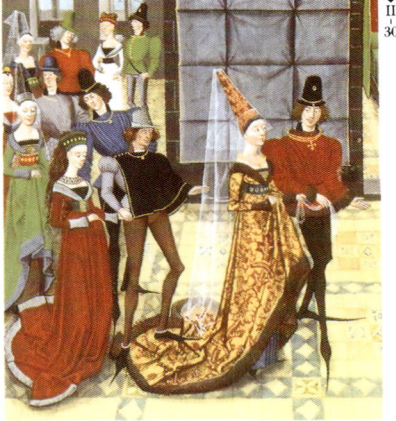

◆ II-29｜［シャルル5世に聖書を献じるジャン・ド・ヴォドゥタル］　1371年
　Musée Meermanno Westreenianum, Den Haag
◆ II-30｜「ルノー・ド・モントーバン」挿絵,［婚礼］　1460年頃
　Bibliothèque Arsenal, Paris：Ms.Ars.5073 f.117v
◆ II-31｜「フランス大年代記」挿絵,［フランス王に臣従を誓うイギリス王］　1380年頃
　Bibliothèque Nationale de France：Ms.fr.2813 f.357v

◆ II-33

◆ II-32

　いずれもシャルル6世の紋章である。図の中で百合花紋の寝台に腰掛けている国王の胸元に見える模様はおそらく、エニシダの枝とクジャクの羽根であろう。王室会計記録にそのような紋章の刺繡に対する支払いが記されているからである。欄外のエニシダに絡むリボンには「決して過誤なく」という彼の標語の一文字JAMAISが示されているが、この文字が衣服を飾ることもある《II-17前出》。冠を首につけた動物も紋章の一つだろうが、犬か狼かあるいは別の獣か、こちらは記録で確かめられない。寝台の天蓋の周囲に見える白・赤・緑・黒も同様にシャルル6世のシンボルカラーというべき色である。色と文様と標語という紋章の三つの要素が、それぞれ衣服や家具・調度品を飾ったということである。

　二つの図が示している衣服はすべてウープランドと呼ばれ、14世紀末から15世紀初頭に男

◆ II-32「シャルル6世の質問とピエール・サルモンの応答集」[ピエール・サルモンと語るシャルル6世]
　1410年頃　Bibliothèque publique et Universitaire, Genève : Ms.fr.165, fol.4
◆ II-33「シャルル5世妃ジャンヌ・ド・ブルボン」 1375年頃
　Musée du Louvre, Paris (ⒸPhoto. RMN-Michèle Bellot)

女に流行した衣服である．広い袖口の場合と袖口をつばめた場合，また丈の長いものと短いものとがあるが，いずれも立ち襟が特徴である《II-35》．脇の下が大きく開いた衣服は「開いたスュルコ」の意味でスュルコ・トゥヴェールと呼ばれ，14世紀末から15世紀末まで女性の儀礼的衣裳だった《II-33》．

衣服の色とそのシンボル

フランドル地方の毛織物業とイタリアの絹織物業の発展により，中世末期のヨーロッパは多

◆下着姿のシンボル

中世社会では下着姿は特別の意味をもっている．すなわち女ならシュミーズを着ただけの姿，男ならシュミーズにブレーをつけた姿は，罪人や捕虜のしるしであり，また謝罪する人のシンボリックな姿でもある．前者の場合は，衣服が剥奪されたことにより社会生活から排除されたことが示されている．姦通罪を問われた女，あるいは未婚の母となった女に対して衣服の下半身の部分を切るという制裁が中世ヨーロッパにはあったことが知られているが，これも同じように社会生活からの疎外を意味していよう．一方，謝罪の騎士が下着姿になるのは，毛皮のような身分象徴となる衣服を放棄することにより社会的権威の放棄をあらわしたのであり，同時に甲冑の放棄により物理的力の放棄をあらわしたのである．謀反を悔いた騎士の謝罪が主君に受け入れられ，主従関係が修復されるや騎士は主君から仕着せを給付され，主君の支配下にもどったことが示される．衣服の社会性は今日においても変わることはないが，中世のこれらの事例は特に顕著に衣服のもつ社会的性格を示している．

(徳井)

◆黄色の服はなぜ稀か

15世紀末を迎えるまで衣服の色として使われることが極めて稀だったのは黄色である．文学の描写に黄色の服というのはほぼ皆無といってよい．会計記録などの古文書には道化服には少なからず見えるものの，その他は子供と，宮廷でも特に身分の低い奉公人の服に若干見えるだけである．黄色がしかるべき身分の大人の衣服になりえなかったのは，この色に特別の蔑視感があったからである．黄褐色を示すことばフォーヴfauveは裏切りという比喩的意味をもち，同じ色合いのタンニン色tannéは怒りを示した．黄色jauneはやつれ衰えた人の顔色を形容する常套の表現で，黄色の範疇にある色名はいずれも悪い意味ばかりを内包している．写本挿絵がユダの衣を黄色く塗るのは，したがってキリストをユダヤ人の手に引き渡した彼の裏切りを印象づけるためである．現実の世界にはユダヤ人との接触を警戒して彼らに黄色い帽子やしるしをつけさせるという都市条例もあった．キリスト教徒のユダヤ人に対する不信の念が黄色という色を選ばせたのだろう．黄色のイメージは長い歴史の中で培われたものだが，イメージの形成にはサフランという植物も関係しているらしい．乾燥させた花柱が黄色の色素と芳香をもつために料理に使われるこの植物は，笑いを引き起こし，長く吸っていると気を狂わせる揮発性の物質を含んでいると古代以来の医学で信じられていた．黄色は狂気の色であると15世紀の『色彩の紋章』も述べている．

(徳井)

◆ II-34

◆ II-34｜「ルノー・ド・モントーバン」挿絵，[謝罪の騎士］ 1469年
Bibliothèque Arsenal, Paris：Ms. Ars. 5072 f 277v

◆Ⅱ-35

◆Ⅱ-36

◆ Ⅱ-35│月暦図『ベリー公のいとも豪華な時禱書』[五月祭]　1411-16年
　Musée Condé, Chantilly (Photo. GIRAUDON)
◆ Ⅱ-36│月暦図『ベリー公のいとも豪華な時禱書』[六月の乾草刈り]　1411-16年
　Musée Condé, Chantilly (Photo. GIRAUDON)

◆Ⅱ-37

◆Ⅱ-37｜ヤン・ファン・エイク［アルノルフィーニ夫妻像］ 1434年　National Gallery, London

◆ II-38

彩な織物を享受し《II-27前出》，したがって色名もこれまでになく豊かである．中世の人々は色の象徴解釈を好み，また服装に社会的記号としての機能を強く求めたから，衣服の色のシンボルは鮮明に意識されている．なかでも緑・青・赤は特に明確なシンボル機能をもっている．

《II-35前出》で馬上の三人の女性が緑の服を着ているのは五月祭だからである．今日のメーデーの起源であり，ケルト人の樹木崇拝の信仰に由来する五月祭には緑衣をまとい，森で摘んだ芽吹いたばかりの小枝を体に飾り，夏の到来を祝うのが中世末期の習慣だった．祭の服は緑 vert という色名で呼ばれる毛織物で仕立てられることがほとんどで，12世紀末以来ヘント産の緑が有名だったが，中世末期にはブリュッセル，マリーヌ，イープル，ルーアンが主たる産地であった．青と黄という二重の染色行程の手間のためか，緑の毛織物は高価な布の一つである．五月は一方で恋愛の季節としての認識が中世には強く，したがって五月祭の緑衣は青春や恋愛の感情と密接に結びつき，出産・結婚を暗示する色となった．アルノルフィーニの妻が緑の服を着て描かれているのも《II-37》，二人の結婚（あるいは妊娠）を示すためである．アルノルフィーニはブリュッヘ在住のイタリア商人で，夫妻の服装は富裕な町人層の一つの典型ともいえる．緑は五月祭の衣裳と，森の木々に紛れるカムフラージュの機能を求めた狩猟衣を除くと日常生活で着られることは少なかった．ただ子供服には緑が比較的多く使われ，若さのシンボルとしてのこの色の意味を強めている．

青い毛織物は農民階級の衣服に多く使われた素材である《II-36》．一種の藍染料を含むア

◆ II-38｜ジャン・フーケ［ギョーム・ジュヴナル・デ・ジュルサン］ 1460年頃
Musée du Louvre, Paris (ⓒPhoto. RMN-Jean)

◆ II-39

 ブラナ科の多年草の大青(たいせい)がヨーロッパ各地で栽培され安価だったからである．ドイツのチューリンゲン，フランス北部のピカルディ地方，南部のアルビジョア，ラングドック地方は，16世紀にインド藍が大量に輸入されるまで大青商業の中心地であった．青い毛織物はペール(本来ペルシア・ブルーを意味した)と呼ばれ，確かに農民の死後財産目録に記される布地の代表だが，貴族階級の記録にも見られ，必ずしも安価なものばかりではない．おそらく斑(むら)なく濃く鮮かな染から粗悪な染まで，この布には染色の質に幅があったのだろう．中世には田野に住む村人を精神的にも身体的にも劣った人間とみる特別の蔑視感がある．この感情と結びついたのか，農民をしるしづける青は愚かさのシンボルである．
 スペインや南フランスで柏などの木に寄生する貝殻虫(ケルメス)から赤い染料が得られる．これで染めた毛織物がスカーレットscarlet，(フランス語ではエカルラット écarlate)で，最も高価な布として13世紀以来これは不動の地位を保った．中世の人々がこの赤色を特に好んだのは，自然の動植物に染料を頼り，染色技術も未熟な時代に，これが美しく染まる唯一の染料だったからだろう．スカーレットの語は今日に緋色や深紅を示す色名として残ったが，本来は織物の名称であった．スカーレットは14世紀にフランスの官僚機構が整うと，その最高位の大法官職のいわば制服となった．《II-31前出》でフランス王の左にいる人物がスカーレットを着た大法官(シャンスリエ)である．シャルル7世(1422-61在位)とルイ11世(1461-83在位)に仕えた大法官ギヨーム・ジュヴナル・デ・ジュルサンが，赤いプールポワンを着ているのも官職

◆ II-39 │「エノー年代記」挿絵, ［著作の献呈を受けるフィリップ善良公］ 1460年頃
Bibliothèque Royale Albert Ier, Belgique, Bruxelles : Ms.9242 f.1

◆ II-40

を示すためだろう《II-38》。国王崩御に際し、後継の王太子と大法官らは、王国の永遠不滅を示すために黒い喪服をまとわずスカーレットを着る習慣があった。スカーレットは権力・権威の象徴というべき布である。

ギヨーム・ジュヴナル・デ・ジュルサンが腰に下げているのは、オモニエールという本来は施しものを入れておく巾着（きんちゃく）のようなものである。ポケットが存在しない中世にこれはその機能を果たしており、前述の「袖を縫う」時代には糸と針をここに入れて携えている。なお耳の上で丸く頭髪を刈るのはこの頃の流行である。

黒の発見

ベネディクト派の黒い僧服は清貧と謙譲を意味している。それは黒い羊の毛で織った未染色の粗末な布ビュローを使ったためであり、黒く染色をほどこしても美しく染め上がらなかった時代だからである。フランス語の黒いということばが中世には醜さを示す比喩として使われたように、中世の人は黒を汚い色と認識した。しかし中世末期に艶のある深い黒に染まった毛織物ブリュネットや、絹のビロードが生産されるようになると黒の認識は変わった。黒の好尚が最初に現れたのは1350-60年頃のイタリアで、もともとは贅沢禁止令によって黒衣を強制されたためだが、そのためにかえって美しい黒の絹織物の開発が進み、黒が最も洗練された色となった。フランスには14世紀末期にこの流行が及び、15世紀にはブルゴーニュ公の宮廷を中心に、ヨーロッパの広い地域で男の服にも女の服にも流行することになった《II-32前出》《II-17前出》。

ブルゴーニュ公フィリップ善良公（1419-67在位）は、黒いプールポワンに黒いシャプロンをかぶった姿で描かれるのが通例である《II-39》。父のジャン無怖公の暗殺に衝撃を受けた公は以後、喪服を脱ぐことはなかったというのが理由だが、喪服の色である黒には悲しみと苦痛の感情の表現がある。晩年の公が真珠と涙の模様を散らした黒い帽子バレットをかぶったことを記す記録があるが、記録の作者はその姿に公の心痛を察している。黒が美しい色として流行する背景にはおそらく、15世紀の人々の限りない憂愁感があるのだろう。この時代特有の悲壮感あふれる泣き人の彫像と、その表現に貢献している深いフードつきの喪服の存在からも感じられることである《II-40》。　　（徳井淑子）

◆ II-40｜［フィリップ・ポ（1493没）の墓］ Musée du Louvre, Paris（©Photo. RMN-G. Blot/C. Jean）

16世紀
The Sixteenth Century

III

The Concise History of Fashion

◆Ⅲ-1

形態と装飾

ラブレーが伝える男性の服飾

　ラブレーの作品『ガルガンチュア物語』、『パンタグリュエル物語』は中世の巨人伝説をもとにした荒唐無稽なお話だが、執筆当時の服飾の詳細な描写を含み、それらが作者の社会・思想観と少なからぬ関わりをもつとも思えて興味深い．なかでもガルガンチュア物語(1534年頃)の冒頭，幼い主人公ガルガンチュアに一揃いの衣服が準備されるところと，物語の最後でテレームの僧院と称してユートピアの社会が描かれるところに記される服飾は，フランソワ1世(1515-47在位)治世下のフランス宮廷の服飾を伝える貴重な資料として知られている．これらに多少補ってまず16世紀フランスにおける服飾の用語を確認しておこう．

　男の服飾の描写は亜麻布製のシュミーズで

◆Ⅲ-1｜ハンス・ホルバイン［ヘンリー8世］ 1540年　Galleria Nazionale, Roma

◆Ⅲ-2

始まる．亜麻布はオランダ産が最も良質で当時の記録に頻出するが，ルーアンやリヨンなどフランス各地でも生産され，イギリスやスペイン，イタリアへ輸出されていた．ガルガンチュアの場合はフランス南西部のシャテルロー産である．シュミーズが肌着であることは中世以来のことだが，このことばは世紀後半にはことに財産目録や会計記録に頻繁に記され，以下に述べる切口装飾との関連もあろう，単純に肌着としては片づけられない意味をもっている．シュミーズの上にサテン，ビロード，ダマスク，タフタなどの絹織物で仕立てたプールポワンを

◆Ⅲ-3

◆Ⅲ-2｜ハンス・ホルバイン(子)［使節たち］ 1533年　National Gallery, London
◆Ⅲ-3｜ザイゼネッガー［ティロルのフェルディナント大公］ 1542年　Kunsthistorisches Museum, Wien

重ねることも前世紀以来のことだが、ショースはいわゆるズボンをさすオ・ド・ショースと、ストッキングをさすバ・ド・ショースに分けられるのが16世紀の特徴である。前者はビロードなどで、後者は薄い毛織物のエスタメやサージなどで仕立てられる。編物のバ・ド・ショースはすでに15世紀後半に始まったらしいが、ヨーロッパで普及するのは16世紀後半である。布仕立てに対し編物は高貴さのしるしと見なされ、人々はこれに高額を費したといわれる。シ

ョースとプールポワンがエギュイエットという紐で結びつけられることも前世紀と同じである。プールポワンの上にはセーもしくはシャマールが羽織られるが、これらを図像の中で特定するのは難しい。《III-2》で一番上に着られている大袖の衣服がセーに相当すると思われるが、一方のシャマールは現代語にけばけばしく飾り立てるchamarrerということばを残していることから、飾り紐や金銀モールで飾った衣服であろうと推測されるだけでよくわからない。ガ

◆III-4｜フランソワ・クルーエ［アンリ2世］ 1550年頃　Musée du Louvre, Paris
　（ⓒPhoto. RMN-Hervé Lewandowski）
◆III-5｜ルーカス・クラナハ［ザクセンのハインリヒ敬虔公］ 1514年
　Gemäldegalerie Alte Meister, Staatliche Kunstsammlungen, Dresden

◆Ⅲ-6

ルガンチュアがかぶっている白い羽根を飾った黒いビロードの帽子ボネは、世紀を通して肖像画にいくらでも確認できる平たい帽子のことで、オストリッチなどの羽根飾りは16世紀の流行である。

誇張と変形

用語の上では16世紀は15世紀の服飾の延長にあり、大きな変化は見られないが、造形と装飾にはもちろんこの時代固有のものがある。その一つがフランス語でcrevésとかtailladesと呼ばれた切口装飾である。たとえばフェルディナンド大公像のオ・ド・ショースに見られる装飾で《Ⅲ-3》、ガルガンチュアの場合も「白いショースに棒形の飾り穴がいくつも刻まれ、割目から青いダマスク織りがふっくらと膨れ出ている」。「腰が蒸れないように」という説明はラブレーの冗談だが、ビロードの靴にも飾り穴が施されていることは、フェルディナンド大公像に

◆Ⅲ-6｜ジャン・クルーエ［フランソワ1世］ 1535年頃
Musée du Louvre, Paris (ⒸPhoto. RMN-Hervé Lewandowski)

もアンリ2世像にも確かめられる《Ⅲ-4》．フランソワ1世像で胸と袖の切口から出ている布はシュミーズで《Ⅲ-6》，ヘンリー8世(1509-47在位)像で白い斑点になって見えるのも，小さな切口からシュミーズの白い布が出ているためである《Ⅲ-1》．この装飾の起源はよくわからないが，15世紀末のスイスやドイツの傭兵のユニフォームに多かったらしく，ここから一般の服装へ，またフランスやイギリスなど外国へも広まったらしい．ザクセンのハインリヒ敬虔公は全身この装飾で覆われ不気味なほどだが，ドイツにおける流行の初期の姿である《Ⅲ-5》．

　プールポワンはそもそも刺し子という意味で，多かれ少なかれ詰め物をされた歴史を前世紀以来もってきたが，その詰め物が頂点に達したのがアンリ3世(1574-89在位)の治世下であった．あたかもダウンジャケットのようなシルエットを描き，着ぶくれて別人のように見えるとモンテーニュに言わしめた衣服で，腹の下で三角に尖らせて膨らませた「ほてい腹型」à la pense が特徴である《Ⅲ-7》．1555年頃に現れて同じ頃に全盛を迎える襞襟もまた16世紀を特徴づ

◆Ⅲ-7｜［ヴァロワ宮廷の舞踏会］　1582年頃　Musée de Rennes, Rennes
　（ⒸPhoto. RMN-Jean ; J. Schorman）
◆Ⅲ-8｜チェーザレ・ヴェチェッリオ『古今東西の衣装』［ジェノバの貴婦人］　町田市立国際版画美術館
◆Ⅲ-9｜チェーザレ・ヴェチェッリオ『古今東西の衣装』［アウグスブルクの貴族の乙女］
　町田市立国際版画美術館

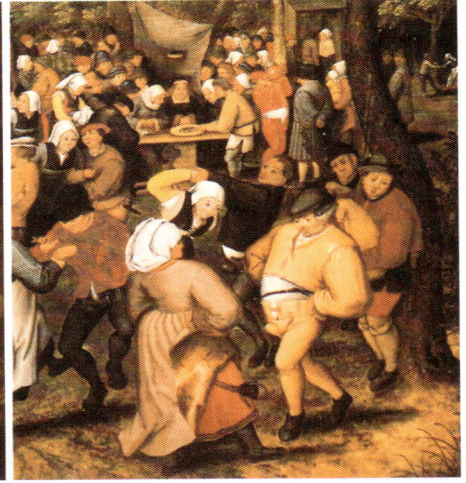

◆Ⅲ-10　　　　　　　　　　　　　　◆Ⅲ-11

け る． 麻 や 紗 な ど の 薄 い 布 を 細 長 く 裁 ち 糊 づ け し，そ れ に 骨 や 木 の 棒 を 温 め て 当 て 8 の 字 に な る よ う 襞 を つ け 畳 ん で 首 に 巻 い た も の で あ る．由 来 は 分 か ら な い が，フ ラ ン ド ル 地 方 で は 厚 み の あ る 襞 が 規 則 正 し く 並 び，ス ペ イ ン や イ ギ リ ス で は 華 麗 な レ ー ス の 襞 を 二 段 に 重 ね る な ど 地 域 に よ る 差 が あ る《Ⅲ-10》《Ⅲ-18後出》．

　ヨーロッパの服飾の歴史は日本の場合とちがってシルエットの変化の歴史ともいえる．衣服は身体を包むというより，身体の上に構築されるというほどで，いかに身体を誇張し変形させるかが服飾のたどる歴史である．プールポワンを膨らませ，襞襟を発明した16世紀は特にこの傾向が強い．次に述べる男のブラゲットもまたこうした誇張の一例であり，女性の服飾についても同様である．

ブラゲットとポシェット

　16世紀を特徴づける服飾の最たるものは，オ・ド・ショースの股間につけられたブラゲッ トだろう．農民を描いたブリューゲルの作品にその素朴な形が示されているように本来はズボンの前開きだが《Ⅲ-11》，詰め物がされるなどして大仰に整えられることになった．身体に密着した仕立てなら必要もあろうが，世紀半ばにゆったりした形になってもしばらく消滅しないのは，やはり実用というより男性器の誇張という時代の好みがあるからだろう．もちろんこれを破廉恥と見る向きもあり，モンテーニュは隠し所を明らさまに示す下劣なものと後に非難している（『エセー』1巻43，3巻5）．ラブレーはそのゴロア精神に合致するためか，これに大いなる関心をよせ，ガルガンチュアの服装についてもこれに長々と説明を加えている．ガルガンチュアのブラゲットはショースと同じように飾り穴が開き，そこから青い絹が膨れ出ているという凝り方で，ブラゲットを閉じる二つの留金にはめ込まれたエメラルドがかのものを精気潑剌せしめるという説明は，緑色のこの宝石が眼病にきくという中世以来の『鉱物誌(ラピデール)』の迷信をパロディ化したものである．

◆Ⅲ-10｜ホアン・パントッハ・デ・ラ・クルス［イザベラ・クララ・エウヘニア］　1599年
　　　　Alte Pinakothek, München
◆Ⅲ-11｜ピーター・ブリューゲル（子1564-1638）［村の婚礼］部分
　　　　Museum Voor Schone Kunsten, Gent

III／16世紀

◆III-12　　　　　　　　◆III-13

◆ 『鉱物誌』と宝石の効能
　人はいつの時代にも宝石で身を飾るということをしてきたが、宝石が多分に護符であることは今日にも誕生石というのがある通りである。12世紀から16世紀のヨーロッパでは宝石の効能を説いた著作が『鉱物誌』と呼ばれて広く流布した。宝石ごとの解説はまず産地や物理的性質から記されるから、鉱物についての当時の精一杯の科学書とも言えるが、大半は精神的・身体的・社会的なあらゆる災いから人がいかに護られるかの効能書きで占められている。ルビーは戦勝に導き、権力の座を掴ませ、宮廷の厚遇と健康を保証する。ダイアモンドは富をもたらし、毒から守り、不妊を直し、夜に恐怖を感じさせず、硬い性質のためか骨に効く。エメラルドは人を雄弁にし、好色を避けさせ、視力を保つ。サファイアは止血の効果があり、動悸に効き、愚行を避けさせ、予言を与える。真珠は心臓に効き、体液をきれいにする。トパーズは怒りを鎮め、苦痛を和らげ、突然死を防ぐ。マグネットは男女または夫婦の間の愛を育てる、というのは磁石の性格のためか。人間の生活にまつわる災いの除去の効果が延々と語られる中に、当時の人々が何に悩み何を望んだのかがわかるところが興味深い。
　　　　　　　　　　　　　　　　（徳井）

◆III-12｜フランソワ・クルーエ［シャルル9世］　1563年　Kunsthistorisches Museum, Wien
◆III-13｜サンチェス・コエーリョ［スペイン王妃アンヌ・ドートリッシュ］　1571年　Kunsthistorisches Museum, Wien

◆Ⅲ-14　　　　　　　　　　◆Ⅲ-15

　ラブレーの記述によればブラゲットはポケットの役目を果たしており、ここからテニスの元祖ともいえるジュ・ド・ポームのボールやオレンジの実、時禱書までが出てくる。諷刺・皮肉をまじえていくらでも話をつくり出す作者のことだから、そのまま信じるわけにはいかないが、ポケットがいまだ一般的でない時代にその代用の役を果たしたことはまちがいない。女性は腰から長く下げた袋を携えるのが下層から上層階級までヨーロッパの広くで見られることも《Ⅲ-8》《Ⅲ-9》、ポケットが普及していないことの証である。ポケットが普及しなかったのは、短刀や短銃などの武器を隠すことが恐れられたからである。シャルル9世(1560-74在位)治世下の1563年の禁令には次のような文章がある。「馬の毛や綿、あるいは羊毛屑でオ・ド・ショースを膨らませてはならない、つまり裏地のみで済ませること、そして、そのショースにポシェットをつけてはならない」。肖像画《Ⅲ-12》はこの禁令発布の年に描かれており、オ・ド・ショースはかぼちゃのように丸く膨らんでいる。禁令のいうポシェットとはポケットのことで、詰め物で大きく膨らんだズボンにポケットをつけるのはいかにも具合がよいから、現実には少なからず行われていて禁令が出たのだろう。

女性の服飾

　同様に『ガルガンチュア物語』により女性服を示すことばを確認しよう。男と同様にまずシュミーズを着る。その上に一種のコルセットというべきカムロ織のヴァスキーヌを、下半身にはペティコートというべきタフタ製のヴェルチュガルをつける。ヴァスキーヌに使われるカムロとは本来は山羊などの毛を使った東洋産の布で、15世紀以降はこれを真似た絹地のことである。下着をこのように整えた上に重ねるのがコットとローブであり、これらはタフタ、サテン、ダマスク、ビロードなどで仕立てられている。ラ

◆Ⅲ-14｜ハンス・ホルバイン(子)［ヘンリー8世の第3王妃ジェーン・シーモア］　1536年
　Kunsthistorisches Museum, Wien
◆Ⅲ-15｜パオロ・ヴェロネーゼ［ラ・ベルラ・ナーニの肖像］　1560年代初め
　Musée du Louvre, Paris　(©Photo. RMN-J.G. Berizzi)

◆Ⅲ-16

どのようにしてコルセットを示すことばになったかは不明だが、ヴェルチュガルについては、このペティコートが本来しなやかな若い枝を輪にしてつくられたためと推測される。英語ではファージンゲールfarthingaleと呼ぶが、これも同じスペイン語の派生語である。ただしスペインではかっちりした円錐形を描いているのに対し《Ⅲ-13》、イギリスではタイヤ型の腰当てを用いてドラム型を描いている《Ⅲ-16》。ラブレーの記述はロープの代わりに夏服としてマルロット、もしくはベルヌを着ると伝えているが、ベルヌberneはアンダルシア地方に住む回教徒の女性が着た服berniaに因むから、同様にスペイン・モードである。

16世紀後半は男性の女性化もしくは女性の男性化が話題になる時代で、その一つに男女の下着の接近、特に女性が下着としてズボンをはく習慣のことがある。財産目録や会計簿などの記録にカルソンcalçonということばが頻出し、女性はヴェルチュガルの下にこれをはいているのである。ブラントームは、恋人や夫とすごすプライヴェートな生活にカルソン姿の女性のあることを伝えて、痩せすぎの女は詰め物でカルソンを膨らませてはいていると記している。カルソンは、したがって必ずしも亜麻布の簡素なものばかりではなく、カトリーヌ・ド・メディシスが黒いタフタでつくらせたように絹やビロード製のものも多く、亜麻布製には金銀の刺繡をほどこすことも多かった。会計簿などの記録からうかがえる16世紀のもう一つの特徴に、タブリエとハンカチの多用のことがある。タブリエは要するに前掛けのことで、衣裳を汚さぬ目的を基本的にはもっているが、ヨーロッパ中に広く見られた流行で、実用的な亜麻布製ばかりではない。ヴェチェリオが伝えるアウグスブルクの貴族の乙女の前掛けはビロードかダマスクで仕立てられると記されている通り《Ⅲ-9前出》、豪華な絹布製も多い。

ブレーの描写はおそらくジェーン・シーモー像《Ⅲ-14》に対応するが、図ではコットの袖に切口装飾が施され、そこからシュミーズの布が引張り出され、ロープのスカート部は前中央で開きコットが見える。コットの上に腰から下がるのは、ラブレーも記しているパテルノステル(ロザリオ)と呼ばれたベルトである。《Ⅲ-15》はやや後のイタリアの女性の姿だが、腰の上で前に下がった形のベルトが同様にイタリア語でパーテルノストロと呼ばれている。

コットはもちろんローブも中世以来のことばだが、ヴァスキーヌとヴェルチュガルという新しいことばはスペイン・モードの影響とヨーロッパ世界におけるその優位を物語る。ヴァスキーヌvasquineはスペインのバスクという地方名から生まれたスペイン語のbasquinaに、ヴェルチュガルverfagaleは若い枝を示すスペイン語のverdugoに由来する。バスク地方が

◆Ⅲ-16 [エリザベス1世女王] 1593年頃 National Portrait Gallery, London

国民性と国際性

各国モードの交流

　16世紀は国家意識が明確になるにしたがい服飾に国民性が現れる時代であり、さらに各国の宮廷が婚姻で結ばれるため、各国の服飾が互いに影響しあう時代である。記録には「イタリア風のダマスクのローブ」「スペイン風のタフタのローブ」「ドイツ風のカムロのローブ」など、どこそこの国風という表現が頻出する。上に引いたラブレーの描写にも、女性は頭髪を冬はフランス風、春はスペイン風、夏はトスカナ風に整えると語るところがある。

　イタリア・モードのフランスへの影響は1494年のシャルル8世のイタリア遠征以来のことだが、イタリアから多くの芸術家を招き、その文化の吸収に努めたフランソワ1世は特にイタリア・モードを好んだことで知られる。イザベッラ・デステにマントヴァ風に着つけた衣裳人形を送らせたこともあったと伝えられるし、イタリアの豪華な絹織物を好んだことも知られている。たとえば肖像画《Ⅲ-6前出》で、セーと思われる衣服に黒地に繊細かつ精巧なムーア風の文様があるのは、明らかに東洋の模様の影響を受けたイタリアの絹織物である。ついでながらプールポワンに刺繍されている8の字結びの文様は、母太后ルイーズ・ド・サヴォワから継承した彼の紋章の一つである。フランソワ1世治世の末期からアンリ2世(1547-59在位)の治世にかけては、イタリアに代わりスペインが大きな影響を及ぼしてくる。フェリーペ2世(1556-98在位)の治世下スペインは、新大陸貿易による銀の収益を背景に経済国としてヨーロッパで優位にたったからである。アンリ2世がプールポワンの上に羽織っているのはスペインのカパに由来するマントで、スペイン趣味の代表的なものである《Ⅲ-4前出》。アンリ2世が亡くなったとき、後継のフランソワ2世(1559-60在位)の妻であるスコットランドのメアリ・スチュアートは黒サテンの「スペイン風」の喪服を注文している。そして世紀末のアンリ3世の治世には、同王がイタリア旅行からもたらして再びイタリア風が流行り、その代表がヴェネツィア風の長めの半ズボンであった《Ⅲ-17》。

　一方スペインでもイタリアでも諸外国からの影響という事情は同様である。スペインではフランス風スカートとかポルトガル風かぶり物などの表現が当時の記録に見えるし、イタリア

◆ **贅沢禁止令**

　古代ローマの皇帝ネロがパープル染の着用を禁止したように贅沢を取り締まる法令は古くから各国にあるが、フランスでは13世紀末以後に頻繁に発布され、16世紀にはその内容が多岐にわたっている。一般に禁令の発布には三つの理由がある。一つは過度に走る服装の趣味を戒める倫理的理由、二つ目は身分による服装の差異を明らかにして身分制度を確かなものとする政治的理由、そして三つ目は過剰消費による個人の財政ひいては国家財政の貧窮に対処するための経済的理由である。これらは時代によってそれぞれの重みをかえているが、16世紀には経済的理由が大きい。1543年のフランソワ1世の禁令は金襴(きんらん)や金糸刺繍(ししゅう)あるいは金モールにかける莫大な金額が生産国へと流れ、すなわち敵国イタリアを援助する結果になっていると禁令発布の理由を述べている。金・銀・ビロードは王族に限るというのがこの禁令の趣旨だが、やがてモンテーニュはこのような禁令がいかに無意味かを次のように言う。王族だけに許せばかえってその価値が高まり、人々に羨望の気持ちを起こさせるだけ、まず王族が金・銀・ビロードの使用をやめるべしと。禁令の効果がなかったことは言うまでもない。

(徳井)

◆Ⅲ-17

ではたとえば1528年のカスティリオーネの『宮廷人』が，フランス風，スペイン風，ドイツ風，トルコ風など人々の服装が多様化し，これぞイタリア人とわかる服装がなくなったと述べているからである．こうした事情は服装のモラルの点で少なからず議論の対象になったらしく，カスティリオーネはこれにいかに対処すべきかを説きながら，フランス風は仰々しく，ドイツ風は簡素すぎるから，いずれであれイタリア人の感覚で修正されたものがよいと結論を出している（第2の書26，27）．

黒の流行

カスティリオーネの記述はつづいて衣服の色について言及している．すなわち派手なものより渋く落着いた傾向のものがよく，したがって衣服の色は黒が最高で，漆黒ではないにしても暗色が好もしいと主張する．そして祝祭や遊戯の場合は明るく華やかな色がふさわしいとしても，日常の衣服は「スペイン風の落着きを示すのがよい」と述べ，16世紀の黒の流行がスペイン・モードの影響によることが示唆されている．ティツィアーノが黒い服装の男の肖像画を多く残しているように，そして本書に挙げた図像からも暗色が好まれたことが推測できるように，16世紀は黒を初めとする暗色が男の服装の主流をなした時代だった《Ⅲ-18》．冒頭に引いたラブレーの記述の中でも，黒が男の服装の色の一つとして挙げられている．16世紀ヨーロッパに広くいきわたった黒の好尚はスペインの宮廷に発信源があり，それは15世紀のブルゴーニュ公国の伝統を継承したためであった．フランス王室をしのぐ栄華を誇ったブルゴーニュ公国が，シャルル突進公の一人娘マリーとマクシミリアン1世の結婚によりハプスブルク家に帰属したからである．

黒と暗色の好みは17世紀には市民社会に定着し，今日の紳士服にまで及ぶ歴史をつくっていくことになるが，その基礎を築いた16世紀

◆Ⅲ-17｜［ジョワイユーズ公の結婚舞踏会］ 1581-82年　Musée du Louvre, Paris
（ⓒPhoto. RMN-Jean；J. Schorman）

◆Ⅲ-18

の黒の流行には実はもう一つの事情がある．そ
れは16世紀末に起こった新教徒の思想が，黒
や暗色を衣服の色として道徳的であると判断
し勧めたからである．ツヴィングリであれカル
ヴァンであれ新教徒にとって衣服とは，人間の
原罪を思い起こさせる恥のしるしである．した
がって衣服も化粧も，身体装飾の一切を不浄
と見なし，衣服の色には黒・灰色・茶などの暗
色もしくは白しか許さないという色彩倫理を説
いた．赤・黄・緑などの明るい色や暖色系の色
は彼らにとって不道徳であり，こうした倫理観
が黒の流行を支え，市民社会の倫理として育
っていくことになる．

服飾版画集の刊行

　16世紀の国際性はヨーロッパ世界に限るの
ではない．前世紀以来の地理上の発見はヨー
ロッパ以外の広い世界の習俗に対し好奇心を
かきたてた．16世紀後半に世界各地の服装を
示した版画集の刊行が盛んになるのは，こうし
た時代精神によるのだろう．これらの画集は当
時の服装を知る資料として貴重であることは言
うまでもないが，さらに後のモード版画集，あ
るいはファッション・プレートの先駆けともい
える点で興味深い．

　まず1577年にニュルンベルクで刊行された
ヨスト・アマンの200図からなる『主な国々の男
女の服装』は画集の先駆的存在である．ヨス
ト・アマンの原画をハンス・ヴァイゲルが版刻
したから「ハンス・ヴァイゲルの衣裳本」の通称
をもち，エネア・ヴィーコの『さまざまな服装』
（パリ，1562年）やフェルディナンド・ベルテッ
リの『現代諸国民の服装』（ヴェネツィア，1563
年）を基礎に生まれた木版画集である．同じ
1577年にアントウェルペンではアブラハム・ド・
ブリュインによる『諸国民の姿』が刊行され，
1581年にメッヒェレンではジャン・ジャック・
ボワサールによる61図の銅版画集『世界各国の
さまざまな服装』が刊行されている．1580年頃

◆Ⅲ-18│オットー・ファン・フェーン［親族に囲まれたオットー・ファン・フェーン］　1584年
Musée du Louvre, Paris　（ⒸPhoto. RMN-Jean/Marboeuf）

◆ III-19　　　　◆ III-20　　　　◆ III-21　　　　◆ III-22

からヴェネツィアで刊行され始めたピエトロ・ベルテッリ『諸国民の服装』は1596年に完結する．

1590年にヴェネツィアで刊行されたチェーザレ・ヴェチェッリオの『古今東西の衣裳』は，こうした画集の総括ともいえる作品で，先人の画集の図を借用しながら420図の木版画から成っている．500図あまりに増補された1598年の第二版では，図の約半数が古代ローマや中世の服装を含めたイタリア諸都市の服装，さらに約三分の一がヨーロッパの諸地域の服装に当てられているものの，残りの100図以上がアジア，アフリカ，アメリカに当てられ，新大陸の服装が20図含まれている．左頁に図を配置し，右頁でその服装についてラテン語とイタリア語で説明をするという体裁である．《III-19》は当時のイタリアの売春婦の姿で，底の高い履物はこの種の女性に特に好まれた．ヨーロッパはアウグスブルク《III-9前出》など近隣からラプランドまで，東はチェコやロシアまで，南はギリシアからトルコやペルシア《III-20》などの中近東を経て，アジアはインドから中国や日本《III-21》まで，アフリカはエチオピアやカナリア諸島など，そして新大陸は南米のペルーやメキシコ，北米はフロリダ《III-22》とヴァージニア，と世界中の服装に及んでいる．日本の若者と題された図は，天正少年使節の姿で，ローマ法王から下賜された衣装であるらしい．

（徳井淑子）

◆「南蛮」服飾と日本

ヨーロッパの大航海時代，黄金の島ジパングを目指し，室町末期から江戸初期にかけて日本にたどりついたポルトガル人やスペイン人は，日本では南方を経由して渡来したことから「南蛮人」と呼ばれた．

南蛮人は鉄砲やキリスト教だけでなく，新しい風俗や未知の物品をもたらした．毛織物もこの頃日本に伝来したものだが，ポルトガル語のラシャraxaがそのまま日本名の羅紗になり，その羅紗を用いたケープ（ポルトガル語ではカパcapa）が合羽として武士の間に広まった．その他，ボタン（ポルトガル語ではボターノbotão）やニットの靴下（スペイン語ではメリヤスmerias），ヴェルヴェット（ポルトガル語ではビロードveludo）など，日本に持ち込まれてそのまま，あるいは少し形を変えて定着した服飾品や服飾用語は少なくない．

当時の大名たちは，宣教師や南蛮商人が献上した西欧風の衣服や装身具を好んで身につけ，中でも信長の南蛮好みは有名だった．上杉謙信着用と伝えられる唐草模様の刺繍入りのビロードのケープも現存している．南蛮文化の流入は，桃山文化を際立たせる大きな特色の1つとなっている．

（古賀）

◆ III-19｜チェーザレ・ヴェチェッリオ「古今東西の衣装」 1598年　（第2版）［売春婦］
町田市立国際版画美術館
◆ III-20｜チェーザレ・ヴェチェッリオ「古今東西の衣装」［ペルシア王の服装］　町田市立国際版画美術館
◆ III-21｜チェーザレ・ヴェチェッリオ「古今東西の衣装」［日本の若者］　町田市立国際版画美術館
◆ III-22｜チェーザレ・ヴェチェッリオ「古今東西の衣装」［フロリダの王の服装］　町田市立国際版画美術館

17世紀
The Seventeenth Century

IV

The Concise History of Fashion

オランダの隆盛，そしてフランス・モードの確立へ

　新興国の新しい価値観が17世紀の幕開けを彩った．世界経済の担い手は16世紀のスペインから，17世紀前半にはオランダへと交代する．そしてその新興国内では経済繁栄の担い手である富裕市民層が台頭し，プロテスタント思想の確立も影響して，新しい価値観や美意識が形成されていった．

　オランダは，織物産業で蓄積した経済力を背景にスペインから1609年に独立．さらに1602年に設立された東インド会社を中心に海上覇権を掌握して香辛料などの東方貿易を独占し，同時に加工貿易も発達させて，17世紀前半を通じヨーロッパ一の繁栄を誇る．商人国家オランダの目覚ましい発展は他国の注目を集め，その市民的な新しい価値観や美意識はヨーロッパ諸国に影響を及ぼすようになる．それまでの厳粛で硬直したスペイン風の貴族衣装に代って台頭した，自由で自然な感覚の実用的な服装への好みにも，その影響が顕著に表れている．重々しい装飾は後退し，何よりも幾何学的な人工的フォルムを形作っていた詰め物と整型下着（ファンデーション）が消滅していった．そして，新しい美意識を反映した自由で変化に富んだモードが台頭する．

　17世紀後半になると，絶対王政を確立させたフランスがヨーロッパの政治権力の中心となり，経済的にも目覚ましく発展して，モードの世界にも君臨するようになった．強力な産業奨励政策による繊維産業の急速な成長と並行して，ヴェルサイユ宮廷からは新しい服装の流行が生み出される．こうしたフランスの最新モードは直ちにヨーロッパ諸国へ伝えられ，フランスはヨーロッパの流行と服飾産業の中心地という地位を確立させていった．

　この世紀，ヨーロッパは宗教や信条，利害の対立による内乱や戦争の時代であったのだが，経済的には著しく発展し，膨大な富がヨーロッパ全体に蓄積した時代でもあった．豊かな経済環境，それに貴族文化と台頭しつつあった市民文化との融合を背景に，服飾は大きく変化していった．新しいモードを生み出し，あるいは率先採用したフランスやオランダ，また16世紀風の硬直したスタイルに長くこだわったスペインなど，国によってその変化の時期と速度に違いはあったが，17世紀は，中世的な服装の枠組みがすっかり崩れ，近代的服装の誕生へと向かう過渡期であった．流行の変化の速度は増し，遠い異国から一般兵士の風俗まで多様な源からアイディアを採用した新しい衣服やお洒落のテクニックが次々と登場し，現在ではその起源を明確に把握できないものも少なくない．衣服は，長くなったり短くなったり，広がったりタイトになったり，変化の限りを見せた．新奇さを求めては極端に走ったりもする華麗な変化のエネルギーに満ちた17世紀は，その末期には目新しいものを追い求める情熱が衰退して，儀礼の確立やルイ14世末期の宮廷の形式主義などの影響を受けて秩序を重視する様式へと転換した．

17世紀前半

◆Ⅳ-1

詰め物の消失と騎士風モードの台頭

　前世紀から継続してヨーロッパ諸国でみられた豪奢で緊張感のある構築的なスペイン・スタイルは，1620年代までに後退して，なだらかで自然な形の着やすいモードへと次第に移行する．まず，詰め物と整型下着が消滅する．襞襟や扇形に高く広がる糊付けした襟はしばらく継続して着用されるが，次第に糊付けしなくなるなど堅さを失い，首から肩へと自然に沿う平らな襟へと変化していった《Ⅳ-1》．装飾も控えめになり，衣服は全般に単純化する．こうした変化は男性の服から始まり，次いで女性の服も窮屈なスペイン・スタイルから離れていった．タイトで張りのある様式は，ゆったりと自然な着やすいスタイルへと向かう．そして，新しい変化に富んだ装飾性を求めるようになっていった．

　男子服では，1630年頃までに全身の詰め物がほとんどなくなる．オランダの影響で，プー

◆Ⅳ-2

◆Ⅳ-1｜D・サントフルト［市長ディルク・バス・ジャコブスとその家族］　1635年
　　　　Amsterdams Historisch Museum
◆Ⅳ-2｜ダニエル・マイテンス［初代ハミルトン公爵］　1629年　Collection Duc de Hamilton

ルポワンもオー・ド・ショースもゆったりしたものに代っていく。

　詰め物を取り去ったプールポワンは下腹部の膨らみが消滅して、ウェスト位置が上昇、垂れ部分の前端が尖って長くなっていく。そして、下に着たシャツを装飾的に覗かせるゆったりした着方が流行する。

　詰め物入りの短いズボン、オー・ド・ショースは、詰め物をとって膨らみを縮小させて丈が長くなり、ゆったりした膝下丈の裾口を紐で縛るか飾りボタン留めする半ズボン、キュロットへと移行する。キュロットはプールポワンに結び止められていたが、内側にあったこの結び目が1640年代を境目に鳩目穴を通して外側で結ばれるようになり、これが新しい装飾効果を生み出した《Ⅳ-2》。キュロットの裾には、カノンと呼ばれるレースなどを使った膝飾りが加わるようになる。

　男らしさや威勢の良さを華やかに誇示する騎士風の好みが、この時期の男性モードに見られるようになる。マントと呼ばれるようになったケープを一方の肩に掛ける粋な着こなし《Ⅳ-6》が好まれ、履物では長靴が流行した。

　長靴は、短いオー・ド・ショースには膝上丈のものが合わせられたが、膝丈のキュロットに対応して長さは短くなり、折り返しやレースの縁飾りが付いたじょうご型ブーツ《Ⅳ-3》が主流となる。拍車つきのものも好まれた。長靴が騎士の身分を象徴するものであったということは、17世紀を代表する文学者の一人でもあるシャルル・ペローの童話『長靴をはいた猫』からも窺い知ることができる。そして当初、外履き専用だった長靴が、サロンや舞踏会でも許容されるようになった。長靴のほか、凝ったデザインのさまざまな形の履物が好まれ、贅沢なレースやリボン装飾が施された。

　靴下は、17世紀初頭まで履かれていた布製のものが、次第に16世紀に登場したニット靴

◆Ⅳ-3｜ダブリット，ブリッチズ，マント（シルク・サテンにスラッシュ，ブレードの飾り　ニードル・レースの衿，カフス）
　　　　1630年頃　イギリス　Victoria & Albert Museum, London
◆Ⅳ-4｜アンソニー・ヴァン・ダイク［狩り場のチャールズ1世］　1635年頃　Musée du Louvre, Paris

下にとって代られた．晴れ着用にはあらゆる色の絹の編靴下が履かれ，重ね履きが一般的だった．日常用には綿ニットの靴下が世紀後半にイギリスから輸入されるようになって広く普及するようになる．

髪形は襞襟に遮られなくなって長くなり，羽根飾り付のつば広フェルト帽が広く流行した《Ⅳ-4》．帽子には，シルクやウールから毛皮までさまざまな素材が用いられ，デザインの変化も頻繁に行われた．

男らしさを誇示する口髭やステッキ，飾り剣が流行する一方，ブレスレットやイアリング，指輪など宝飾類が，老人にいたるまで沢山使われて華やかさを競った．宝石のカットや人造宝飾製法など宝飾技術がめざましく発展した．

こうした華麗な騎士や貴族のモードは，アブラハム・ボス《Ⅳ-6》の銅版画やフランス・ハルス《Ⅳ-10》の肖像画などにも詳細に描写されている．

◆ Ⅳ-5 | ジャック・カロ[マスクを付けた婦人]　1620-23年頃　Bibliothèque Nationale de France
◆ Ⅳ-6 | アブラハム・ボス[さやから剣を抜く貴族](シリーズ「フランス貴族の庭」)　1629年　Musée du Louvre, Paris
◆ Ⅳ-7 | アンソニー・ヴァン・ダイク[ロレーヌのアンリエット]　1634年　London County Council

◆ Ⅳ-8

デコルテと付けぼくろの流行

　女性のモードの変化は，男性の服の変化に比べゆっくり進むが，1630年頃にはコルセットとファージンゲールが消滅して全体にナチュラルなラインへ向かい，徐々に肩幅が広くウェスト丈が短いシルエットに移行していった．また，襞襟が消滅すると，次第に襟ぐりが大きくなって胸を見せるデコルテ《Ⅳ-7》が好まれるようになる．バティストやレースなど薄地のケープで大きく開いた胸元を覆うスタイルも流行する．
　女性の服装は，ボディス(胴着)ジュップ(ペティコート〈英〉)でラインを整えた上にローブを着用するのが一般的となる．ローブにはスラッシュ装飾や詰め物で大きく膨らんだ袖が付き，多くの場合前開きで，下のボディスやペティコートを覗かせた《Ⅳ-5》《Ⅳ-7》．大きなデコルテのボディスは，絹のリボンで前締めして，その上に装飾的な胸当てピエス・デストマ(ストマッカー)を付けた．スカートの下にはファージンゲールに代ってペティコートを重ねて着用するようになり，上のスカートをたくしあげてペティコートを見せる着こなしが流行する．ペティコートの重ねは三枚が基本で，一番上はラ・モデスト(慎しみ，の意)，中はラ・フリボヌ(お転婆)，一番下はラ・フィデル(忠義)とカラ・スクレット(秘密)などと呼ばれていた．
　シルエットの変化に対応して，素材感や色調もソフトな方向へ好みが変化する．重々しい堅いブロケードはしなやかで軽い絹織物にとって代られ，光沢の美しいサテンに人気が集まる．強いコントラストの色使いは穏やかな色調へと移行する．
　全般に女性の服装は男性より質素であり，履物も男性にくらべ単純で，パントゥフル，スリッパー〈英〉などと呼ばれるかかとのあいた履物がはかれた．外を歩く場合には，当時の状態の悪い街路などから華奢な靴を保護するため，16世紀からの高い履物，パタンなども用いられた．
　髪は，スペイン調の高く結い上げる髪形に代って，男たちと同じように自然な垂れ髪が中心となる．
　口紅や白粉も登場するが，この時代の化粧で最も特徴的なのは，付けぼくろ(ムーシュ)の流行だろう．タフタ(張りのある絹の平織物)や薄くなめした皮革を，星や月，十字架，馬車などさまざまな形にカットして顔のいたるところや胸元に貼り付けるお洒落は，16世紀に始まった．歯痛を和らげるためにこめかみに貼った黒い膏薬が起源といわれる．付けぼくろは疱瘡の痕を隠し，肌の白さを際立たせ，愛嬌や色っぽい風情も与えてくれるとして，17世紀にはほとんど必需品ともいえるほど広く大量に用いられた《Ⅳ-22後出》《Ⅳ-23後出》．つける場所によってそれぞれ，目尻につければ「情熱家」，頬の真中は「男好き」，鼻は「恥知らず」，唇は「コケット」などと呼ばれた．ペローの『サンドリヨン』にも，サンドリヨン(シンデレラ)の姉た

◆ Ⅳ-8｜グラブ(スエードにブリオン刺繡，ループ状の縁飾り)　17世紀後半
　Ⓒ京都服飾文化研究財団(Kyoto Costume Institute 以下KCI)　(写真=畠山直哉)

ちが王子様の舞踏会に出かけるため、付けぼくろでお洒落しようとするところが描かれている．

そして、手の白さを強調するため手首にはブレスレット代りの黒リボンが巻かれ、肌の白さを守るためのマスク《Ⅳ-5》やパラソル、スカーフ、扇などのアクセサリーが貴婦人の必需品だった．

袖が短くなるにつれて、1640年頃長い手袋やマフが登場し、男女共通の重要なアクセサリーとなる．手袋は華やかなお洒落用にはサテンやビロード製、乗馬用はスペイン産の鹿皮製などが中心で、芳香付きのものも好まれた．《Ⅳ-8》

3 バロックの美意識・ギャラントリー

芸術の様式では17世紀はバロックの時代と呼ばれることが多い．バロック様式は、感情の強調や変化と動きを特徴とし、カトリック教会などによる旧弊な支配秩序から解放されつつあった時代の雰囲気に呼応した新しい美意識・表現様式である．曲線の多い華麗な装飾が建築から服飾品までいたるところに用いられた．風変わりなものや変則的なものへの好みも強く、過剰な表現も少なくない．17世紀中頃には服飾においてもバロックの影響が決定的となって、型にはまらず自由奔放に変化しディテールに凝るというバロック様式の特徴が、そのまま衣服や着こなしに現われるようになる．仕立ての完成度よりも装飾が重要視され、特に男の服飾にレースやリボン、あるいは刺繍などを極端なまでに多用した高度に装飾的で華美なスタイルが出現した《Ⅳ-10》．

多様な服飾品の中で最も重要な装飾品はレースとリボンだろう．

レースは、刺繍の技法から発達したニードルポイント《Ⅳ-12》と飾り紐の技法から発達したボビン・レース《Ⅳ-11》という2つの基本技法がヴェネツィアとフランドル両地方を中心に16世紀末に確立されて華麗なレース・デザインが多様に展開されるようになり、17世紀ヨーロッパでの大流行をもたらした．

レースは、男性にも多用され、軍人から子供まで競って使われた《Ⅳ-9》．襟やケープ、カフス、ブーツの折返し、靴の飾りなどに幅広レースが、肩帯や手袋、キュロットや上着の縫目のアクセントなどには金レースが贅沢に使われた．

高価なレースの多用はフランスなど輸入国にとっては貿易収支を悪化させ、国庫を圧迫するほどだった．たび重なる輸入禁止や使用禁止令にもかかわらずレースの人気はますます熱を帯び、17世紀後半には輸入制限の試みに失敗したフランスが国策的にレース産業を奨励して発展させるにいたる．《Ⅳ-12》

一方、レースや金銀装飾品の輸入禁止や使用禁止令は、リボン装飾の発達を促す．装飾品の中では比較的安価だったリボンは、バラ結びや房状にしたものが、プールポワンやローブ、靴などありとあらゆるところに過剰なまでに用いられるようになる．こうしたリボンの濫用は階級別のリボン装飾の長さ制限令とともにリボン織機の発達をもたらした．ちなみにリボン装飾、とくに男性の服飾に使われたリボン装飾は当時「ギャラン galant」とも呼ばれている．

ギャランは本来、「りりしい、（男性が）女性に対して親切な、色っぽい、粋な」などの意味をもつ形容詞である．その名詞形であるギャラントリーgalanterieは「さっそうとした様子、女性に対する慇懃さ、女性へのお世辞、ラブレター、色恋」などの幅広い意味で用いられるが、特に17世紀ヨーロッパの社交界では「上流

◆ Ⅳ-9

青年貴族たちの貴婦人に対する好ましい礼儀作法やお洒落な風俗」を意味して使われ，この時代を風靡した一つの美意識となっていた．17世紀全般を通して文学や芸術にも影響を与えている．そして，ギャラントリーの表現に最もふさわしい服飾として，リボンはギャランとも呼ばれるようになったのである．

◆ Ⅳ-10

◆ Ⅳ-9｜ジウスト・サステルマンス［マッティア・デ・メディチの肖像］ 1632年　Galleria Palatina, Firenze
 （ⒸPhoto. SCALA）
◆ Ⅳ-10｜フランス・ハルス［笑う騎士］ 1624年　The Wallace Collection, London

◆ Ⅳ-11　　　　　　　　◆ Ⅳ-12

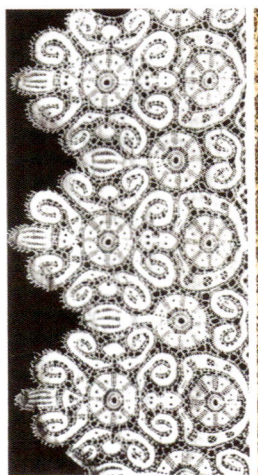

17世紀後半

ルイ14世の時代

　17世紀後半は、一言で言えば「ルイ14世(在位1643〜1715)の時代」である．17世紀前半の経済発展ではオランダやイギリスに遅れをとったフランスは、世紀後半になると絶対王政を確立させてヨーロッパの政治権力の中心となり、経済的にも目覚ましく発展する．そして、フランス文化の粋を集めたルイ14世のヴェルサイユ宮廷では、国王自ら率先して趣味と言語の規範を作り上げ、新しい服装や食習慣の流行を生み出す．強大な王権下で政治的野望をそがれた貴族は、地位と栄誉と年金の獲得競争のなかで、社交界での成功で名声を得ようと優雅さや趣味の良さを競うようになっていく．勇ましさなどよりもエレガントな言葉遣いや身のこなし、服装が重視される新しい価値観が浸透した．女主人が主催する私邸での社交界(サロン)の隆盛もあって、流行はサロンを支配する女性たちが主導するようになり、洒落男たちは女性化の傾向を見せるようにもなった．

　こうしたなか、贅沢の風潮が進展、たび重なる贅沢禁止令にもかかわらず、服装の贅沢は貴族階級から豊かな市民階層へと拡大していった．その結果、貴族はさらなる贅沢と新らしいモードを追求せざるを得なくなり、流行の変遷も頻繁になった．

　こうした風潮と並行して、フランス絶対王政はリシュリューやマザラン、コルベールら有能な官僚を登用して積極的な経済政策を推し進めた．金銀糸織物やレース、モール、ベルベットなどの外国製贅沢品の輸入禁止と国内生産の奨励である．

　重商政策で知られるルイ14世の財政総監コルベールは、「フランスにとってのモード産業は、スペインにとってのペルーの鉱山である」と考え、織物産業に大胆なテコ入れを行った．

◆ Ⅳ-11｜ボビン・レース[パスマン]衿の縁飾り　1635年頃
　Musée de la Chambre de Commerce d'Industrie de Lyon
◆ Ⅳ-12｜ニードルポイント・レース[ポワン・ド・フランス]縁飾り(部分)　1675-85年　個人蔵

◆Ⅳ-13 　　　　　　　　　　　◆Ⅳ-14 　　　　　　　　　　　◆Ⅳ-15

絹織物の先進国イタリアの職工を技術指導に招いてリヨン王立織物製造所が1667年に設立され、フランス絹織物産業の発展を牽引する。養蚕や桑の栽培も行われるようになった。毛織物に関しても、生産・技術ともに著しい発展を見せる。

輸入制限に失敗したレースに関しても、フランス各地に王立レース工房が設立され、レース産業は画期的に発展した。ルイ14世は、国内レース産業奨励のため、「宮廷ではフランス製レースを着用するよう」命じたと言われる。当初ヴェネツィアやフランドルから職人を招聘して技術導入を計ったフランスのレースは、短期間に急速発展し、1670年代には独自のレースのスタイルとヨーロッパにおける優位を確立して、ニードルポイント・レースのポワン・ド・フランス《Ⅳ-12前出》《Ⅳ-20後出》はレースの最高級品と認識されるまでになった。

絹の靴下なども、同様の輸入禁止とヨーロッパ中からの技術導入政策で、それまでの先進諸国をしのぐほどの産業が確立された。

衣服の製造つまり仕立て業に関しては、全般的には中世とほぼ変わりなく、強力な同業組合による厳しい規制と支配が続いていたが、男女の服装の分化進展に伴って、フランスでは女性の服を専門とする仕立て業（クチュリエール couturière）が、1667年に仕立て業（タイユール tailleur）組合から分離した《Ⅳ-15》。

また、17世紀を通じて重要な役割を担った扇やマフ、ステッキなどの製造に関しても、さまざまな専門の職人や商人が発達し、繁栄した《Ⅳ-13》《Ⅳ-14》。

モードを伝播する手段も発達する。

17世紀には、肖像画のほかに、モードや風俗を描いた銅版画が数多く生み出された。ジャック・カロ《Ⅳ-5前出》やアブラハム・ボス《Ⅳ-6前出》、ヴェンツェル・ホラー、ボナール兄弟（アンリ／ニコラ／ロベール／ジャン＝バティスト）、サン・ジャン、トルーヴァン《Ⅳ-23後出》ら優れた銅版画家が輩出して、当時の貴族や貴婦人たちの姿を丹念に描いた。服装版画では素材や色、ディテール、頭飾などが詳細に説明され、最新のモードを地方や外国へ伝えるのに多大な役割を果たす。また制作された日付もはっきりしていることから、今日ではコスチューム・プレートと呼ばれて貴重な史料となっている。

17世紀にはモードを伝達する定期刊行物も生まれた。1672年にパリで発刊された『メルキュール・ギャラン』はモード情報誌の先駆といえるだろう。『メルキュール・ギャラン』では、文章のみで絵はなかったが、宮廷の行事や外国の情報、社交界の動向とともに、服飾が主要

◆Ⅳ-13｜ジャン・ベラン［刺繡と衣料品の店内の男女に見る貴族の身なり］『ル・ヌーヴォー・メルキュール・ガラン』1678年　Bibliothèque Nationale de France
◆Ⅳ-14｜ニコラ・ド・ラルムサン［下着商］1695年　Bibliothèque Nationale de France
◆Ⅳ-15｜ニコラ・ド・ラルムサン［仕立屋］1690年頃　Bibliothèque Nationale de France

◆Ⅳ-16

◆Ⅳ-17

な構成内容として扱われ，パリ・モードの影響力拡大の一翼を担った．

こうしてフランスはヨーロッパの流行と服飾産業の中心地となり，フランスの最新モードは服飾版画や雑誌，それに流行の衣裳を着付けられたファッション人形などを通じて，ヨーロッパ諸国へ伝えられていった．

17世紀後半のヨーロッパ・モードは，フランス宮廷の好み，すなわちルイ14世の好みに従って貴族的要素が支配的になり，装飾や着こなし，髪型，化粧法などは一段と凝ったものへと進展する．バロック的な装飾を追求する流行は極限に達し，特に男性の服飾では極端なモードが台頭した．

モリエールが風刺する装飾過剰のモード

おびただしい装飾が17世紀後半の男性の服装の特徴であり，新奇さでも女性たちを大きく引き離した．全身至るところにレースやリボンを飾り，長い巻毛のかつらをかぶって赤いヒールの靴を履き，宝石を飾って満艦飾の様相を呈した．モリエールはルイ14世の宮廷にも出入りを許されたこの時代を代表する劇作家であり，その風刺に満ちた作品は17世紀半ば過ぎの風俗を知る貴重な資料となっているが，その1661年の作品『亭主学校』の中で，こうした装飾過剰のモードの様子を二人の兄弟の会話を通して明確に描きだし，またその流行の服飾の虚飾性を弟の口を借りて皮肉っている．

この時期を代表するのは，何といってもラングラーヴだろう．ラングラーヴは，英語での名称ペティコート・ブリッチズに表わされているように，一般にゆったりしたヒダがたっぷり入って股が見えないスカートのような外観のキュロットのことをいう．オランダ起源との説もあるがパリで大流行して，ヨーロッパ諸国へ拡がった．派手な色使いの麻やモスリンで作られ，色とりどりのリボンが房状に飾られ，表地より長い裏地を下から覗かせて装飾的に膝で結ぶ着こなしも流行した《Ⅳ-16》《Ⅳ-18》.

さらにカノンが下半身の装飾に加わった．カノンもレース装飾のものが好まれ，非常に豪華で高価なものとなっていった．

上半身ではプールポワンの身頃も袖も短くなり，袖口や裾からシャツを覗かせる着こなしが台頭し，束にしたリボンの房飾りも流行して非常に賑やかなものとなる．

また，1650年代以降かつらの着用が一般化する．かつらの着用は薄毛に悩んだルイ13世の採用に始まったといわれるが，裾広がりの大

◆ Ⅳ-16 | ファン・デル・ミューレン［スイスの大使を迎えるルイ14世］（部分） 1663年
　　　　Musée et Domaine national de Versailles et de Trianon
◆ Ⅳ-17 | J・D・ド・サン=ジャン［男性の衣装］ 1693年 Victoria & Albert Museum, London

◆Ⅳ-18

きなかつらを愛用したルイ14世の治世下でかつらは上流階級の男性の装いに不可欠のものとなった《Ⅳ-17》《Ⅳ-19》。貴族だけでなく、聖職者や法務官たちもすべてかつらを使用するようになって、さまざまな色のかつらが用いられ、世紀末にはさらに澱粉や匂白粉の髪粉を振りかけるお洒落も登場する。家庭や私室では重くて蒸れるかつらは付けず、縁なし帽を着用した。かつらの流行はこの後約100年間続くが、かつらの普及と反比例するように帽子は徐々に小さくなり、その役割も後退する。

履物ではブーツが後退して、男性たちにもかとの高い靴、特にルイ14世型と呼ばれる爪先が四角いハイヒールが流行する。そして宮廷人は、一般人から区別するしるしとしてヒールと底縁を赤くするのが普通だった。脚線美を誇った太陽王ルイ14世は脚の魅力を際立たせるヒールがいたくお気に入りだったという《Ⅳ-19》。なめし皮やサテン、ブロケードなどで作られ、刺繍やレース、ロゼット(花結びのリボン)、宝石で飾られた美しく高価な靴を悪路から保護するため、外履き(パタン)や木履の類もさまざまなものが使用された。

近代的男子服の原型が成立

ラングラーヴに代表される装飾過剰のモードはあまり長続きせず、より近代的な服装へと転換していった。15世紀以来ほとんど3世紀に渡って男性の服の中心を占めたプールポワンも姿を消す。ヴェルサイユ宮廷では、ジュストコールとその下に着るヴェスト、キュロット、それに襟元に結ぶクラヴァットの組合せが宮廷服として採用される《Ⅳ-17》。

ジュストコールは、細身で丈はキュロットが隠れるほど長く、両脇にはヒダが畳み込まれており、前あきの両側にはボタンが並んで、袖には大きなカフスが付いたものをいう。この時代にイギリス海軍の官僚だったサミュエル・ピープスの日記によればロンドンでは1666年にはすでに丈の長い上着が登場していたそうだが、ジュストコールが広く定着するのは1670年代以降のことである。ウール製が一般的だったが、儀式用などにはブロケードやベルベットなど豪華な素材が使われ、打合せ周辺やポケット・フラップ、カフスには刺繍やボタン、モールや金銀飾り紐などの豪華な装飾が施された。

◆Ⅳ-18│クロード・アレ[ルイ14世に謝罪するジェノバ首長] 1685年
Musée des Beaux Arts, Marseilles (ⒸPhoto. Jean BERNARD)

ジュストコールは前ボタンを開けて着用し、ヴェストやクラヴァットを見せる着こなしが一般的だった。

ヴェスト（ウェストコート waistcoat〈英〉）は、ジュストコールとほぼ同じ形をしており、もとは表着であったと推定されるが、上にジュストコールを着用するようになって、装飾が前面に集中するようになった。普通はジュストコールとの調和を重視しながら豪華で派手めな素材が用いられ、ジュストコール同様、ボタンや刺繍など装飾が豪華に施されたが、正装用は白とされていた。ヴェストはきちんとボタン留めして着用し、前ボタンを開けたジュストコールの中から顔を覗かせていた。18世紀になるとヴェストは袖がなくなってジレへと転化していく。

ジュストコールにもヴェストにも基本的には襟がなく、クラヴァットが必需品となる。クラヴァットは、兵隊が襟元に布を巻くスタイルを将校が模倣し、さらに廷臣へと伝播したものとされるが、ジュストコールとほぼ同時に出現した。当初リネンの布であったものが、レースにとって代られ、世紀末に再びリネンやモスリンの細く長いものへと移行して結ぶようになる。クラヴァットの巻き方では、首の前でより合わせて先端を上着の上から二番目のボタンホールに通すというステンケルク結びが一時大流行したが、これも軍人のスタイルから始まったものである。

満艦飾のラングラーヴは後退して、すっきりしたラインのキュロットへ移行する。

ジュストコールにヴェスト、キュロット、クラヴァットの組合せは、この後、男子服の基本形式として19世紀初頭まで継続する。

頭飾は、引き続きかつら中心だが、つばを上に反り返して小振りにした三角帽（トリコルヌ）が登場する《Ⅳ-17》。三角帽は、どちらかといえば頭にかぶるよりも小脇にかかえ持つアクセサリーとして、以後100年間継続する。

手袋やハンカチーフ、マフ《Ⅳ-17》、ステッキ、装飾刀、嗅ぎ煙草入れなどのアクセサリー

◆Ⅳ-19

は引き続き重要視あるいは愛好されるが、宝飾類の使用は、過剰装飾の傾向が沈静するに従って減少していった。

ラングラーヴの退場は、気紛れで享楽的な時代の終焉を意味した。親政開始以後、さまざまな宮廷儀礼を確立させてきたルイ14世は、次第に服飾に関しても突飛な気紛れは制限するようになり、ヴェルサイユのモードは変化や遊びの感覚に代って絢爛たる豪華さの中にも秩序と威厳、重々しさに支配されるようになった。

壮麗な宮廷衣装と
ローブ・ド・シャンブル

女性の服装には、男性ものほどの変化はないが、女らしさの重要性が増して細いウエストの女性的で優美なシルエットが流行し、装飾も豊かになっていく。

再び鯨のヒゲなど堅い芯入りのコルセットで

◆Ⅳ-19｜イアサント・リゴー［ルイ14世の肖像］ 1701年　Musée du Louvre, Paris

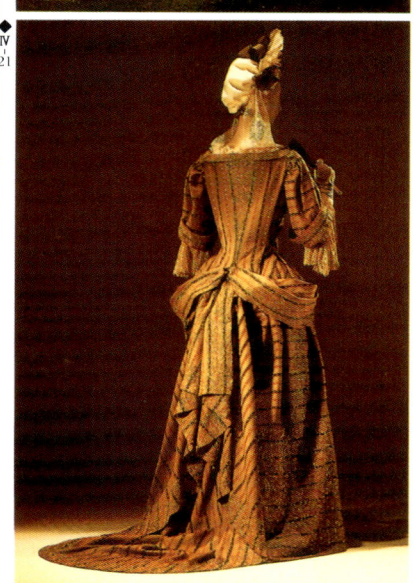

きつく締めるようになり、細長いウェストのラインが復活する。

デコルテは進展して、ローブの大きい襟ぐりに、レースや薄地素材の大きな襟が付けられるようになる《Ⅳ-20》。襟ぐりは水平なカットから17世紀末にはV字型前あきへ変化し、そのVゾーンはレースやエシェルと呼ばれるリボンをつけた胸当てをつけた。袖口にも、リボン結びやアンガジャントと呼ばれるギャザーやプリーツを三段以上重ねたレースやリネンの豪華な装飾がつけられた《Ⅳ-21》。

ローブは基本的に前あきで、スカート部分の前は大きく開けて着るのが普通だった。スカートの前面を後にたくし上げる着こなしも継続し《Ⅳ-21》、80年代には腰当てを使って腰の後部分を膨らませるシルエットも登場した。当然、見せるアイテムとして、ペティコートの重要性は増大し、重ねたペティコートの一番表側のものにはレースやフリル、刺繍などの装飾が華やかに施された。

女性の服装の装飾は、男性の服装の装飾性が収束していくのと対照的に徐々に豊かになり、リボンやレース、刺繍、シュニール、飾り紐などがふんだんに使われるようになった。フランスでは、さまざまな色や柄の布地を切り抜いてアップリケしたプレタンターユと呼ばれる装飾も流行する。宮廷女性の衣装は豪華な装飾で重さを増し、服装の完璧さがもとめられる

◆ Ⅳ-20｜ジョヴァンニ・カルボーネ［貴婦人の肖像］　1660年　Palazzo Bianco, Genova
◆ Ⅳ-21｜ドレス（縞柄のウールに銀糸刺繍）　1695年頃　イギリス
　　 The Metropolitan Museum of Art, New York
◆ Ⅳ-22｜J・D・ド・サン=ジャン［スタンケルクとファルバラの上品な女性］（部分）　1693年
　　 Victoria & Albert Museum, London
◆ Ⅳ-23｜アンドレ・トルーヴァン［デンマークのシャーロット伯夫人］（フォンタンジュ髪）　1696-97年
　　 Victoria & Albert Museum, London

◆ IV-24

　ヴェルサイユで，宮廷儀式にふさわしい壮麗な衣服の着用は，苦痛をもたらす大変な肉体労働と化しつつあった．

　髪型も17世紀前半の自然な垂れ髪から，再び高く結い上げる大きく派手な頭飾が流行する．ルイ14世の宮廷女性の間では，技巧と新奇さが競われ，1678年頃，フォンタンジュ風と呼ばれた髪型が登場し大流行する．ルイ14世の愛妾フォンタンジュ嬢のとっさの思いつきから生まれたといわれるこの髪型は，巻毛と一緒にモスリンやレース，リボンで装飾し針金を入れた髪飾りを高く積上げた建築物のような髪型へと発展する．この髪型はもちろん風刺や批判の対象になったが，約30年間流行が継続する《IV-22》《IV-23》．

　履物は，踵は男性のものよりも高かったが，基本的には同種のものだった．

　男性の装飾が減少して女性の装飾性が豊かになるのに対応して，宝石も17世紀末には男性よりも女性のものとなった．女性たちがブローチやネックレス，イアリングなどをきらびやかに身に付けるようになる一方，男性の宝飾は指輪や勲章に限られるようになった．

　美容や化粧関係では，顔の白塗りや付けぼくろの流行が継続するほか，香水が多量に使われるようになっていた．入浴の習慣もなければトイレの設備もなく，全体に衛生状態が悪い中，宮廷人たちはにおい消しのため香水を多量に消費したといわれる．

　宮廷では豪奢で技巧的なモードが主流となり，貴婦人たちの盛装が豪華な刺繍にブローチやネックレス，イアリングなど夥しい装飾品が加わって非常に重いものとなる一方で，私的な場面では寛いだ優しい衣服が着用されるようになる《IV-24》．ネグリジェあるいはローブ・ド・シャンブルなどさまざまな名前で呼ばれたこうした衣服には，柔らかい色調や素材感が好んで用いられ，背にたっぷりとプリーツを入れてゆったりと羽織るように作られたが，その袖口や胸元にはやはりレースやリボンが豪華に装飾された．美しい室内着は宮廷貴婦人の日常着として普及し，18世紀フランス宮廷服の原型となる．

◆ IV-24 | F・ミッシェル・ライト［ロバート・ヴィーナー卿の家族の肖像］ 1673年
The National Portrait Gallery, London

インド更紗の流行

お洒落で贅沢な室内着は，男女ともに流行したが，こうした室内着に重要な役割を果たしたのが，インド更紗である．

織物産業やその貿易の覇権をめぐって各国間の軋轢が17世紀初頭から台頭していた．基本的な日常着の素材である毛織物産業は主要供給国オランダ，イギリス，フランス間の市場競争が激しくなり，シルクに関しては主要供給国だったイタリアとスペインを，技術・生産力とも著しく発展したフランスの絹織物産業が圧倒するようになっていた．こうした市場環境下に，更紗などの綿織物がアジアから流入した．

インド更紗は，当初小アジア経由でポルトガル商人によりヨーロッパに少量もたらされ，異国趣味の珍品として扱われたが，1630年代には東インド会社の正式扱い品目となり，フランスではアンディエンヌ indienne（「インドからもたらされたもの」の意味）またはトワル・パント toile peinte（手描き模様の布の意），英国ではチンツ chintz（「色とりどりの」という意味のサンスクリット語に由来）などと呼ばれて大人気を博した．

インド更紗という場合，一般に高級な手描き染とやや一般的な捺染の両方を含めインド産の絵柄染め綿織物をさす《IV-26》．インドは捺

◆ベラスケスとスペインの宮廷服

ベラスケス晩年の傑作「ラス・メニーナス（宮廷の侍女たち）」《IV-25》．この絵は，ここに描かれるフェリペ4世の宮廷の日常場面にすっと引き込まれるような不思議な感覚を，見るものにもたらす．その17世紀のスペイン宮廷では，独特な横広がりのフォルムの衣装が着用されていた．

16世紀のスペインは経済的繁栄を背景にヨーロッパ各国に多大な影響を及ぼし，コルセットや輪骨入りのペティコート，詰め物，固い襞襟などによる硬直した人工的フォルムのスペイン服飾も各国に採り入れられたが，17世紀に入るとその経済力とともにモードの影響力は弱まり，新しいモードはフランスから発信されるようになる．しかしスペインでは，16世紀には円錐形だったスカートを17世紀には極端な横広がりなものに変えるなど，独自の方向性でモードを進展させていく．この絵の完成から4年後の1660年，フランスのルイ14世とスペイン王女の結婚に際しての両王家の会合場面がタピスリーや版画に描

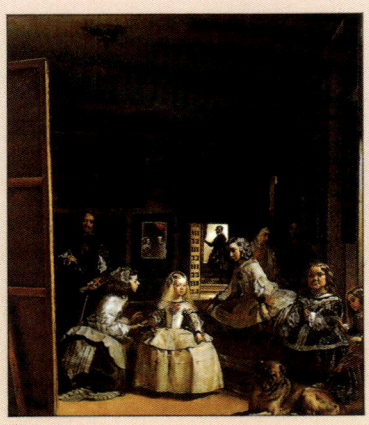

◆IV-25

かれているが，以後世界のモードを牽引していく華麗なバロック・スタイルのフランス宮廷服と，こうした未だ前時代的な硬さの残るスペインの宮廷服との対比が鮮やかに描かれていて興味深い． (古賀)

◆Ⅳ-26　　　　　　　　　　◆Ⅳ-27

染色発祥の地と推定され古く中世からイスラム諸国や極東への輸出が行われていたが，16世紀末には海上輸送の発達に乗って販路を拡張し，17世紀半ばになると東インド会社を通じてヨーロッパの好みを色柄に取り入れて市場を拡大した．1650年代末にはサンジェルマン市場に出回り，1664年のフランス東インド会社設立以降は，拡大する需要に対応してインド更紗の供給も大きく増えた．

インド更紗の流行には，磁器や香辛料同様の異国趣味が背景にあったほか，インド更紗独特の色柄の美しさ，毛織物にくらべ軽く，比較的安価であること，その上洗濯がきくという綿素材特有の実用性が大きな魅力であったと考えられる．

インド更紗は初めベッド・カバーやカーテンなど室内装飾に用いられたが，男性の部屋着や女性のエプロンやペティコートなど室内着の分野で特にフランスとイギリスで流行し始め，「アンディエンヌ」といえば，インド更紗をさすと同時に部屋着をも意味するようになる．人気は貴族階級からブルジョワへと拡がり，モリエールの『町人貴族』では，市民階級で成金のジュールダンが「印度さらさでこの部屋着を作らせましたよ．……仕立屋の話では，身分の高い人たちは，朝のうちに，こんななりをなさるとか．」(鈴木力衛訳)と語っている《Ⅳ-27》．もちろん，女性のお洒落な室内着にも用いられる．

インド更紗の人気は，ヨーロッパのテキスタイルやレースのデザインに大きな影響を及ぼしたほか，その稀少性と高価さからヨーロッパで模造品が作られるほどであった．インドの更紗染めの技法は，17世紀中頃にフランスへ導入され，これを真似てプロヴァンスで作られた「フランス産のアンディエンヌ」などが誕生した．1670年代後半には，イギリスでも製造されるようになる．インド更紗の人気に対してシルクや毛織物産業の既得権益を保護するため，フランスでは17世紀末に輸入・生産とも禁止されるが，この禁令がさらに熱狂的流行を呼ぶ結果となり，この「アンディエンヌ戦争」が決着

◆Ⅳ-26｜インド更紗[花の咲く樹]　18世紀　Musée de l'Impression sur Etoffes, Mulhouse
◆Ⅳ-27｜ボナール[部屋着姿の貴族]　1695年頃　Bibliothèque Nationale de France

して織物の捺染が解禁されるのは18世紀半ばのことになる。

17世紀以降、東方貿易や植民地建設など遠く離れた異国との関係が、ヨーロッパのモードに新たな変化をもたらすようになった《Ⅳ-28》。アジアからは、更紗や綿織物とその染めの技法、染料などがヨーロッパへもたらされ、服飾の原材料が世界中から調達される一方、南北アメリカなど植民地を通じて世界各地へヨーロッパの服装が広まっていく。こうしてヨーロッパの服飾は、世界の服飾としての性格を形成し始めた。　　　　　　　　　　（古賀令子）

◆Ⅳ-28

◆綿の伝播

綿（めん、あるいは木綿）は、綿（わた）と呼ばれるあおい科のワタ属に属する、一年または多年草の種子から作り出される。綿栽培の歴史は古く、アジアやアメリカなど世界各地で別個の基本種から独自に作物化されてきた。

インドでは綿栽培と綿織が古くから行われており、インダス下流のモヘンジョダロ遺跡から前26世紀ころのものと推定される綿の布片と紡錘が発掘されている。前5世紀にはインドの綿の存在が遠くギリシアにまで知られ、ヘロドトスは『歴史』のなかで「木から採れる羊毛」と呼び「その美しさと性能は羊毛をしのぐ」とも書いている。ヨーロッパに綿を持ち込んだのは古代アラビア商人であり、アラビア語のqutumを語源とする英語のcottonやフランス語のcotonなどの言葉に、今もその痕跡を見ることができる。

15世紀末以降、香料貿易の権益を狙ったヨーロッパ各国がインド航路発見を競い、16世紀半ば以降には東アジア貿易の商権を激しく争うようになって、17世紀にはモスリンやキャリコ、更紗などインドの綿製品もヨーロッパ各国の東アジア貿易の主要品目となる。

一方、ペルーでもインドとほぼ同時期、前26世紀頃には綿栽培と織がおこなわれていた。この系統を汲むアメリカ大陸の綿花や綿製品は、1492年コロンブスによって「発見」されている。

17世紀後半に東アジア貿易で覇権を握ったイギリスは、インドの綿産業を支配するようになり、本国でも綿工業を発展させて産業革命後は綿業先進国のインドやペルーの綿織技術を一気に凌駕して、その機械織綿布が世界市場でインド製の手織にとって代わるようになった。

日本で本格的な綿生産が始まるのは室町時代、15世紀末以降のことである。インド原産種の綿が、中国・朝鮮経由あるいはポルトガル人経由など、複数の経路で伝来したものである。16～17世紀にはイギリスやオランダ船によってインドや東南アジアのさまざまな綿布がもたらされ、日本近世の模様染めや織縞などの発達を促した。綿生産は以後急速に発達して江戸時代には従来の麻を圧倒して庶民の衣料として定着する。綿織物工業は明治以降も発展するが、綿栽培は安価な輸入綿糸に追われて急激に衰退の途をたどる。　（古賀）

◆Ⅳ-28｜［ヴェルサイユにおけるシャム王の大使の接見］1657-1725年
Bibliothèque Nationale de France

18世紀
The Eighteenth Century

V

The Concise History of Fashion

貴族社会の頂点，そして革命へ

　1715年のルイ14世の死は，すべて王によって厳格に統治されていた窮屈な状況からの解放を意味していた．壮大さ，威厳，儀式性に代わって，軽妙洒脱，自由奔放という新しい趣味がパリを風靡した．18世紀の貴族文化を背景として花開いた華麗な文化は，一般にロココと呼ばれる．

　ロココという名称は，後の19世紀にルイ15世時代の美術に対し，些末な，おどけた，皮肉なといった軽蔑をこめて付けられた．その語源は，ロカイユと呼ばれた小石や貝殻をセメントで固めた岩や壁画の装飾を好んで用いた様式が，嘲笑をこめて転訛したものだった．現在では，建築，彫刻，絵画，工芸など美術全般，生活芸術全体にわたる一般的な美術様式をあらわし，その期間は，広義にはレジャンス(1715-23)，ルイ15世時代(1723-74)，ルイ16世時代(1774-93)の初期にわたっている．

　ロココ時代，生活芸術，特に服飾は芸術にまで高められた．前世紀には男性が女性と同等に，あるいは女性以上にきらびやかに装っていたのに対し，18世紀には，女性は次第に高まっていく社交界での役割の重要性により，男性と肩を並べるだけでなく，服装の豪華さの面でも男性を凌駕するまでに至った．女性は生来の感受性を武器に政治，芸術，文化などにかかわる社会的な立場を得て，服飾の上で主導権を握るようになり，フランスのモードを牽引する力はさらに強固になった《V-1》．

　爛熟の貴族社会は，やがて，市民の台頭によりおこったフランス革命によって，市民社会への急転換をみせた．本章では，その革命の混乱を収拾したナポレオンが皇帝の座につく1804年までの，劇的に変化をみせたモードを取り上げる．

◆ V-1

◆ V-1｜アントワーヌ・ヴァトー［ジェルサンの看板］ 1720年　Schloß Charlottenburg, Berlin

ロココの男性服

　変化に富んでいた17世紀の男性服に比べ、この時代は、17世紀以来のジャケット（ジュストコールの名称はアビhabitと呼ばれるようになった）、ヴェスト（ジレ）、ウエストコート、キュロット、そして白い絹靴下という構成は18世紀を通して変化しない。これは、アビ・ア・ラ・フランセーズhabit à la françaiseとして、18世紀の男性服を代表する。服飾の派手さという点では女性たちにその地位を譲り渡し、男性服は前の時代に比べて奔放さは影をひそめたが、かわりに洗練されたものになっていった。

　18世紀初期、ルイ14世治世末期から広がったジャケットの裾は、腰の部分に扇状の襞がついてさらに広がり、袖口は長く幅広い折り返しのカフスが付いていた《V-2》。その下に着たヴェストの丈は長く、はじめは長袖が付き、前身頃と袖口にのみ刺繍などの装飾が施されていた。やがて、ジャケットはアビと新しい名称で呼ばれ、全体に軽やかに細身になる。と、同時にヴェストの袖がなくなり、丈も短くなって、ジレと呼ばれるようになる。

　鮮やかな色彩、美しい刺繍、ジャボやカフスに使われた高価なレース、おしゃれのポイントだったボタンなどが、ロココの粋な男たちを仕上げるのになくてはならなかった。18世紀、刺繍はむしろ紳士服にその美しさを発揮し、特にアビ・ア・ラ・フランセーズのジャケットとジレには金・銀糸、シークイン、多彩な絹糸、模造宝石などがたっぷりと刺繍されていた《V-3a》《V-3b》。当時のパリには刺繍工房が数多く存在し、この様子は1762年に出版されたディドロの『百科全書』にも紹介されている。あらかじめ刺繍されたアビやジレ用の布地が、注文主の好みによって選ばれ、その後、裁断、縫製するという工程で製作されていた。

　17世紀末頃からイギリスの影響があらわれ始め、衿付の外套ルダンゴトが乗馬や旅行用に取り入れられ、さらにアビの代わりに街着として着る流行が生み出された。

　18世紀後半になるとイギリスの影響はさら

◆V-2　ジャン=フランソワ・ド・トロワ［愛の宣言］　1731年　Schloß Charlottenburg, Berlin

◆V-3a

◆V-3b

◆V-4

に広がり、より自然で簡素なイギリス趣味が流行し、イギリスのフロック・コートfrock coat〈英〉を模したフラックfracが登場する《V-4》。これは折り返し衿が付いた、通常は無地のジャケットで、アビ・ア・ラ・フランセーズに比べて略式であった。革命直前には、縞柄が流行し、アビを華々しく飾っていた刺繡も影を潜めた《V-25a後出》《V-25b後出》。ジレの丈は非常に短くなり、折り返し衿付きとなる。イギリス的な簡素化という時代の流れに乗ったフラックは、やがて革命後、キュロットに代わってはかれるようになる長ズボンとともに、19世紀以降の衣服へと定着していく。19世紀を間近に控えて、市民社会へと展開する新しい時流の中で、男性服もまた、近代化への方向を着実に見出していた。

◆ V-3a, b｜［アビ・ア・ラ・フランセーズ］（ジャケットは縞柄のシルクにシークインとミラー・ビーズの刺繡 ウエストコートは縞柄のシルク・カヌレ） 1780年頃 フランス ⓒKCI （写真=小暮徹）
◆ V-4｜トマス・ゲインズバラ［朝の散歩］ 1785年 The National Gallery, London

◆ V-5

◆ V-6

◆ V-7

18世紀前半の女性服

洗練と調和

　ゴンクール兄弟が「18世紀は官能の喜びを呼吸し、それを解放する．……官能の喜びが女性を装わせる」とその著『18世紀の女性』に書き記しているように、宮廷での装いは華麗で艶やかなロココ文化のエッセンスの頂点を極める一方で、快適性が求められたこの時代、くつろいだ着こなし方と衣服にも特徴が見られる．宮廷での正式な女性服はローブ，つまり現在のスカートにあたるジュップ（ペティコート）とローブが前明きの場合には胸部に三角形のパネル状のピエス・デストマ（ストマッカー）《V-5》で構成され、これらがコルセットとパニエという造形的な下着の上に着装された．この時代を通して女性服の構成は基本的には変化がなかったが、各々の時代の好みに応じて細部や装飾が変化し、女性的な優雅さ、洗練、装飾性と同時に、気紛れ、突飛さ、といった並はずれた創造性がいっせいに開花する．

　18世紀初頭、ルイ14世時代末期から流行したくつろぎ着から派生したローブ・ヴォラントは、肩からゆったりと布地が流れ落ち、円形ペティコートの上にふわりと広がる形であった．ローブの下にはコルセットが着用されていたものの、ローブはゆったりとして、新しい時代のくつろいだ感覚をあらわしていた．ロココの時代を通してローブの袖口を飾ったアンガジャント《V-6》は、繊細なレース製、あるいはドロン

◆ V-5｜ピエス・デストマ　1730-40年代　ⒸKCI　（写真=畠山崇）
◆ V-6｜アンガジャント　1770年頃　ⒸKCI　（写真=小暮徹）
◆ V-7｜「ローブ・ヴォラント」（シルク・ブロケード）　1720-25年　フランス　Musée de la Mode et du Textile, UFAG, Paris

ワーク製で、2〜3段になった豪奢なものもみられ、当時のレースの価値から最高の贅沢品であった。やがてローブ・ヴォラントは、ローブ・ア・ラ・フランセーズrobe à la françaiseへと移行する《V-7》。

当時の服飾は、雅宴画(フェート・ギャラント)と呼ばれたロココ絵画の中に多く見いだすことができる。ヴァトーによって確立されたこの新しい絵画のジャンルは、余暇の楽しみとして戸外の宴を好み、愛を語り合う貴族たちが描かれ、そこには当世風に着飾った様子が描かれている。ランクレ、パテル、ド・トロワ等に引き継がれ、これによってロココ時代の絵画はその基調を定めた。とりわけヴァトーはローブの背の美しい襞の、触れれば崩れ落ちそうな脆弱な一瞬の動き、サテンの布地の煌めきをとらえ、後の人々がこれを"ヴァトー襞"と呼ぶことになるほどであった《V-1前出》。

ロココの絵画を華麗に発展させたのはブーシェである。ヴァトーの作風に比べ、より官能性を増したブーシェは、生身の皮膚の柔らかさや温かみをいきいきと描き出す。彼はポンパドゥール夫人の庇護を受け、18世紀きっての人気画家となった。ロココ絵画の快楽的気分は、さらにフナゴナールの「ぶらんこ」《V-8》を代表例として、艶めで移ろいやすさを秘めたものになっていった。一方で、当時の庶民の装いを伝えているシャルダンに代表されるような市民の生活を描いた絵画も登場し、18世紀の服飾を知るうえで見逃せない《V-9》。

ロココの画家たちに多くのインスピレーションを与え、18世紀の女性像を集約している女性はポンパドゥール侯爵夫人であった。その美貌と聡明さにより、1745年、ルイ15世の正式愛妾となった。夫人は豊かな文学的教養と同時に芸術的才能に恵まれていた。会話は才気に満ちて人をそらさず、宮廷での晩餐会やサロンでは、完璧な女主人であった。王の私生活から宮廷政治、芸術保護から国際政治に至る絶大な権力を手中にする。

ブーシェによる1756年のポンパドゥール夫人の肖像画には、典型的なローブ・ア・ラ・フランセーズ《V-10》が描かれている。前身頃がぴったりと身体にそった前開き形式のローブとジュップは艶やかなサテン製で、胸にはリボン結びの列(エシェル)、V字形にあいたローブの下に三角形のパネル状のピエス・デストマ、お揃いの首のリボン、最高級レース製の三重のアンガジャント、ローブの衿から裾、ジュップの裾にかけて重ねられた共布の縁飾り、その上に銀糸レースとバラの造花。さらに造花は胸、頭、袖口の飾りにも繰り返されている。なかでも着装する度に縫い止められていたピエス・デストマは、絹地に装飾がされたもの、エシェルなど、特に豪華に装飾された部分であり、コルセットによって持ち上げられた乳房を、より魅惑的に強調していた。過剰装飾は全体としての完璧な調和を保ち、洗練された精細な美の表現を見せている。ローブ・ア・ラ・フランセーズはフランス革命期まで宮廷用衣装として続いた《V-13》《V-14》。

世紀中頃から快適性が求められたこの時代、宮廷以外ではくつろいだ衣服の着こなし方の装いが流行となる。庶民の服装であった略式の胴衣とスカートという装いは次第に簡素化していた女性服に影響を与えていく。カザカンやカラコなどの機能的なおしゃれ着、さらに多様なジャケットの変化型を生んでいく《V-11》。ローブ自体の簡略化も起こり、ピエス・デストマが前開きのローブの左右の身頃に各々固定された二枚の布(コンペール)へと変わったローブが登場する。着装のたびにローブにピンでとめるなど手間のかかったそれまでの着装に比べ、極めて簡便であった。

衣服の簡素化に拍車をかけたのは、より自然で簡素なイギリス趣味(アングロマニー)の流行だった《V-4前出》。1770年代以降のフランス・モードに重大な意味を持つようになり、田園の散歩や戸外での憩いが流行すると、ローブの裾を両サイドのスリットから引き出し、後腰にたっぷりと襞を寄せてからげるルトゥルーセ・ダン・レ・ポッシュ《V-12》がおしゃれな着こなし方となる。

◆ V-8

◆ V-10

- ◆ V-8 | ジャン=オノレ・フラゴナール［ブランコ］ 1767年頃 The Wallace Collection, London
- ◆ V-9 | ジャン=シメオン・シャルダン［食前の祈り］ 1740年 Musée du Louvre, Paris
- ◆ V-10 | フランソワ・ブーシェ［ポンパドゥール夫人］ 1756年 Alte Pinakothek, München

V｜18世紀

◆ V-11

◆ V-13

◆ V-12

◆ V-14

◆ V-11｜カラコ（シルク・タフタにブレードの縁飾り）　1775年頃　フランス/
　　ペティコート（シルク・タフタに中国刺繍）　1720年頃　イギリス　ⒸKCI　（写真＝小暮徹）
◆ V-12｜［ルトゥルーセ・ダン・レ・ポッシュ］（ペキン縞のシルク・ファイユ）　1780年頃　フランス　ⒸKCI
　　（写真＝小暮徹）
◆ V-13｜［ローブ・ア・ラ・フランセーズ］（シルク・シネ）　1765年頃　フランス　ⒸKCI　（写真＝小暮徹）
◆ V-14｜靴（シルク・ダマスク）　1740-50年頃　イギリス　ⒸKCI　（写真＝広川泰士）

◆ V-15

この着装方法はもとは庶民の労働着や外出着の中から生まれた実用のための工夫であった．やがて，同種のローブ・ア・ラ・ポロネーズが流行し，紐でスカートを持ち上げ，後腰に3つの襞を形作った．その名は1772年に始まったオーストリア，プロイセン，ロシアによるポーランド分割に由来すると言われている．また，背中の襞はウエストまで縫いとめられるようになり，ローブ・ア・ラングレーズが登場する《V-13》．前身頃が閉じ合ったローブとジュップで構成され，後身頃の下端は尖ってスカート部につながり，スカート部のふくらみは減少し，パニエを着装せずにギャザーなどで丸くふくらますものであった《V-16》《V-17》．これはやがて，ピエス・デストマもジュップも吸収したワンピース形式へと移行していく．

絹織物とアンディエンヌ

ロココの衣装を作り上げたのは，高度な技術を駆使した贅沢な絹織物であった．当時，リヨン製の絹織物は技術革新により多様性に富み，花づな，リボン，レース文様など，複雑な装飾と曲線が多用され，軽快，動的，華麗なロココの様式を余すところなく捉え，前世紀のイタリア製絹織物に代わってヨーロッパで最も

◆ V-15｜アレクサンダー・ロスラン［マルティノー・ド・フルリオー家の人々］ 1785年
Marquis et Marquise de Gontaut

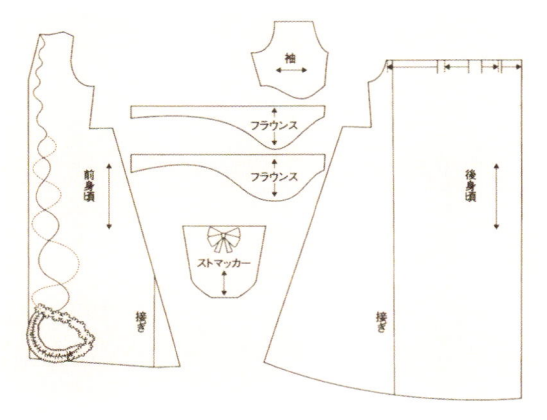

◆V-16

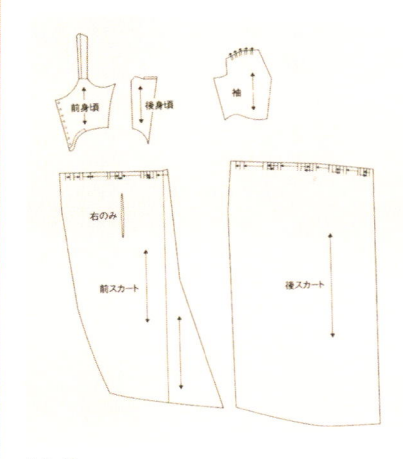

◆V-17

◆V-18

◆V-16 |ロープ・ア・ラ・フランセーズの裁断図　ⒸKCI
◆V-17 |ロープ・ア・ラングレーズの裁断図　ⒸKCI
◆V-18 |J-B・ユエ原画［工場の仕事 木版捺染］　1783-84年　Musée Oberkampf, Jouy

人気を博した．他のどの時代にもまして，生きる悦びを追い求め，甘い倦怠に浸るための親しみやすい室内に重点が置かれていたこの時代，絹織物は衣服だけでなく，壁面や家具，調度品などに装飾美術としてふんだんに用いられ，生活空間における全体の統一と調和が取られていた．

また，17世紀からヨーロッパで流行したインド更紗は，フランスでは輸入・生産ともに禁止されていたが，ようやく1759年に生産が解禁された．これよりも前，マルセイユでは1744年に，ミュルーズでは1746年に，捺染生地の製造工場が創設されていたが，とりわけオーベルカンプが1760年にヴェルサイユ近郊のジュイに創立した工場で染められたジュイ・プリントは高い評価を得た．彼は，先行していたイギリスの捺染方法の技術視察などを行い，物理や科学の知識を導入した技術革新によりフラ

◆V-19

ンス産捺染生地の名声を高めた．イギリスやフランス・アルザス地方のミュルーズとともに，18世紀ヨーロッパの主要なプリント生産地として繁栄した．インド更紗の模倣から出発したヨーロッパのプリント産業は，18世紀後半になると全ヨーロッパに広がり，やがて銅製ローラーの発明など技術的進歩を背景に19世紀になって大量生産を可能にした《V-18》．

シノワズリーと服飾

　近世ヨーロッパの大航海貿易時代以来，東洋の品々の蒐集の増大によってさらに顕著になった異国趣味は，珍し物好きのロココの人達を惹き付けた．17世紀にもすでに注目された支那，つまり中国は，18世紀，支那趣味（シノワズリー）の大きな流行を生んだ．珍しさ，複雑にくねった曲線，西欧的な理性では図られない曖昧さを見出し，新たな創造の糧とした．貴族の居室（アパルトマン）はシノワズリーに満ちあふれ，中国製の家具や陶磁器などの他，柿右衛門風のマイセン磁器などを取り入れた．当時人気のヴァトーやブーシェといった画家たちも，室内装飾にまだ見ぬ中国の風景を描いた作品を多く残している．庭には中国風の庭園が作られ，四阿（あずまや）やパゴダをしつらえた《V-19》．

　服飾においてもシノワズリーは流行した．不均質な形の文様と異国への憧れをかきたてる色彩のビザール・シルクや，刺繍，あるいは，ペキン縞，ナンキンなど，東洋的な図柄や技法，名称などが取り入れられた．16世紀以来，東洋から輸入されていた扇も，思わせ振りな仕草をことさら大げさに演出するのに欠かせない重要な小道具であった．

　中には，当時鎖国中であった日本の品も混交され，広く東洋のものとして好まれた．オランダ東インド会社を介して日本の着物は，ヨーロッパで紳士用室内着として愛用された．ヨーロッパでは宮廷での装いと大別し，私邸の室内ではゆったりとした室内着が着用されていたた

◆V-19｜フランソワ・ブーシェ原画［釣りをする中国人］（タペストリー）　Philadelphia Museum of Art

◆ V-20

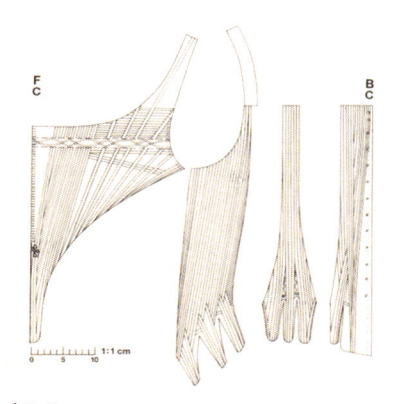

◆ V-21

めである．高まる需要に対して輸入数は少なく，インドで模して作られた，インド更紗製の室内着も登場する．これらは総称してオランダで「ヤポンセ・ロッケン（日本の部屋着）」と呼ばれ，フランスでは同様のものが，「インド更紗の室内着」、イギリスでは「インドの商人」と呼ばれた．

パニエとコルセット

18世紀を通して女性服下には，コルセットとパニエが着装された《V-20》《V-21》．

コルセット（コルセットという言葉は本来19世紀以降の用語だが，便宜上，コールやコール・ア・バレネを総称し，鯨骨入りのものを指す）は，ロココの時代になると，乳房がのぞき出るところまで上端が下がった．かつてのように乳房を押さえるのではなく，乳房を下から持ち上げる形となった．

コルセットの仕立は，タイユールと呼ばれた

◆ V-20｜コルセット（コットン 鯨の髭のボーン入り） 1775年頃 イギリス KCI
　　　　パニエ（麻，藤の輪入り） 1760年頃 Mr.Martin Kamer （ⓒKCI 写真=小暮徹）
◆ V-21｜コルセットの裁断図 ⓒKCI

◆V-22

男性仕立師の仕事であった．1675年，クチュリエールと呼ばれた女性服を仕立てるための女性仕立師の組合が設立されたが，コルセットは硬い材質や鯨骨を縫い込む技術に男性の力が必要であったため，分業となり，引き続きタイユールの手によって作られていた．

フランスでのパニエの登場時期には諸説ある．1718年頃パリにあらわれたという記録によると，フランスの舞台女優が衣装を大きく，ウエストを細く見せるために使用したとされている．初期のパニエは，鯨骨の輪を何段かつけたペティコートであった．初めは円錐形であったが，やがてヒップの位置で丸みを帯び，次第に楕円の釣鐘型となりヴォリュームを増した．1750年頃，パニエは左右2つに分かれ，フランス革命まで宮廷では着用が義務づけられた《V-22》．

パニエの流行は風刺画や風刺詩によって皮肉られ，さらには喜劇「才女気取りの婆さんのパニエ」(1724年)では道化役者が「貞女気取りのお婆さん用にはつけたら立てない固いやつ，粋なご婦人には折畳み型はいかが……」と呼び売りをしてからかった．また，パニエは1765年にはディドロの『百科全書』に批判的に記載される．しかし，女性たちはいかなる嘲笑にも，教会の司祭による厳しい非難にも耳を傾けなかった．ようやく，コルセットとパニエを手放すのは，フランス革命によって新しい衣服形態へと劇的な急展開を見せた時だった．

◆V-22 ［年老いたあばずれ］ 1775年頃 ドイツの諷刺画

◆V-23   ◆V-24

◆当世風結婚

　18世紀，上流階級の生活を特徴づけるのは，自由と放埒と退廃であり，あくことなき快楽の追求であった．絶対権力を持つ父親は相手の家柄や財産を考慮して，当事者の意志などお構いなしに，いわば一大事業として結婚を取り決めた．娘は，初めて一人前の大人として認められ，社会的地位が公認されるから，結婚に逆らうことなく嬉々として同意する．夫となる男性よりも，手にする自由，地位，奢侈とおしゃれが目当てで受け入れたといっても過言ではない．

　結婚後，夫妻は各々自分の好き勝手な生活を楽しむようになる．姦通はごく当たり前となり，人に目撃されなければ何をしてもいいというのが当時の貞操観念であった．ホガースの「当世風結婚」第2図《V-23》では，新婚間もない夫妻が，もはやお互いに干渉していない様子が描かれている．夫は朝帰り，しかもポケットに入っている女性用帽子から愛人宅からのご帰館を示し，一方，夫人は，夜通し仲間とのトランプ遊びに興じていたのが隣室のサロンの床に散らばったトランプで窺える．ようやく彼らはそれぞれの部屋で眠りにつく．

　昼前に目覚めた夫人の一日は数時間も費やす化粧から始まる．乱れた髪を整え，厚く真っ白に塗った白粉の上に，日々の快楽の疲れを隠して顔色を良くするための頬紅，「ミルクに浮いた蠅」と呼ばれた付けぼくろ（ムーシュ）がつけられた．正午過ぎになると，夫人の身仕度の様子を見ようと親しい男友達が訪れる．彼らの挨拶に受け答えし，恋人の口説きに耳を傾けながら，下着姿の夫人はその日の夜のために服や装飾品を選び，身仕度を整えた《V-24》.

(周防)

◆V-23｜ウィリアム・ホガース［当世風の結婚］ 1743-45年　National Gallery, London
◆V-24｜モロー・ル・ジューヌ［起床］『衣装の記念碑，18世紀の概観と精神』 1789年　KCI

18世紀後半の女性服

極限の人工美と自然への憧憬の二極性

18世紀後期,旧体制(アンシャンレジーム)崩壊を前に,ロココ文化はすでに衰運へと向かっていた.宮廷での過剰なまでの人工的な美意識と,それとは対照的な自然への憧憬と快適性を求める衣服が登場する.

1774年,ルイ16世の即位によりファッション・リーダーとなったのは,王妃マリ=アントワネットだった.

パニエは大きく左右に広がり,服飾造型は奔放さを増していく《V-25》.これに拍車をかけたのは,パニエの広がりと競うように巨大になっていった髪型と被り物だ.まるで布製の建築物といった感の衣装には,ロココ全盛期の軽やかさはすでに消え,すぐそこに迫っている革命の不穏な影が映し出されている.

宮廷での仰々しい造形美が生み出された一方で,服飾の簡素化は進められていった.ロココの特徴である生きる悦びと甘い倦怠に浸るための追求は,利便性をいかした快適な住居と私的空間の充実を図るための室内装飾を促し,衣服にも着心地の良さが求められた.その根底には,人間性を尊重し,宗教的権威に反対し

◆V-25

◆V-25|[ローブ・ア・ラ・フランセーズ](シルク・タフタに花綱模様の縁飾り)　1780年頃　フランス　©KCI
(写真=小暮徹)

◆ V-26

て人間的かつ合理的な思考を唱え，人間生活の改善を行うための新秩序の設立を主張した啓蒙思想の動きがあった．この啓蒙思想の動きは退廃した絶対主義の元でその傾向を強めていた．また，1738年に発掘が開始された古代ローマの遺跡ヘラクラネウムは，新古典主義への傾向を促すきっかけとなった．この古代礼賛は変貌しようとしていたヨーロッパ社会の中で大きな意味を持ち，新古典主義と呼ばれる古代ギリシア・ローマへの崇拝は，「自然へ帰れ」と説くジャン=ジャック・ルソーの思想を背景に，18世紀後半から19世紀初めにかけて，芸術から広く生活全般にわたって西欧全体を風靡した．ここに宮廷での極限の造形美とは相反する服飾は，美的価値の飽和がもたらした逆方向への価値転換を軸に，「アングロマニー」，「古代礼賛」などの風にあおられながら簡素化へと向かっていった．

絢爛たる宮廷では大きなパニエの絹のドレスを着てはいたが，移りゆく時を服飾流行の中で敏感に感じ取っていたマリ=アントワネットは社交生活を抜け出して，プチ・トリアノンの田舎家風別荘アモーでの生活を愛し，そこではヴィジェ=ルブランが1783年に描いたように《V-26》，木綿の簡素なシュミーズのようなドレスをまとい，大きな麦わら帽子をかぶって羊飼い遊びに興じていた．王妃と取り巻きたちは，すでに1775年頃にこのような白い木綿のドレス，王妃風シュミーズ・ドレス（シュミーズ・ア・ラ・レーヌ）を着ていたといわれ，これはシルエットや構造上で次の総裁政府時代のハイウエストのドレスへの過渡的なものだった．

木綿はイギリスが「東インド会社」を媒体としてヨーロッパにおける需要を増大させた．さらにイギリスで起こったさまざまな発明や改良を引き金とする産業革命により，木綿は白くて軽い素材に姿を変え，新しい時代の衣服の素材としての地位を固めつつあった．1786年，英仏通商条約によりイギリス製木綿が大量にフランスに流入すると，簡素な木綿のドレスが豪華な絹のドレスに取って代わった．フランス革命を前にして，すでに衣服における革命的な価値転換が起こっていた．

モード商人とモード雑誌

フランスでは，中世以来の同業組合の規約により，男性仕立屋(タイユール)は男性服，女性用宮廷服，コルセットなどの下着を，そして，女性仕立屋(クチュリエール)が女性用くつろぎ着を手掛けることと細分化されていた．（パニエとコルセットの項参照）

新しい仕組みとして，1776年，モード商人同業組合が結成され，これには男性だけでなく，女性の加盟も許された．モード商人は，もとは小物商であったが，18世紀後半には頭飾を含めて衣服に用いられるアクセサリー全般を加工販売するようになり，活動範囲を広げていた．彼らはタイユールやクチュリエールから仕入れた衣服を思いのままに飾り立て，ボンネットなどの被り物を製作し，それらを高価格で売りつけて利潤を得ていた．当時の婦人服

◆ V-26 | M・ヴィジェ=ルブラン［シュミーズ・ドレスを着たマリ=アントワネット］ 1783年
National Gallery, Washington

◆V-27a

◆V-27b　　　　　　◆V-28

の基本的構成に変化はなかったため、衣服の最も重要な部分は衣服の装飾と頭飾による創意工夫であったことから、事実上モード商人たちが独占的な権限を持ち、新しいモードを生み出していた。こうしてモード商人は、宮廷や上流階級の女性たちの間で極めて高い権限を持つようになり、中でもマリ=アントワネットのモード大臣と揶揄されたローズ・ベルタン、革命期から第一帝政期ジョゼフィーヌ皇妃御用達のルイ・イポリット・ルロワ等の名が知られている。またこの頃、モード雑誌が創刊され《V-27a》《V-27b》、流行の変化は速度を増していった。

巨大な髪型

　大きく複雑に結い上げた髪型のために、結髪師は重要な存在であった。おしゃれの仕上げは彼らなしではできなかった。まだ、髪型や被り物、髪飾りは小さくまとめられ、変化が余り見られないポンパドゥール夫人の頃にも、流行りの結髪師にゆだねるのを貴婦人たちは切望していた。やがて次第にデザインされたものになり、宮廷結髪師ルグロは1765-68年に『婦人整髪術』を発表し、髪型技術が革新されていった。
　1770年代、パニエと競い合いながら髪型も

◆V-27a, b｜革命期の男女　『マガザン・デ・モード』誌　1787年　©KCI
◆V-28｜ヘア・ファッション『ギャルリー・デ・モード』1778-81年　KCI

次第に大きくなる．あまりの大きさに，顔が全身の中央にあるという程であった．女性の頭は風景や花壇に変わり，小川が流れ，馬車，果物篭などの奇想天外なスタイルが登場する《V-28》．それらは絵のように構図を取り，組み立てられ，整えられた．1778年，アメリカの独立戦争をめぐり，英仏の戦いで，フランス軍艦"ラ・ベル・プール"（美しき雌鶏号）が勝利を収めた．これを祝して，フランスではア・ラ・ベルプール，ア・ランデパンダンス，ア・ラ・ジュノンなどさまざまな軍艦を頭に飾る髪型の流行は，その異常な熱狂ぶりを伝えている．これら髪型の巨大化は，結髪師が櫛を入れるためには梯子や台の上に乗って仕事をせざるを得なくなり，女性は馬車の中ではからだを二つに折り，時には跪かなければならなかった．

◆かつらと髪粉

　ルイ13世時代から始まったかつらは，廷臣たちが王に従って着用しはじめ，18世紀になると一般にまで普及した．かつらの全盛期である．ルイ14世時代は前世紀から続く螺旋状にカールした長く垂れ下がるアロンジュallongeと呼ばれるかつらであったが，1710年頃になると，髪の毛を後ろへまとめて黒い絹の袋の中に入れてうなじのところで閉じたブルスbourse（袋）が登場し，やがて幅広でフラットな弁髪カドガンcadoganなどが流行する．革命期になると，かつらをかぶる習慣はすたれ，法律家や聖職者などの職業用としてのみ残った．

　17世紀末頃から，髪の色を変えて年齢や汚れなどをごまかすために，男女問わず，髪粉を頭にふりかけるのが流行した．当時の肖像画の雅な紳士淑女の髪の色が，一様に白っぽいのはこのためであった．髪粉をつける作業は大掛かりで，それ専用の特別室で下僕が粉をふりかける際，顔にかからないように長いメガホン形の円錐状のものを顔に当て，粉まみれになるのを防いでいた《V-29》．

　18世紀後半には，女性は巨大に結い上げた頭全体に振りかけていたため，髪粉の消費量は莫大であった．髪粉には小麦粉が使用されていたため，パン用の小麦粉が不足している折，たびたび髪粉の使用は非難されていた．フランスでは革命を境にこの流行は終わり，イギリスでも髪粉への課税から18世紀末にすたれていく．

◆V-29

　また，毎日結髪するというのはごく限られた婦人のみであったため，たいていは1，2週間はもたせなければならなかった．つまりとても不衛生であったということで，「優雅な貴婦人が自分の費用で飼っている親衛隊」と揶揄して呼んだしらみを飼っているようなものであった．かゆい場所を指でたたくのは許されたが，爪でかくのはエチケット違反であった．しらみ掻き棒は一人でいる時にだけ使用してもよかった．

(周防)

◆V-29 ［床屋］ Bibliothèque Nationale de France

革命からナポレオンの時代

1789年，三部会開催，バスティーユの牢獄攻撃によって，フランス革命は勃発した．長年にわたる国家財政の破綻，王権と貴族との対立，特権階級に対する市民層の不満，食糧危機などさまざまな要因によるものだった．革命はファッションをイデオロギーのために使い，前時代との隔絶を示そうとした．贅沢，豪奢な絹は革命の敵とみなされ，革命派は服装によってその意を表明し，貴族の象徴であるキュロットと白い絹靴下をはかず，下層民の服装である長ズボンを着用し，彼らは「サン・キュロット sans-culotte」つまりキュロットをはかない人と呼ばれた《V-30》．粗末な長ズボン，カルマニョルと呼ばれるジャケット，紺，赤，白三色のコカルド（丸い花形の徽章）付きフリジア帽，サボ（木靴）という装いは，後にボワリーの絵によって有名になる．そしてこれは，イギリス的な簡素化という時代の流れに乗ったフラックとパンタロン（長ズボン）という19世紀以降の，身分や社会区分にとらわれない普遍的な近代市民服へと定着していく．

しかし，1789年を境に全てが変わったわけではなかった．革命の混乱期は，変転する政治と共に新しい服装が次々と要求され，作り出された一方，依然として旧体制の服装，アビ・ア・ラ・フランセーズの着装者も存在した．また，前述したマリ＝アントワネットの木綿のドレスは，革命を前にして，すでに革命的な価値転換を示しており，革命を挟んだこの時期，新旧取り混ぜた重複が見られるのである．

革命後の混沌とする世の中は，奇抜なファッションを生み出した．人々は新体制の勝利に酔い，若者たちを中心とした服装は，奇矯，軽薄，大胆なものになっていく．恐怖政治時代，大きな折り返し衿のついた黒いアビ，顎まで高々と巻き上げたクラヴァットという，革命体制に反対の意を表明した奇抜なモードを装った王党員は，ミュスカダンと呼ばれた．この流れをくんで，総裁政府時代には，「奇妙な」「風変わりな」という意味のアンクロワイヤーブルと呼ばれたしゃれ男が登場する．極端に高い衿，大きく折り返ったラペル，その下には短い派手なジレ，顎まで覆うクラヴァット，キュロット，ざんぎり頭，革命前の三角帽（トリコルヌ）に代わって小さな三日月形のビコルヌ（二角帽）という姿であった《V-31》．対する女性はメルベイユーズと呼ばれ，薄く，ほとんど身体が透けて見えるようなシュミーズ・ドレスを着た．コルセットもパニエも捨てた，前時代とは極めて対比的な服装であった《V-32》．

このシュミーズ・ドレスはさらに研ぎ澄まされ，レカミエ夫人の肖像画《V-34》に見られるような，永遠の美，すなわち古代ギリシア・ローマ的美を理想とした単純性，秩序を重んじ，むき出しの幾何学的形態が装飾を拒否した新古典主義的な様式と同調した服飾表現へと進展する．ギリシア神殿のコラム（円柱）を彷彿させるストレートなシルエット，身頃部分とスカート部分が一続きとなった高いウエストライ

◆ V-30

◆ V-30 ｜ル・スール［マラーの凱旋］　Musée Carnavalet, Paris

◆ V-31

◆ V-32

モスリンが決して安い素材でなかったことを見れば，新しい美意識と価値観が生まれたのである．当時列強国の頂点に達していたフランスでは，ロココという文化の成熟期を通過し，フランス革命を経て近代社会が形成されていく時代であり，一方，イギリスではそれが産業革命という社会機構の変革によって実現されていく時代であった．このような激動期を反映した服飾は，優雅な装飾を好き放題にまとったロココ期の衣装から，装飾を拒否する合理的な新古典主義の衣装へと劇的に変化を遂げた《V-33》．

しかし，現実には，新古典主義時代に流行したモスリンはヨーロッパの冬を過ごすには寒すぎた．1803年，医者たちの危惧は現実となり，多くの女性が肺炎で亡くなった．この問題は，装飾と防寒を兼ねて，ショール，特にカシミア産ショールの流行《V-35》，あるいは実用的なイギリス風スペンサー《V-36》，ルダンゴト《V-38》，プリスなど，テイラード仕立てのジャケットやコートの流行を促した．インド・カシミール地方を原産とするカシミア・ショールは，1799年にエジプト遠征から帰国したナ

ンのドレスは，身体を包むものという服の機能が単純な綿素材によって明快に定義づけられている．木綿のモスリン，ペルカル，ゴーズ，あるいはリノンといった素材は，その簡潔性において選ばれたのであり，イギリスから輸入した

◆ V-31 | ルイ＝レオポール・ボワリー［しめし合わせ］ 1801年頃　Alain de Rothschild
◆ V-32 | 1790年代のドレス　ⒸKCI　（写真＝小暮徹）

◆V-33

ポレオン軍が土産としてフランスに持ち帰り、知られるようになった。この高価な手織りの外国産ショールは19世紀を通じて女性の憧れの的となり、後にヨーロッパ各地で模倣され、19世紀の織物産業を促した。また、テイラード仕立てのジャケットやコートには、ナポレオン軍の軍服からの流行が多く見られる。ナポレオンは強大な帝国を目指し、軍隊強化のために人々に憧れをもたれるような軍服を採用した。軽騎兵隊ユサールの軍服はハンガリーの騎兵隊のものから制定し《V-37》、ア・ラ・ユサールとして、スペンサーやルダンゴトの前部分に肋骨飾りブランドブールのボタン留めが流行し《V-38》、ナポレオン軍に編入されたエジプト騎兵のマムルークからは何段かにふくらみを作ったマムルーク袖の流行をもたらした。

　絹に代わって大流行したモスリンのため、フランス経済の重要な担い手である絹の生産地リヨンは重大な危機に陥った。そこで執政政府時代、ナポレオンが第一執政となるとリヨンの織物産業復興に努め始める。彼は、イギリス製品に関税を課し、イギリス製モスリンの着用

◆V-34

◆V-33｜ルイ=レオポール・ボワリー［にわか雨、あるいはお通りは有料］ 1805年　Musée du Louvre, Paris
◆V-34｜フランソワ・ジェラール［レカミエ夫人の肖像］ 1805年　Musée Carnavalet, Paris

◆V-35｜カシミア・ショールを持つ女性　『ジュルナル・デ・ダム・エ・デ・モード』誌　1809年　KCI
◆V-36｜スペンサー・ジャケット『ジュルナル・デ・ダム・エ・デ・モード』誌　1814年　KCI
◆V-37｜L・ジロデ［ミュラ］　1810年頃　個人蔵　(Photo GIRAUDON)
◆V-38｜［ア・ラ・ユサール］(ウール地にユサール風ボタン飾り)　1810年頃　イギリス　ⓒKCI　(写真=小暮徹)

◆V-39

を禁止した．しかし，彼の妻ジョゼフィーヌですら，ナポレオンからたびたび注意を受けてもモスリンのドレスを手放せないでいた．1804年，ナポレオンは皇帝として帝国に君臨すると，衣服を政治的メディアとして使用し始める．1802年のアミアン和平の後，チュイルリー宮での儀式の際は男はキュロットに白い絹靴下，女は華麗なものと規定し，1811年の勅命では，公式儀式には男女ともに絹の着用を命じ，かつての王制時代を手本とした豪奢な宮廷服が復活する．ダヴィドが描いた戴冠式のジョゼフィーヌ皇妃の絹のドレスと引き裾をひく宮廷用トレーンが，端正，厳格なアンピール様式の典型を示した《V-39》．豪華さと権威はベルベットにアーミンを裏打ちした宮廷用トレーンで決定づけられ，革命の理念は遠のいていった．後に宮廷用トレーンは，ヨーロッパ各国の宮廷の規範として残っていく．

革命の混乱期に放棄されていた下着が復活し，1804年頃から現在のブラジャーに似たブラシエールbrassière，鯨骨の入らない柔らかいコルセットが登場する《V-40》．衣服も，依然としてウエストは高い位置であったが，次第に木綿から再び絹へと変化し，華美さを取り戻していく．1814年の帝政崩壊後，富裕なブルジョアたちの受注により，フランスの服飾産業は発展を遂げていく．1820年代半ばになると，正常に戻ったウエストの位置，釣鐘型に広がったスカート，膨らみ始めた袖等，19世紀前半を風靡するロマン主義の前兆が見られた．

(周防珠実)

◆V-39｜ジャック・ルイ・ダヴィッド［皇帝ナポレオン1世と皇妃ジョセフィーヌの戴冠式］ 1805-7年頃
Musée du Louvre, Paris

◆ V-40

◆子供を救ったルソーの『エミール』

　16世紀頃以来，上流階級の子供たちは，地位と財産を相続する大切な長男以外は生まれればすぐに田舎の乳母に預けられていた．18世紀になると，この慣習は上流階級のみならずパリの全階級に波及した．パリの空気が汚染されているから，母乳を与えると母親の健康を損なうから，などの理由で行われていたが，実際には，上流階級の女性にとっては出産後直ちに社交界に復帰するためであり，一般庶民の間では育児に時間を費やすよりも，安上がりの乳母を雇って働く方が効率が上がったからだった．また，赤ん坊たちは，産着の上から木綿の布地でグルグル巻きにされた状態が伝統的に行われていた．1762年，ジャン=ジャック・ルソーは『エミール』を出版し，こうした悪習を徹底的に攻撃し，母親が自分の乳で育てるよう，子供には手足が伸ばせるゆったりとした衣服を着させるよう，新しい育児法を提唱した．これは当時の人々にセンセーションを巻き起こし，母性愛を復活させ，母乳で我が子を育てることが流行した．(周防)

◆ V-40｜シュミーズとコルセットをつけた女性　『ジュルナル・デ・ダム・エ・デ・モード』誌　1813年　©KCI

19世紀
The Nineteenth Century

VI

The Concise History of Fashion

ブルジョワジーの時代，新しい流行のリーダー

フランス革命の収束とともに幕を開けた19世紀は，旧来の身分制度の崩壊と新興富裕階級（ブルジョワジー）の台頭によって特徴づけられ，徐々に20世紀に通じる近代社会の様相を見せていく．また18世紀中にはすでにイギリスは男性の服に，フランスは女性の服に対してより強い影響力を持つという差別化が見られ始めていたが，19世紀にその傾向はますます顕著になり「ロンドンのテイラー」「パリのモード」という価値観が完全に定着した．

産業革命の恩恵を最も受けたブルジョワジーの富と勢力は19世紀を通じて増大し続け，服飾流行（モード）のリーダーも貴族階級からブルジョワジーへと移っていった．世紀の中頃まではかろうじて貴族の優位性は保たれており，第二帝政時代（1852～70）にもナポレオン3世妃ウージェニー皇后が流行の先導者として名を連ねてはいたが，実際には宮廷が以前ほどの影響力をもつことはなかった．第三共和制（1870～）以降になるともはや貴族の身分は形式的なものと化し，ついにはブルジョワジーが彼らを凌ぐようになっていく．

世紀後半は流行を享受できる人口が大幅に増加した時代でもあった．流行をリードしたブルジョワジーが全人口に占める比率が大きくなり，一つの流行が，質は劣るものの，最下級の階層にまで届くようになった．また1851年にロンドンで開催されて以来世界各国で盛んに開催された万国博覧会や，交通機関，特に汽船や鉄道の発達によって，世界各国の産物が西欧に紹介され，その結果として流行の伝播は西欧から世界各国へと広がりを見せた．特に世紀後半のヨーロッパ全域とアメリカ大陸で見られた服飾流行のほとんどはフランスの模倣であり，アフリカ，アジアの各国へは国力や植民地の拡大とともに一部に広がっていった．反対に世界各国から西欧社会が影響を受けることもあった．その最も代表的な例が世紀後半に起こったジャポニスムであり，これは服飾や織物の意匠にも少なからぬ影響を与えた．

男性の服飾

19世紀前半－ダンディスムの服飾

19世紀は，18世紀の男性服を代表する華やかな宮廷服から一変し，現代にいたるまでの紳士服の基礎が形作られた時代である．男性服の進展には前世紀から続く英国趣味（アングロマニ）が大きく影響しているが，その最たる特徴である簡素さを現代まで続く男性服の規範として定着させたのが，19世紀初頭にあらわれた新しい価値観ダンディスムだった．これ以降イギリスのテイラーが男性服をリードするようになる．そして男性の服飾には大きな変化が見られなくなると同時に簡略化，定型化が進み，19世紀末には現在の紳士服の形がほぼ完成された．また服飾流行の変化の中心は女性服へと移行し，19世紀中期にはファッション雑誌に登場する男性服の割合は極端に減少していった．

19世紀初頭にダンディスムの思想が形成され，新しい紳士服の趣向が誕生した．ダンディスムの創始者とされるジョージ・ブランメル（1778～1840）は，平民の生まれながら，生来のエレガンスの素質やその優雅な風姿がイギリス皇太子のちのジョージ4世に認められ，19世

◆ VI-1

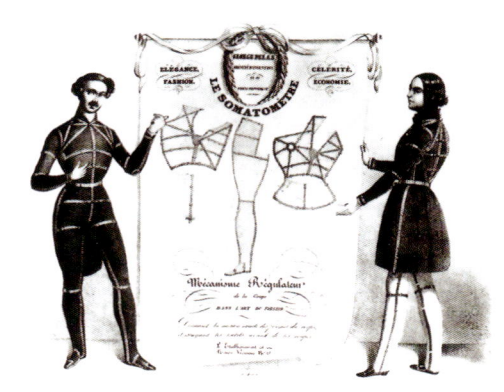

紀初頭の社交界の流行を支配するようにまでなった．ダンディスムの趣向は，ブランメルが1810年代末に失墜したのちも強い影響力をもって19世紀前半の男性服の流行を支配したが，それは目に見える衣服の形よりもむしろ衣服に対する精神的な姿勢が重要視されるものだった．

ダンディの服飾の第一の特徴は「衣服が身体にぴったりとあうこと」．衣服にはしわがひとつもなく，上着やズボンが皮膚の一部のように身体に密着していることが誇りとされた．それには計算しつくされた裁断《VI-1》と縫製の技術が必要であり，その価値観を衣服の形として実現させたのはイギリスのテイラー（紳士服仕立て業者）の進歩した技術だった．ちなみに当時のイギリス人は，脚の形にぴったりとあった長ズボンをスマートsmartと呼んで称賛し，直線的なズボンを野暮なトラウザーズtrousersとし区別している．しかし今日ズボンを指すイギリス英語として残っているのは後者である．

第二の特徴は「装飾は控えめ，色は地味であること」．18世紀の華やかな装飾は全くなくなり，衣服の色は地味な青色，灰色，淡黄色などが主流となった．しかしこの地味好みは服装に無関心であることを意味しない．控えめさの中には，実は確固たる意志や激しい情熱が秘められていることが重要だった．目立つことを厭うのではなく，目立つための努力や工夫は隠れたところでなされなければならなかったのである．

その情熱が最も注ぎ込まれたのがネクタイ（クラヴァット）だった．当時のネクタイは麻，モスリン，絹などでできた広幅の帯状の布で，これを糊付けして結ぶものだったが，形態が単純なだけにその結び方には無限の可能性が秘められていた．ブランメルもネクタイの結び方には最も心を配り「ある日の朝，床一杯に失敗したネクタイが山と積み重なっていた」という逸話はよく知られている．それほどにネクタイの結び方は当時の人の身だしなみの成功を左右していた．またネクタイへの関心の高さを示すものとして1827年には『ネクタイの結び方常用百科』が出版され好評を博した《VI-2》．

以上のような美意識が定着していく19世紀前半の典型的な男性の服装は，地味な色の上着，チョッキ（ジレ），半ズボン（キュロット）または長ズボンの組み合わせだったが，1820年以降はキュロットは専ら昼間の衣服または宮廷用とされ，以後は長ズボンが急速に市民権を得ている．細い脚をより強調させるために長

◆ VI-1｜[人体測定図]　1839年　Bibliothèque Nationale de France

◆ Ⅵ-3

◆ Ⅵ-4

◆ Ⅵ-2｜バロン・エミール・ド・ランバス［ネクタイの結び方］　1827年　個人蔵
◆ Ⅵ-3｜テイル・コート　『ジュルナル・デ・ダム・エ・デ・モード』誌　1820年　KCI
◆ Ⅵ-4｜フランツ・X・ウィンターハルター［ウエリントン公アーサー・ウェルズリーとロベール・ピール卿］　1844年
　　　　Her Majesty The Queen

ズボンにはスティラップ(足底に結ぶか引っかける平ひも)が多用された．チョッキは唯一明るい色彩や柄が取り入れられる場所だった．またズボンと上着はほとんどが別布で，とりわけ上着には濃い色，ズボンには淡い色といった対照的な組み合わせが多かった．19世紀中頃になるとフロック・コートが昼間の上着として一般に用いられるようになる．一方夜会服には後ろに長い垂れのある燕尾服(テイル・コート)《Ⅵ-3》が着用された．

衣服自体の簡素さを補うように，ネクタイと高い襟のシャツに細心の注意が払われ，靴や靴下，帽子，手袋などの付属品が身だしなみの重要な一部となった．この時期の紳士にはステッキが必需品となり，その持ち方が身なりのよさを評価する指標ともなり，バルザックは『優雅な生活論』(1830年)で「ステッキの握り方ひとつにその人の精神が現れる」と言っている．帽子はほとんどが山高のトップ・ハット(艶出しされたものはシルク・ハットと呼ばれる)だった．

1815年頃から30年代にかけての最も特異な現象として，男性もウエストをコルセットできつく締めて極端に細くする流行が挙げられる．肩はパッドでいからせヒップは詰め物を入れて張り出し，その真ん中に細いウエストがある形となり，みつばちのような曲線的なシルエットになった．これはロマン主義の美徳「病弱で憂鬱そうな姿」に影響された，男女共通の姿でもあった．ウエストにコルセットを使うことは半ば常識ともなっていた反面，男性が必死になってコルセットを締めている姿の滑稽さを描いた諷刺画も多く描かれていることから，これは一つの行き過ぎた流行とも言え，実際40年代になると細いウエストは強調されなくなった《Ⅵ-4》．

19世紀後半—
紳士服の定型化とカジュアル化

世紀の後半になると，現代へ続く紳士服の構成である「上着，チョッキ，長ズボン」の基本形が完成し，簡素化，定型化，そしてカジュアル化(略式化)に向かう傾向はますます強くなっていった．特にカジュアル化の流れは，この時代の流行の中心が，もはや宮廷内の貴族達ではなくブルジョワジーによってリードされて一般市民に支えられていたこと，また生活の場が広がり旅行やスポーツなどに用いられる衣服が必要となって新しい需要が生まれたこと，などの社会情勢と関連している．

1850年代には，いくらかの色彩が見られた上着はほとんど黒に統一され，唯一華美さが残っていたチョッキも黒か白が主流になり，以後この傾向は20世紀にまで受け継がれる．世紀初めのブランメルと並びダンディスムの両雄と称される世紀末の唯美主義作家オスカー・ワイルド(1854-1900)は，あまりに単調になった19世紀末の男性服に異議を唱え，男性服も美的要素を追求し個性を見せるべきであると主張した．そして18世紀を想起させるような非常に華美な服装，ベルベットの上着，膝丈のキュロット，色鮮やかなネクタイやチョッキ，絹の靴下などを着用し，自分の主張を身をもって実行したが，一般に広がることはなかった．

19世紀半ばには昼間のフロック・コートと夜の燕尾服の着用は正装として完全に定着した．明治時代の日本にもフロック・コートと燕尾服が礼服として導入され，特に前者は大正時代まで広く一般の衣服としても用いられた．極端に細いウエストや細いズボンは敬遠されて足の線を強調するスティラップは50年代の中頃には廃れ，同時にズボンの幅は徐々に広くなった．また長ズボンには縞柄や格子縞の素材が多用された．

一方，部屋着，午前や気軽な外出，旅行，スポーツ用などにのみ認められる非公式な衣服の分野(略装)には画期的な変化が見られた．1850年代に現在の紳士服の代表的存在である背広型上着の原型，ラウンジ・スーツ(ヴェストン〈仏〉，サック・コート〈米〉)《Ⅵ-5》が現われた．これはウエストに裁断線がないひと続き

◆Ⅵ-5　　　　　　　　　　　　　　　　　　　◆Ⅵ-6

の，つまりストレートな形の上着のことを意味している．それ以前の上着は細いウエストが必須条件であったため非常に凝った裁断がなされていたが，直線的な上着は仕立ての単純化にも寄与した．

同時期に今日の昼間用礼服に継承されているモーニング・コートも現れる．これは日本に明治初期に紹介され，大正時代に入ってから礼服として定着した．このころまでは正装，略装を問わず上着，チョッキ，ズボンはそれぞれ別布であることが一般的であったが，世紀後期には略装においてのみ共布の三つ揃い（スーツ，コンプレ complet〈仏〉）が愛用されるようになった．モーニング・コートには現在でも縦縞のズボンを合わせるが，80年代に夜用略装として現れたディナー・ジャケット（スモッキング〈仏〉，タキシード〈米〉）は三つ揃いの一種だった．また主にスポーツや旅行用にイギリスのノーフォーク地方またはその公爵の名前に由来するノーフォーク・ジャケットが，同様にイギリ

ス起源の半ズボン，ニッカーボッカーズと合わせて登場した．以上のような非公式な衣服はいずれも，年代が下るほど広く一般に着用されるようになったが，いち早く身につけるのはやはり流行に敏感な人々だった．

19世紀後半にはオーバーコートの種類が充実している．50年代にクリミア戦争の英雄ラグラン卿に由来するラグラン袖のコートが登場する．世紀後半には1830年代のイギリス貴族の名前に由来するチェスターフィールド，アイルランド起源でウエストベルトつきのアルスター，もとは船乗りや海軍軍人が着ていたリーファーなどが一般に用いられるようになり，そのまま20世紀にも受け継がれた．同時期の肩にケープが重なった形のインヴァネスは，明治時代に日本で二重まわしやとんびと呼ばれて広く愛用された．またチェスターフィールドやアルスターは女性用のコートにも導入された．

ネクタイは19世紀中頃には以前のような堅く糊付けされたものではなく，柔らかいスカー

◆Ⅵ-5│［オスカー・ワイルドとアルフレッド・ダグラス卿］　1894年　National Portrait Gallery
◆Ⅵ-6│ジョヴァンニ・ボルディーニ［ロベール・ド・モンテスキュー伯爵］　1897年　Musée d'Orsay, Paris

◆VI-7

フ状のものや小さい蝶ネクタイなどが用いられるようになった．特に世紀後半に現代にまで存続するフォーリンハンドやアスコット・タイが登場し，流行した．前者は今日最も一般的に用いられる細帯状の結び下げ型ネクタイのことで，元は4頭立て馬車の御者が着けていたことに由来する．後者はロンドンの有名な競馬場の名前に由来し，昼間の礼装用として定着した．

世紀末にはズボンに折り目をつけることが一般化し，以来現在にいたるまでの習慣となっている．ズボンの裾の折り返しもこの頃に現れた．社交界ではステッキ，手袋と並んで片めがねがおしゃれな実用品として必携となった《VI-6》．帽子は最も重要なアクセサリーであり，かつその用い方が優雅さを示す指標ともなっていた．トップ・ハット（シルクハット）はごく一般的な帽子として用いられ，特に黒のシルクハットは燕尾服と合わせて礼装用となった．日常には山高帽（ボーラー〈英〉，ダービー・ハット〈米〉），夏にはカンカン帽（ボーター boater〈英〉，カノチエ〈仏〉）が用いられた．元は上流階級の狩猟用であった鳥打帽（ハンティング・キャップ〈英〉，カスケット〈仏〉）が世紀末にはスポーツの流行にあわせて一般化した．これらの帽子は日本にも明治期に導入され，以後日本でも帽子着用の習慣が広まった《VI-7》．

結局，19世紀前半に形式化された男性の服の形は世紀の後半になってもそのまま受け継がれているが，装い方に関する規律や作法は中期以降により明確に定められるようになった．それは身分制度の崩壊にも関連している．より上流階級に属する者が下層階級との見かけの同化に対抗して知識による差別化を図ろうと試みた時代でもあったのである．

◆VI-7｜［オリンピックでメダルを獲得した米国陸上選手たち］ 1908年
National Portrait Gallery Her Majesty The Queen

女性の服飾

1820～30年代－ロマン主義時代

　19世紀を通じて女性の服飾流行の中心はパリにあり、世紀末にはパリ・モードは世界中に伝えられるようになった。そして男性服に変化が乏しくなったのとは逆に、19世紀の女性服はめまぐるしく変化するシルエットの変遷に特徴づけられ、変化のサイクルは時代が下るにつれて短期化した。モードの変化の要因には、社会構造や都市生活の変化、芸術思想からの影響、情報伝達とモード産業の発展などさまざまな要素が複雑にからみあっている。

　1820年代半ばには、18世紀末以来高い位置にあったウエストラインが降下し通常の位置に戻った《Ⅵ-10》。それに伴いウエストの細さが重要な要素となり、ウエストを締め付ける下着コルセットが再び必需品となった。同時にスカートは徐々に膨らみはじめ釣鐘あるいは花冠を

◆Ⅵ-9

◆Ⅵ-8

◆ Ⅵ-8｜デイ・ドレス(インド更紗)　1835年頃　ⒸKCI　（写真＝広川泰士）
◆ Ⅵ-9｜靴とストッキング　Metropolitan Museum of Art, New York　KCI
　（ⒸKCI　写真＝広川泰士）

◆ Ⅵ-10

◆ Ⅵ-11

逆さにしたような形になった．スカート丈は30年代にはくるぶしが見える程度まで短くなった．袖は最も特徴的な形をとる．それは肩から袖口までが大きく膨らんでいるジゴ袖〈仏〉(羊の脚を意味する言葉の略，英語でも同義のレッグ・オブ・マトンと呼ばれるもの)で，大きな流行を生んだ．特に袖の膨らみは1830～35年の間に最も大きく極端な形となって現れた《Ⅵ-8》《Ⅵ-11》．他に小さなケープ状の垂れ袖も見られたが，いずれにしてもネックラインは降下して肩線が下がり，特に夜のドレスでは胸元のデコルテの開きが非常に大きくなった．昼間の服では大きく開いたデコルテをより控えめに見せるためにフィシュー，ペルリーヌやカヌズーと呼ばれるケープまたはショール風の上衣などが多用された．

こうした細いウエスト，釣鐘形のスカート，ジゴ袖，大きなデコルテなど女性らしさを強調するようなドレスの形態は，1820年代中頃から40年代末まで続いた芸術の潮流「ロマン主義」の影響を受けていた．ロマン主義は，幻想的で理想化された世界，歴史(特に中世)趣味，異国(東方)趣味に傾倒した世界を指向しており，その中での理想の女性像は「か弱く，憂愁に悩む姿」，「男性にとって愛と理想の対象，従順な存在」だった．そのため健康的で活発な様子は下品とされ青白い顔色が好まれた．さらにロマン主義は演劇と深く結びついており，特に演劇の主題として好まれた15，16世紀頃の宮廷の衣装はドレス，髪型，アクセサリーなどさまざまなモードに影響を与えた．また今日のクラシック・バレエの衣装チュチュの原型は，妖精のような繊細な女性らしさが理想とされたこの時代に成立した．

◆ Ⅵ-10 | ドレス(シルク・オーガンジー)　1822年頃　ⒸKCI　(写真＝広川泰士)
◆ Ⅵ-11 | ドレス　『ジュルナル・デ・ダム・エ・デ・モード』誌　1835年　KCI

Ⅵ 19世紀

◆Ⅵ-12

◆Ⅵ-13

◆ Ⅵ-12│ジャン=オーギュスト=ドミニク・アングル［ロスチャイルド男爵夫人］ 1848年　Guy de Rothschild
◆ Ⅵ-13│カルミナーニ［パルマのオレンジ園］ 1850年頃　Musée de Parme

◆Ⅵ-14　　　　　　　　　　　　　　　　　◆Ⅵ-15

この時期の特徴的なスタイルをさらに彩ったのは、縦長にカールした髪を両脇に垂らす髪型で、これは50年代中頃まで続いた。頭頂部に高く髪を巻き上げた結髪で名前がきりんの首にたとえられた一風変わったものもあった《Ⅵ-11》。頭髪や帽子は一般に華やかで羽根、リボン、造花、宝石などさまざまな装飾が施され、帽子は大きいものが流行した。

1840～50年代－
ペティコートの重ね着で膨らむスカート

1840年代に入ると、30年代に登場した基本的なシルエットには大きな変化がなかったが、極端な形の流行は廃れて落ち着きを取り戻した。代わりに上流の女性に求められた「控えめで夫に献身的な理想的な主婦像」を形にするような、より女性らしいスタイルが増えてくる。ウエストラインはさらに低く細くなり、スカートはますます膨らみを増していったが、このスカートの外形はペティコートを何枚も重ねることによって形作られていた。ペティコートの重ね着によって女性は活動を大きく制限されていた

が、特に当時の上流階級の女性にとっての美徳は「夫に守られるか弱い存在」であり「何よりも働くことが悪徳」だったため、この時代にはスカートの重さによる動きにくさはさして問題にはならなかった。30年代に短かったスカート丈は40年代には女性の慎み深さを示すように再び地面に届く丈まで長くなった《Ⅵ-12》。このスタイルは50年代前半まで続くが、50年代のスカートは円錐形を強調するように水平に何段にも重なるフリルの段飾り（フラウンス）が特徴で、袖にも段飾りが多く見られた《Ⅵ-13》。袖山はなだらかになり、タイトな形、レースやフリルが垂れる平らな襟（バーサ襟）と一体化した袖、袖口だけが膨らんだ袖などへ変化していった。帽子はより小さく控えめなボンネットやカポートに移っていった《Ⅵ-14》。

1850年代後半～60年代－
クリノリン・スタイル

1850年代の後半にスカートに画期的な異変が起こった。それまでスカートを膨らませていたペティコートの重ね着に代わり、おりからの素

◆Ⅵ-14｜ドレス　『ジュルナル・デ・ダム・エ・デ・モード』誌　1857年　KCI
◆Ⅵ-15｜クリノリンの着装　1865年

材開発が結実した輪骨入りの下着クリノリン crinoline が考案されたのである。クリノリンという言葉自体は、馬毛 crin を織り込んだ硬い麻布 lin という意味に由来し、1840年代初期には文字どおりこの布でできたペティコートのことを指していたが、結局は50年代以降の鯨のひげや針金などを輪状につなげて作られた下着、さらにはこれによって大きくスカートを広

◆Ⅵ-16｜クリノリン・スタイルの女性服 『ジュルナル・デ・ドゥモワゼル』誌 1873年 KCI
◆Ⅵ-17｜クロード・モネ［庭の女性たち］ 1866年 Musée d'Orsay, Paris
◆Ⅵ-18｜デイ・ドレス（プリントのコットン・サテン） 1885年頃 Metropolitan Museum of Art, New York （ⓒKCI 写真=広川泰士）

げたスタイルのことまでも一般に指すようになった。クリノリンによって女性は重いペティコートを何枚も重ねることなく軽い下着だけでより簡単にスカートを広げられるようになった。この下着の登場によって、スカートは急激に広がった《Ⅵ-15》。大きなスカートは諷刺画の格好の材料ともなりしばしば雑誌に取り上げられている。風を受けて舞い上がったスカートの下に見える大きな鳥かごのようなクリノリンの滑稽さ、クリノリンの広がりが大きすぎて劇場のいすに座れない女性の姿など枚挙にいとまがない。50年代末にドーム形に最大に広がったクリノリンは、60年代に入ると徐々に前の部分が平たくなると同時に後ろの広がりが大きくなり、1810年代以来廃れていた引き裾(トレーン)が引かれるようになった。それに伴いスカートには、後ろに長く伸びたシルエットに沿って縦や斜めに装飾が入るようになり、装飾品の種類も多様でかつ複雑さを増していった。大きなスカートの上に短いスカートをたくしあげるように重ね着することも流行した。

クリノリンのスカートの大きさは、まさしく

◆ カシミア・ショール

「カシミアのショール」は19世紀初頭の流行以来、たびたび熱狂的な支持を得て広く女性たちに愛用され、世紀の終わりとともに衰退したきわめて19世紀的な装飾品である。もとはインド北西部カシミール地方の山羊毛製で、独特な文様と多彩な色が特徴のショールを指す。最初の流行は18世紀末から19世紀初め、当時の簡素なドレスに華やかさを添えるのに最適であり《Ⅴ-33前出》、主に宮廷人の必需品となった。当時流行のリーダーであったナポレオン1世妃ジョセフィーヌは60枚ものショールを所有していたという。このころのカシミア・ショールは非常に高価なもので遺産目録にも記載され、結納品目に入れる習慣は世紀末まで続けられた。1830年代以降にショールの着用が街にも広がり、形、柄、大きさが多様になる。40年代までにはフランスのリヨンで高級品、イギリスのペイズリーで安価な模造品を大量生産する一大産業が成立し、後に英語ではペイズリーがカシミア文様の代名詞となるほどに模造品は流布した。1844年にバルザックは『ゴーディサール2世』で、ある女性が安物のショールを4倍もの高値で売りつけられる様子を描写してカシミアの大流行を諷刺している。第二帝政時代(1852～70)になると大きなクリノリンをすっぽりと覆う大形ショールが流行した。また

◆Ⅵ-19

ブルジョワジーの台頭とともに着用が広く一般化し、ショールをどのように身につけるかが女性のエレガンスを示す指標ともなった。クリノリンの消滅とともに姿を消した後1880年代に再び流行が見られたが、この時はヴィジットと呼ばれたコートの布地や、調度品のカヴァーに使われるにとどまり、世紀末に長い流行の終焉を迎えた。　(石上)

◆Ⅵ-19｜アルフレッド・ステヴァンス[私と一緒に出かける? フィド] 1859年
Philadelphia Museum of Art

◆Ⅵ-20

◆Ⅵ-21

織物産業の発展に支えられていた．以下に述べる織機の改良，染色の発達などによって衣服に用いられる布地の種類，量は格段に増えて，特にスカートに使われる布地は膨大な量に達している《Ⅵ-17》．

1870〜80年代—バッスル・スタイル

大きく広がるクリノリンのスカートは，60年代末より徐々に前が真っすぐ平らで膨らみが後ろ腰のみに残された形に変わっていった《Ⅵ-16》．このラインを支えたのがクリノリンに代わって登場したバッスル，トゥールニュール〈仏〉とよばれる下着である《Ⅵ-22》．バッスルは詰め物または枠状のさまざまな材料で作られた腰当てで，これに類した下着は17世紀末，18世紀末にも見られフランス以外の国ではキュ・ド・パリと呼ばれていた．後ろ腰を強調す

◆Ⅵ-20│ジェームズ・ティソ［日傘をさす婦人］ 1878年　Musée Baron Martin, Gray

るスカートの着装方法として，2枚重ねた上の
スカートを後ろ腰にたくしあげてヴォリューム
を出すことも流行した．このスタイルは18世
紀後半にみられたポロネーズに類似している《Ⅵ
-18》．また日本の鹿鳴館時代に見られる女性
の洋装はバッスル・スタイルである．当時のバ
ッスル・スタイルのシルエットは，スーラの「グ
ランドジャット島の日曜日の午後」《Ⅵ-21》に
最もわかりやすく表現されている．これは庶民
の休日の風景を描いているが，ここでは簡素な
がら流行のシルエットが庶民階級にもすっかり
浸透し，パラソルが当時の女性に必携のアクセ
サリーとなっている事実が示されている．

19世紀半ば以来，ドレスの形態はボディス
とスカートから成る二部形式（ツーピース）に
なったが，70年代初めより，プリンセス・アレ
キサンドラ（後のイギリス王妃 1844-1925）が
着用したことに因んでプリンセス・ドレスと呼

◆ Ⅵ-21 | ジョルジュ・スーラ［グランド・ジャット島の日曜日の午後］ 1884-86年
The Art institute of Chicago

◆VI-23

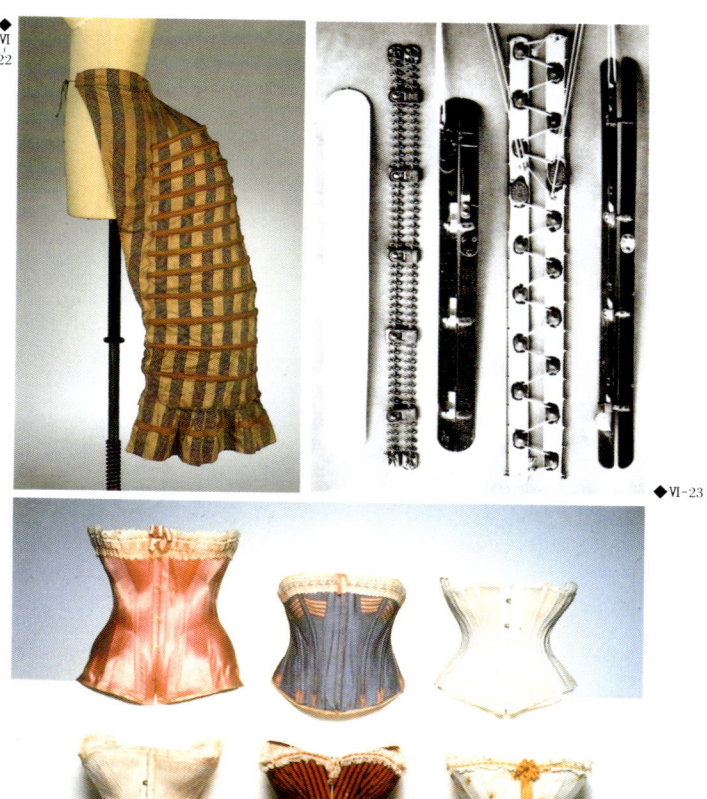

◆VI-24

ばれるワンピース型ドレスが流行した《VI-20》. このドレスのシルエットは身体の自然な線をより強調するものであった.

世紀後半には細部の装飾に対する指向が一段と強まった. その装飾過剰ぶりを, プルーストは『失われた時を求めて』で批判的な目を向けながら詳細に描写している. ドレスはフリル,

ギャザー, レース, フリンジ, 襞飾り, 蝶結び, ジェット（黒玉）など多種多様で複雑な装飾で埋め尽くされており, 自然な身体のラインはほとんど隠蔽されていた.

ヘアスタイルでは髪をカールさせて大きなまげを結い上げる型が流行したが, 19世紀は帽子が身だしなみの必需品であったために, 髪形

◆ VI-22｜バッスル（コットンにストライプのプリント スティール・ボーン入り）　1880年代　ⓒKCI
◆ VI-23｜コルセットの前芯（バスク）　19世紀初頭　Augstine Thomas, Sté Le Buse
◆ VI-24｜1880-90年代のコルセット　ⓒKCI　（写真＝広川泰士）

◆Ⅵ-25

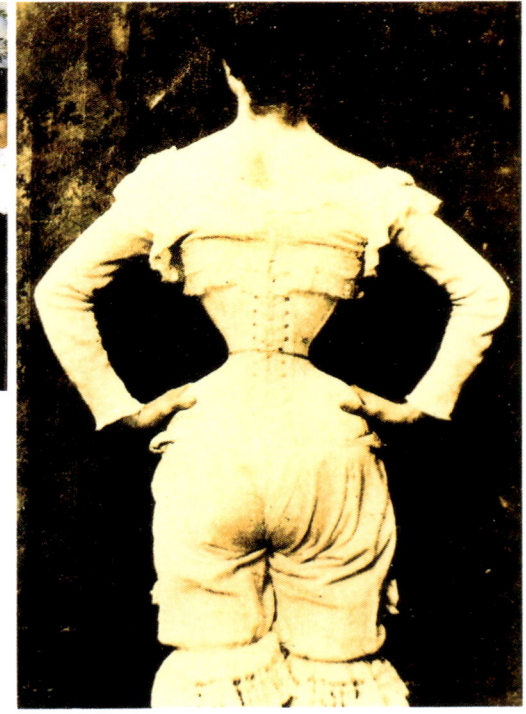

◆Ⅵ-26

を隠さない程度に被ることができる，全体に小さくつばが狭いもの，特にトーク帽が流行した．

下着の時代

　19世紀は女性の下着が著しく多様化した時代であった．まずシュミーズ，ドロワーズ，ペティコートなどのランジェリー類が装飾的，華美になり，必要とされた《Ⅵ-25》．そして「シルエット」の変遷を支えたクリノリン，バッスル《Ⅵ-22》，コルセット《Ⅵ-24》は，それ自体がまさしく19世紀の造形的なシルエットを形成した．これらの下着は19世紀の産業近代化による最新技術の集積物といえるものでもあり，さまざまな工夫や考案による新しい下着は次々と新案特許として申請された．スカートを広げるクリノリン，バッスルの素材には従来の布，馬毛，鯨骨，竹，籐などと併せて，19世紀を代表する工業的産物「鉄」がいち早く導入され，鉄製の針金，ぜんまいなどの使用によって機能面が充実し種類も豊富になった《Ⅵ-23》．上半身を締め付けてウエストを細く見せるコルセットは，1829年に鉄製の鳩目が考案されたことによって極めて有効な体型矯正下着となり，以降コルセットは女性にとって最も重要な下着として20世紀初頭まで愛用された《Ⅵ-26》．

◆Ⅵ-25｜エドワール・マネ［ナナ］　1877年　Hamburger Kunsthalle
◆Ⅵ-26｜［くびれた腰］　写真＝アンリエット・アンジェル　19世紀末

モード産業の基盤

◆ VI-27

織物産業の発展と既製服の誕生

18世紀中期以降のイギリス産業革命の影響を受けて、19世紀には西欧諸国の産業、技術革新が進み、その一環として織物産業も飛躍的な発展を遂げた。19世紀前半には綿織物産業の定着、捺染プリントの機械化、織機や紡績機械の改良、衣料の技術的研究書の出版などが次々と続き、1856年には最初の合成染料（アニリン染料）が開発された。さらに服飾産業に大きな貢献を果たしたのは、縫製技術を格段に進歩させたミシンの開発だった。ミシンは18世紀末に考案され19世紀に入って試作、改良が重ねられ、1851年にアメリカ人アイザック・シンガーによって実用的な機械として売りだされた。以来ミシンは急速に服飾産業界に広まった。

19世紀半ばに既製服という概念が定着していく。アメリカでは南北戦争の軍服需要を契機に既製服産業は著しく発展した。既製服は、最初は下層階級の衣服を中心に、次いで19世紀半ばに軍服やコートなどの外衣、ショール、下着など、サイズの厳密さを要求しないものが大量に製造されるようになり、コンフェクション〈仏〉とよばれた。1870年代以降にようやくドレスが既製服として製造されるようになった。これらの既製品が主に販売された場所は1850年代パリに誕生したデパートであり、それによって衣服を自由に選ぶという行為が急激に一般市民の手に届くものとなっていった。

デパートの創設

19世紀前半の織物産業の発展にともなって大量生産、低価格、大量消費の下地が整ったのちに、1850年代にデパート（百貨店）という新しい流通形態が誕生した。特にフランスでは当時の最大産業であった織物産業の発展を背景に次々とデパートが誕生し、事実パリで今日まで続くデパートのほとんどは1850～60年代に創設されている（たとえば1852年にボンマルシェ、1865年にプランタン、1869年にサマリテーヌが開店した）《VI-27》。

デパートの誕生によって、安価な商品、豊富な品揃え、選択の自由をより多くの人々が享受した。またデパートは、仕立て屋による高級で手の込んだ華やかな衣装ではなく、簡素で実用的な衣服、手頃な普段着を広い範囲の客に提供したが、これによって一方では差別化の手段としての高級化志向に拍車をかけてオートクチュール産業を活性化させ、もう一方では逆に20世紀に通じる衣服の簡素化志向の流れを先導していくことにもなった。

◆ VI-27｜ボンマルシェのクリスタル・ホール　『ル・モンド・イリュストレ』誌　1874年　（写真提供＝鹿島茂）

パリ・オートクチュールの創設

イギリス人のシャルル=フレデリック・ウォルト（1825〜95）は現代にまで連綿と続くパリ・オートクチュール組合の基礎を最初に築いた人物として知られる。ウォルトは1857年に、パリのリュ・ド・ラ・ペに自分の店（メゾン）を創設した。そして季節毎に自分がデザインした服（新型見本）を披露する方式の展示会（コレクション）を開催し、しかも作品を生きた人間（マヌカン）に着せて見せるという方法を最初に考案し実践した。彼以前にももちろんクチュリエ（女性はクチュリエール）が存在したが、彼らは顧客の個人的要望にあわせて一定の流行に従いながら顧客個人にあった注文仕立服を供給していただけだった。それに対して、ウォルトは初めてクチュリエの個性によって形作られたデザインを複数の顧客が買うという近代システムを確立した。

彼の方式を受け継いで世紀後期には多くのクチュリエ（クチュリエール）が登場する。芸術に通じ幅広い顧客をもったジャック・ドゥセ（1853-1929）、1900年のパリ万国博覧会の服飾部門の総監督を務めたジャンヌ・パキャン（1869-1936）、モード界で最初にレジオン・ドヌール賞を授かったジャンヌ・ランヴァン（1867〜1946）、テーラード・スーツを得意としたレドファン（生没年不明、メゾンは1881-1920）などである。

◆モデルニテ（近代性）とモード

19世紀は社会の近代化が著しく進行した時代であった。特にパリは第二帝政時代のオスマン計画によって急激に近代都市に生まれ変わる。街には大通り、公園、下水道などが整備されて開放的で明るくなり、カフェ、劇場、郊外の行楽地などでの余暇を楽しむ生活様式をより広い階層の市民が享受できるようになった。その新しい近代生活を象徴的に描いたのが印象派の画家たちであり、彼らの目はまた新しいモードにも鋭く向けられていた。その急先鋒であったマネは「バルコニー」《Ⅵ-28》で富裕階級の開かれた居住空間を描いたが、ルノワールは「ムーラン・ド・ラ・ギャレット」(1876)で庶民のダンスホールを、スーラは「グランドジャット島の日曜日の午後」《Ⅵ-21前出》で休日の行楽地を描きながら、それぞれに明るい外光に照らし出された新しいモードを美しい色彩で写し出している。同時に陰の部分にあたる社会の下部構造も下着とともに描かれた。マネは「ナナ」《Ⅵ-25前出》で、ロートレックは「束の間の征服」で、高級娼婦の下着（コルセットとペティコート）姿を、スーラは「ポーズする女性たち」の中で人工的な下着と身体の関係を象徴的に描いている。印象派の画家たちは、近代的な産物であるモードを、画面を彩る効果的でかつ重要な要素としておおいに注目していたのである。 （石上）

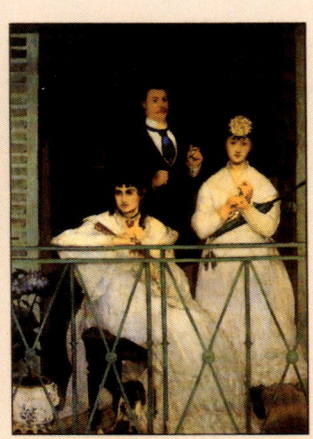

◆Ⅵ-28

◆Ⅵ-28｜エドワール・マネ［バルコニー］ 1868-69年　Musée d'Orsay, Paris

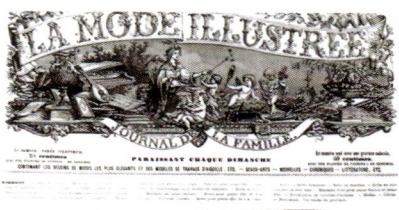

◆Ⅵ-29

降のクチュリエ(クチュリエール)たちにとっての重要な顧客だった。ドゥミ・モンデーヌは1830年代から社会の表舞台に現れはじめ20世紀初頭までモードに強い影響力を持ち続けた。女優は1870年代以降、当時中心的な娯楽だった演劇の舞台のうえでオートクチュールのドレスを身にまとって登場し、流行の普及に大きな役割を果した。

ファッション雑誌の普及

　17世紀に定期刊行物の誕生により、パリ・モードが伝えられるようになったが、18世紀後半には『ジュルナル・デ・グー』(1768-1770)、『キャビネ・デ・モード』(1785-86)、『ギャラリー・デ・モード・エ・コスチューム・フランセ』(1778-1788)などの重要なファッション雑誌が生まれた。さらに1830年代以降には、印刷技術の飛躍的な進歩と鉄道の開設に伴って、ファッション雑誌は続々と創刊された。ファッション雑誌とは、ファッション・プレートと呼ばれる版画による挿入ページを含む定期刊行物で、小説などの読み物、話題の出来事の記事などに加えて、最新流行の話題や一流店の紹介記事が掲載されていた。特にファッション・プレートは視覚的に服飾流行のイメージを伝える最も有効な手段であり、優れた芸術家によって手掛けられた。これらの雑誌が伝えたものは主に流行の中心地パリの話題だったが、この雑誌によって購読者たちは遠く離れた都市でも、流行の服飾に関する知識を入手することができるようになった《Ⅵ-29》。

流行のリーダーの多極化

　19世紀後半は流行のリーダーが多極化した時代であった。前世紀から続く女主人が主催するサロンは19世紀全般にわたり文化的中心を担ったが、サロンを支配する階級は世紀後半から世紀末にかけて貴族からブルジョワへと移行した。その中心的存在となったのが、富裕ブルジョワジー、高級娼婦(ドゥミ・モンデーヌ)や女優たちであり、彼らが服飾の流行をもリードするようになった。また彼らは特にドゥセ以

◆Ⅵ-29｜海辺の情景　『ラ・モード・イリュストレ』誌　1885年　KCI

新しい衣服の方向

衣服の細分化, スポーツとリゾートの衣服

　19世紀は女性の地位向上,権利拡張が提唱され始めるとともに,女性の活動の範囲が広がっていった.また余暇の拡大によってスポーツや旅行が盛んになり,それに適した用途別の新しい衣服の需要が生まれた.

　現代でも服装における作法(エチケット)が存在するが,19世紀,特に後半の西欧社会(社交界)では現代とは比べようもないほど厳格な法則が定められていた.一年は儀式で節目が区切られ,一日は決められた時間帯で構成される.そのような場合分け(オケージョン)によって衣服も装飾品も異なるものを身につけることが義務的に定められていた.たとえば,午前中は午前中用の部屋着,日中は昼間用の街着,訪問着,散歩服,夜間はイヴニングとして観劇,舞踏会,晩餐会,レセプションなどの各々の服が続き,就寝時には夜の室内着,化粧着,寝間着になる.このような時間と場に従って特に女性には一日に7,8回もの着替えが要求されたのである.女性の活動の場が広がる世紀後期には,これらにスポーツや旅行用の衣服が加わった.

　19世紀後半に入ると,上流階級の特権であったスポーツが一般市民にも解放されると同時に,鉄道をはじめとする交通機関の発達などを背景に避暑避寒など旅行を楽しむ習慣が生まれた.この時代の海水浴はスポーツと旅行の両方の意味を併せ持ち,両者の流行の火付け役となった.海水浴は泳ぐというよりも浜辺で遊ぶ程度で,水着の形は19世紀後半に整った.スポーツは年代とともに多様化した.前世紀には貴族の楽しみであった乗馬や狩猟が一般に広まり,19世紀後半以降にはテニスが盛んになる.これらのスポーツで着用された衣服は機能性がある程度考慮されたとはいえ,全体には上

◆ Ⅵ-30

衣もスカートも当時の流行の街着と大差がなかった.世紀末に一層活動的なゴルフ,スキーなどが流行すると,スカート丈が短くなったり,運動に最適なニットの上衣セーターが導入されたりした.狩猟服として新たにノーフォーク・ジャケットが男性の衣服から取り入れられて流行した.

　特に旅行服やリゾート用の服に,実用的で色や柄が特徴的なスコットランド起源のタータン(チェック)がヴィクトリア女王の着用をきっかけに広がった《Ⅵ-30》.

◆ Ⅵ-30 | ジェームズ・ティソ[汽車を待つ] 1871-73年頃
Dunedin Public Art Gallery

◆Ⅵ-31

女性解放運動とブルーマー

　19世紀中期には女性の地位向上、権利拡張を推進する動きが盛んになった。それを代表するのがアメリカの女性解放運動推進家ブルーマー夫人（アメリア・ジェンクス・ブルーマー 1818-94）である。彼女は1851年に自身が出版している雑誌に、女性にとってより活動に適した機能的な衣服として、ウエストを締め付けず全体にゆったりとしたトルコ風ズボンを膝下丈のスカートと組合わせて推奨する記事を掲載した。これが後にブルーマー（ズ）として継承される衣服の原型である。しかし当時は大きく華やかなスカートが全盛の時代である。これは女性のズボン着用というセンセーショナルな話題としてヨーロッパに伝えられ、イギリスのパンチ誌などの諷刺記事の格好の主題とされ、結局は非難と嘲笑を浴びせられるだけに終わってしまう。1880～90年代になってようやくその機能性が認められ、サイクリング（自転車）用の衣服として広く受容されて、街での女性のズボン着用の先駆けとなった《Ⅵ-31》。このブルーマーは明治後期、日本に体操着として導入され、形状はかなり変化したものの今日の女生徒のスポーツ用衣服に継承されている。

◆Ⅵ-31｜ジャン・ベロー［ブローニュの森の自転車小屋］　1900年頃　Musée Carnavalet, Paris

◆ジャポニスムの影響

　19世紀後半,西欧各地で相次いで開催された万国博覧会などをきっかけに,西欧において「ジャポニスム」と呼ばれる日本美術愛好の熱が広まった.これは純芸術から,広く一般の生活にまで及んでいく.モードにもその影響が強く見られた.当時の芸術家に愛された〈キモノ〉はやがて一般女性の憧れの対象となり,室内着として定着した.「kimono」は以来,欧米で室内着の意を持つ《Ⅵ-32》.

　一方,19世紀末,リヨン製絹着物に日本的デザインがあらわれ,パリ・モードとして世界各地へ送り出された《Ⅵ-33》.これに続き,20世紀初頭,モードがそれまでのコルセットで身体を締めつける拘束的な形から脱皮しようとした時,着物のシンプルな形のゆとりは,ポワレをはじめとするデザイナーたちに影響を与えた.1907年頃,キモノ袖,キモノ風打合せなど,着物に影響を受けた作品が次々と発表され,またこの年,「キモノ袖」が頻繁に登場し,モードの上での〈日本趣味〉の大きな流行を物語っている.

　第一次世界大戦後,西欧の衣服には活動性や機能性が重要視され,現代の服へと大きく変貌を遂げた.1920年代初め,ヴィオネは着物の平面性という構造の特質を西欧の服に置き換え,ゆるみと平面性を特徴とする直線の裁断によって立体的な身体に沿う服作りが可能であることを試み新しい方向へと衣服を牽引した.

(周防)

◆Ⅵ-32

◆Ⅵ-33

◆Ⅵ-32 | オーギュスト・ルノワール[エリオ夫人] 1882年 Hamburger Kunsthalle
◆Ⅵ-33 | テキスタイル[菊] 1894年 バシュラール社 Musée de la Chambre de commerce d'industrie de Lyon

◆Ⅵ-35

◆Ⅵ-34

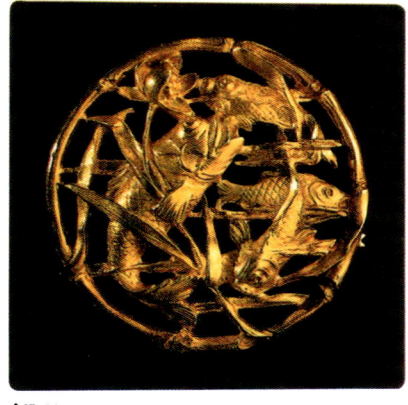

◆Ⅵ-36

ラファエル前派の芸術家たちによるエステティック運動
(1880年代～1900年代)

　19世紀半ばより女性解放の動きが衣服に反映され始めたが、さらに具体的な運動として1881年にイギリスで「レイショナル・ドレス(合理服)協会」が設立された。この設立の目的はブルーマー夫人が提唱した、衣服によって身体が束縛されたり歪曲されたりすることに異議を唱える衣服の推進だった。同様の思想に基づきながらロセッティ、バーン=ジョーンズその他のラファエル前派の画家たちは、さらに美的要素を追求した「エステティック・ドレス」を推奨した。それは無駄な装飾がなく、自然でゆっ

◆Ⅵ-34｜ドーヴィルの競馬場用ドレス　レドファン　写真=ルートランジェ　「レ・モード」誌　1904年　KCI
◆Ⅵ-35｜レセプション・ドレス(菊柄が織り出されたシルク・サテン)　1892年頃　ウォルト
　©KCI　(写真=操上和美)
◆Ⅵ-36｜ブローチ［魚と竹］(金に彫刻)　1888年　ルネ・ラリック　Musée des Arts Décoratifs, Paris

◆Ⅵ-37　　　　　　　　　　◆Ⅵ-38

たりとした構成の，古代ギリシャや中世の衣服を想起させるものだった．当時流行の人工的なS字型シルエットに用いられていたコルセットをはずしたそれらの衣服は，知識層や芸術に造詣が深い人々に強く支持され，やがて女性解放運動の普遍的な動きへと受け継がれて，20世紀の新しい女性服を先導した．

1890年代〜1914年
——ラ・ベル・エポック

　19世紀末から第一次世界大戦勃発までの期間はフランスでは「ベル・エポック」とよばれ，世紀末の退廃的な華やかさと新しい時代の幕開けを感じさせる享楽的な陽気さとが混在する時代であった．この時期の特徴的な服飾はS字型シルエットのドレスとテイラード・スーツである．
　1880年代後半からバッスルが縮小して世紀の転換期には消滅し，ドレス全体が徐々に簡素化され，スカートのラインは朝顔形の裾広がりで細くすっきりとした形になった．ドレスの単純化に反して，1890年代から大きく膨らんだジゴ袖が再来してエレファント・スリーヴとなり1895年頃に最大になったが《Ⅵ-35》，1900年頃には廃れていった．帽子は特に20世紀初頭に，鳥の剥製などが飾られるなど非常に華美に装飾された，大きな帽子が流行した．
　S字型シルエットとは，前方に突き出した豊かな胸と後方に張り出した腰にはさまれた，極端に細いウエストが強調される「S」字に似たドレスの形をさす《Ⅵ-34》．このころには細いウエストを形づくるためのさまざまなコルセットが下着メーカーによって開発され，S字型シルエットの普及に大きく貢献した．このシルエットはまた，新たな芸術運動アール・ヌーヴォーが指向した曲線的，有機的な造形との共通性が見られるものでもあった．特にスカートの花冠を逆さにしたような形，引き裾が優雅に流れるラインは，アール・ヌーヴォーが好んでモチーフとした花のイメージを彷彿させる．また装飾芸術の分野に大きな影響を与えたアール・ヌーヴォーは，アクセサリーに直接的な影響が見える《Ⅵ-36》．
　ドレスの簡素化の流れから生まれたもう一つの大きな変化が，紳士服を取り入れたテイラード・スーツの流行である．テイラード・スーツはアマゾーヌとよばれる女性用乗馬服にすでに導入されていたが《Ⅵ-37》，19世紀後半以降に主にスポーツや旅行用の衣服として広まり，世

◆ Ⅵ-37 ｜ E・ドゥヴェリア［マリア・ドゥヴェリア］　1845年　Musée de Pau
◆ Ⅵ-38 ｜ チャールズ・ダナ・ギブソン［ゲームの難局-ボールをしっかり見て-］　1900年

◆ VI-39

◆子供服

　18世紀まで，子供服という概念は存在しなかった．子供は大人のミニチュアと考えられ，服も大人のそれを縮小したものだった．ジャン=ジャック・ルソーの思想の影響からようやく子供のための実用的で着心地のよい服が研究されるようになる．しかし，男児女児とも3～4歳になるまでは女児の服装をするという習慣は，第一次世界大戦まで続いた．これは日本でも明治以来洋装を採り入れた皇室で受け継がれ，昭和天皇の幼児期の写真にこうした習慣を見ることができる．

　1846年，ウインターハルターが描いたアルバート王子，後のエドワード7世の「セーラー服を着るアルバート王子」が発表されるとそのかわいらしさが評判になり，もとは水兵服だったセーラー服がその後19世紀後半から20世紀初めにかけて男児女児ともに子供服として広く流行する．セーラー服は大正時代になって日本の女子生徒の制服として採用され，現在も引き続き着られている． (深井)

◆ VI-40

紀末から20世紀初頭にかけて広く一般に着用されるようになった．これは上着とスカートのツーピース，シャツウエストあるいはブラウスから構成されるが，紳士服の要素が最も生かされたのは上着である《VI-39》．またこのスーツの流行によってブラウスが女性の衣服の重要な要素として定着するようになり，アメリカ人イラストレーター，チャールズ・ダナ・ギブソン（1867-1944）が描くギブソン・ガールがこれに拍車をかけた《VI-38》． (石上美紀)

◆ VI-39｜テイラード・スーツ　エミー・リンカー　1908年
◆ VI-40｜フランツ・X・ウィンターハルター［英国皇太子アルバート・エドワード］　1846年
Her Majesty The Queen

20世紀前半
The Early Twentieth Century

VII

The Concise History of Fashion

1900−1910年代

◆Ⅶ-1

◆Ⅶ-2

解放へ，コルセットの放棄

　1900年，パリでは万国博覧会が大々的に開催され，人々は展示された近代文明の産物を目の当たりにして輝かしい未来を予測した．しかし実際には19世紀末からの退廃的，享楽的な風潮は未だ終わったわけではなかった．ベル・エポックと呼ばれた陽気で華やかなこの時代の風俗《Ⅶ-2》は，当時の画家，トゥルーズ=ロートレックやジョヴァンニ・ボルディーニらが鮮やかに描出している．

　一方で近代社会に相応しい新しい衣服を求める動きは既に始まっていた．19世紀中頃から，人工的な形態と過剰な装飾の服飾を放棄し，身体のあるがままの美しさを取り戻そうと

◆Ⅶ-1｜ポール・イリーブ画　『ポール・イリーブが描くポール・ポワレのドレス』　1908年　KCI
◆Ⅶ-2｜ジョヴァンニ・ボルディーニ［ズィッヒ伯爵夫人の肖像］　『フェミナ』誌　1906年　KCI

◆Ⅶ-3

　いう運動が各々の方向で徐々に高まっていた．イギリスの合理服協会，グスタフ・クリムト，ヴァン・デ・ヴェルデらが模索していた自然な身体の線を生かしたドレスはそうした動きを具現化するものであった．

　しかし，自然な身体への回帰という当時の芸術の方向とも共鳴する新しい概念は，パリ・オートクチュールによってより具体的な新しい形として提案され，ようやく第一次世界大戦後に一般の女性にまで広がっていった．

　20世紀初頭のパリ・オートクチュールでは，世界から集まってくる人々のための最新モードを提案し，新しい方向を牽引していた《Ⅶ-3》．前世紀から活躍していたウォルト，ドゥセ，レドファン，パキャンらは，コルセットで身体を人工的に形付けたS字型シルエットの華麗な作品を創っていた．身体の解放を前に，不自然な曲線に極限まで身体を沿わせて，女性はこれまでのどの時代よりもコルセットによって拘束されたのである．

　しかし一方では，女性たちは社会的な制約の及ばない室内で，次第に身体を解き放すことに慣れようとしていた．19世紀後期から20世紀初頭に着用されたティー・ガウンは室内で着るホステス・ドレスであり，過酷に身体を締め上げるコルセットを緩めて着用できた．19世紀後期，ジャポニスムの流行によって欧米に入った日本の着物も，そのゆとりや開放性からティー・ガウン，室内着として着用され始めた．「キモノ」の用語はゆとりのある室内着として欧米に定着していくことになったのである．これに拍車をかけたのは，日本を題材として取り上げた『愛の姫君』や『マダム・バタフライ』などの大衆娯楽として人気を誇っていた演劇やオペラであった．1900年のパリ万博で公演した日本の女優，川上貞奴の着物姿はパリ中を魅了し，1903年頃には彼女の人気にあやかった着物風室内着「キモノ・サダヤッコ」がパリで販売された．

　1906年，ポール・ポワレ（1879-1944）はコル

◆ Ⅶ-3 | レドファンのアトリエ 『リリュストラシオン』誌 1910年 KCI

セットを使わないハイ・ウエストのドレス「ローラ・モンテス」を発表した．コルセットが完全に消えるのは第一次世界大戦後であったとは言え，ポワレのデザインは女性の身体を人為的な歪曲から解放し，自然な身体の美を評価するという20世紀モードの方向を具現化していた．後になって彼は「古代ギリシアのドレスを研究するうちに私はドレスの支えが肩にあることに気がついた．私以前の人々にとってはウエストだった」と，前世紀のモードと自らの作品の違いを自伝で端的に要約している《Ⅶ-1》．

これに先駆けて，ポワレは1903年にキモノ風のコートを，翌年は袖の大きな直線裁ちのコートを発表していた．先述の着物の流行や，1903年のパリ公演で躍動的なダンスが注目されたアメリカの舞踏家，イサドラ・ダンカンが着た古代ギリシア風チュニックの評判など，彼は時代の変化，新しい服の方向を敏感に察知

し，それまでの西洋の女性服の考えから脱するように，いち早く古代ギリシアや日本の着物などのようなゆとりのある形態や直線的な裁断に注目していた．

ポワレはコルセットを捨て，前世紀の高く結い上げた髪を小さなシニョンに，巨大な帽子をターバンやヘアバンドに変えて新しいプロポーションを創りあげた．1910年代になると，たっぷりとした打ち掛けを思わせるようなコクーン（まゆ）型の東洋的なコートが評判になった《Ⅶ-4》．1909年，バレエ・リュス(ロシア・バレエ)の公演はパリを熱狂させ，1904年に『千夜一夜物語』が新訳・出版されていたこともあってオリエンタリスムがパリを彩る．ポワレやキャロ姉妹ら，この時期を代表するクチュリエ達はこれに素早く反応して，ランプ・シェード型チュニックやホブル・スカートなどを発表し，パリ・モードは不思議な異国趣味にあふれた《Ⅶ-5》．

◆Ⅶ-4｜［ポール・ポワレのモデルの行進］　写真＝マニュエル　「リリュストラシオン」誌　1910年　KCI

◆Ⅶ-5　　　　　　　　　　　◆Ⅶ-6

　19世紀末から女性服として流行し始めたテイラード・スーツは、実用性に富む点が20世紀ファッションの方向性に合致し、新しい女性服の形態としてその後20世紀を通じて定着していく。当初は紳士服の固いデザインを直接取り入れたものが多く見られたが、パキャン、ランヴァン、ポワレなど、パリのクチュリエたちは女性服の華やかさ、優しさといった要素を取り入れて、機能性を保ちながら多様なデザインのテイラード・スーツを発表した。
　新しい衣服を模索したのは、ヴェネツィアで活躍したマリアノ・フォルチュニイ(1871～1949)も同様であった。彼の古代ギリシア風プリーツ・ドレス「デルフォス」《Ⅶ-6》は、プリーツという装飾が機能性と結びついた点において革新的であり、後の20世紀の多くのデザイナーに影響を与えた。

◆Ⅶ-5｜イヴニング・ドレス(シルク・シャルミューズに中国風の刺繍)　1908年頃　キャロ姉妹　ⒸKCI
　　　(写真=操上和美)
◆Ⅶ-6｜[フォルチュニイのドレスを着たナターシャ・ランボバ]　写真=ジェームズ・アベ　1924年
　　　Washburn Gallery, New York

◆Ⅶ-7

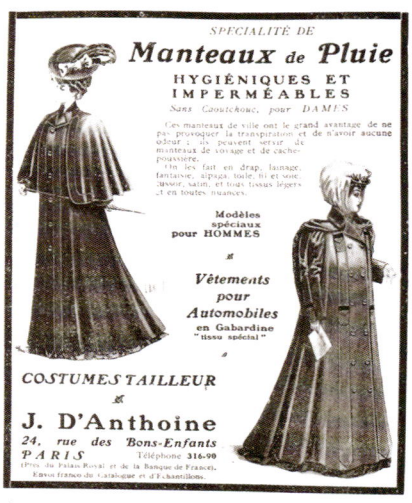

◆Ⅶ-8

新しい生活，新しい服

　西欧の主要都市が近代都市としての基盤を固めていた20世紀初め，自動車，無線，電話，映画など，科学技術の発達は人々の生活を豊かにし，消費文化の時代が幕を開けた．19世紀末から現れた自動車は庶民にはまだ高価であったが，1901年にはガソリンで走る最初の大量生産車がアメリカのオールズ・モーター・ワークス社から600台販売され，1904年には5000台の販売を記録した．当時はオープン・カー形式だったので，埃除けのダスター・コートと，帽子から顔を覆うモータリング・ヴェールなどのドライヴィング・ウェアが上流階級婦人の日常着に加わった《Ⅶ-7》．

　前世紀に始まったスポーツの流行はますます拡がりを見せ，学校教育の現場や労働者階級の余暇にも推奨されるようになった．1896年から近代オリンピックが開催され，1904年にサッカー，1913年に硬式テニスの国際協会が発足して高度な技術の追求が始まると機能的なスポーツ・ウェアが求められた．1908年になると女子選手のオリンピック参加が認可され，この動きは女性服にも拡がった．1911年頃からはタンゴが爆発的に流行し，ダンス・ブームが始まった．前世紀の女性の理想像は徐々に変わってゆき，第一次世界大戦が終わった頃には活動的な女性が新しい女性像となって注目され始めた．

　このように20世紀に入って大きく変貌を遂げた女性服《Ⅶ-8》に比べ，紳士服にはほとんど変化がなかった．だが，ジャケットの幅が広がり，ズボンの幅が狭まってより動きやすく，活動性を増していった．

システムの確立

　1895年の無線電信の発明や1904年のオフセット印刷の発明など，20世紀初め，通信や印刷技術の急速な発達は印刷媒体の質を向上させた．1892年に創刊された『ヴォーグ』や1908

◆ Ⅶ-7｜レイン・コートとドライビング・コートの広告『フェミナ』誌　1906年　KCI
◆ Ⅶ-8｜アンリ・マティス［マティス夫人の肖像］　1913年　Hermitage Museum, Sankt-Petersburg
　　ⒸSuccession H. Matisse, Paris & SPDA, Tokyo. 1997

◆Ⅶ-9

年にパリで創刊された『ガゼット・デュ・ボントン』などのファッション誌が次々と世界各地の大都市で出版され、そこに作品が掲載されたパリ・オートクチュールの重要性は更に高まった.

これらファッション誌を特徴付けたのは、ポショワールによる美しいイラストであった. ポショワールは型紙を用いた手刷りで、日本の版画の影響を強く受けており、輪郭線に縁どられた平板な彩色を特色としていた. 才能あるイラストレーター、ポール・イリーブ、ジョルジュ・ルパップ、ジョルジュ・バルビエ、シャルル・マルタン、アンドレ・E.マルティらが競い合ったこの時代のファッション・イラストは、近代的な写真技術に取って代わられる直前に革新的な一時代を築いた《Ⅶ-9》.

1908年、ポワレが有力顧客への贈呈用に制作したカタログ『ポール・イリーヴの描くポール・ポワレのドレス』が出版された. イリーヴはポショワールでポワレの作品を表現し、1910年代のファッション・イラストに多大な影響を与えた. カタログの効力を再認識したポワレは1911年にルパップに依頼して『ポール・ポワレの作品集』を制作し、やはり大評判を取った. 現在メゾン、つまりオートクチュール店でごく普通に行われている顧客へのカタログ配布は、これを機に本格化していく.

パリ・オートクチュールの記事が世界的に報道されるようになると、各国のバイヤーや記者がパリに大挙して集まり始めた. パリ・オートクチュールの名に集客力があることを認識したニューヨークやロンドンの百貨店、大手衣服メーカーが、オリジナル作品を基に複製を安値で販売し、同時に悪質なコピーが急増した. これらの事態に対処するため、1911年、「フランス・クチュール組合」が改組され、「パリ・オートクチュール組合(通称サンディカ)」が独立した. 同時に春夏、秋冬、その中間期という年3回のコレクション発表が制度化され、現在のパリ・コレクションの機能の基礎がここでほぼ完成されて、文字通りその後、世界的なファッションの情報発信センターとなっていった.

◆Ⅶ-9 | ファッション・プレートの特集「リリュストラシオン」誌　1913年　KCI

1920年代

◆Ⅶ-10

現代服へ

　1914年に勃発した第一次世界大戦から1929年の世界恐慌までの期間、中産階級の台頭、大量生産の本格化といった巨大な社会変動が新しい文化を生み出し、女性服は実生活の中で大きく変革していった。戦時中、女性が会社や工場で働き始めると長いスカートは邪魔になり、過剰な装飾は取り払われた《Ⅶ-11》。労働と物資不足から女性服は簡潔になり、女性の身体から贅肉がなくなっていった。戦争は1918年に終結したが女性の社会進出は止まらなかった。同年、イギリスで婦人参政権が認可されると各国もこれに続き、女性の社会的自立は目覚ましく進んだ。

　学問をし、職業を持ち、自由に恋愛する戦後の新しい女性は、1922年のヴィクトール・マ

◆Ⅶ-10｜［緑とグレーの素敵な取合わせ］ジェーン・レグニイ画　「フェミナ」誌　1927年　KCI

◆ Ⅶ-11｜シャネルのジャージーのスーツ3点『レゼレガンス・パリジェンヌ』誌　1916年
◆ Ⅶ-12｜［1920'Sの下着の着装］　1928年
　　Leicestershire museums, the Symington collection
◆ Ⅶ-13｜タマラ・ド・レンピッカ［アラン・ボット夫人の肖像］『ダーメ』誌　1930年
　　ⒸADAGP, Paris & SPDA, Tokyo, 1997
◆ Ⅶ-14｜ブラジャー（コットン・レース）　1920年代　フランス　ⒸKCI

◆Ⅶ-15

ルグリットの同名の小説にちなんで「ギャルソンヌ（少年のような娘）」と呼ばれた。彼女らは活動的な生活様式に適合する機能的な服を求め、短い髪、目深にかぶったクロシェ、ゆったりとしたロー・ウエスト、膝丈のドレスというスタイルが流行した《Ⅶ-10》。この流行を先導したのは、パリ・オートクチュールとシャネルやヴィオネといったクチュリエ達であった。

外衣の変化につれて下着も大きく変わった。コルセットはもはや必需品ではなくなり、その機能は上下に分離した。つまり、かつてコルセットに支えられていた胸は新たに登場したブラジャーbrassiereに《Ⅶ-14》、ウエスト以下の部分は柔らかい素材のコルセット（後にガードルと呼ばれる）となった。それまで肌の上にシュミーズを着、その上にコルセットを着けたが、やがて女性はブラジャーやガードルを直接肌に着けはじめる《Ⅶ-12》。膝丈の短いスカートによって女性は脚の存在を強く意識するようになり、木綿糸の厚い靴下に代わって肌色の絹の靴下が着用されるようになった。

簡潔になった衣装とは対照的に、濃い化粧が広がった。化粧品メーカーは眉墨、白粉、口紅などを販売し、映画の影響もあって一般の女性が化粧をする習慣が拡がった。「赤い毛の断髪を油で堅く固め、白粉を」つけて、「眉毛をいったん抜いた上に、もっときつい角度の描き眉」と、スコット・フィッツジェラルドは小説『グレート・ギャッツビー』（1925年）で当時

◆Ⅶ-15｜楊州周延［欧州管弦楽合奏乃図］ 1889年 KCI

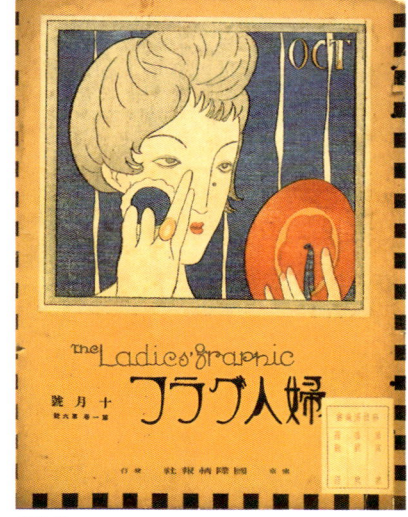

の流行を描写している.

　戦前からのダンス人気は一層高まった. タンゴに続いてチャールストンが大流行し, 動きにつれて揺れるフリンジや, 照明に輝くスパンコールなどの装飾が施されたダンシング・ドレスが必需品となった. 1925年, アメリカ出身のジョセフィン・ベーカーがパリにデビューすると, 人々は黒い素肌とエキゾティックなダンスや衣装に夢中になり, ダンス人気を煽った.

日本における洋装化

　同じ頃, 日本では洋装の拡がりが認められるが, それにはどのような過程があっただろうか. 1867年に幕府が洋服を軍服に採用したことに

◆ Ⅶ-16 「婦人グラフ」の元になったフランスの雑誌「アール・グー・ボントン」誌表紙　1921年　KCI
◆ Ⅶ-17 「婦人グラフ」誌　竹久夢二[化粧の秋]　1924年　KCI

◆Ⅶ-18

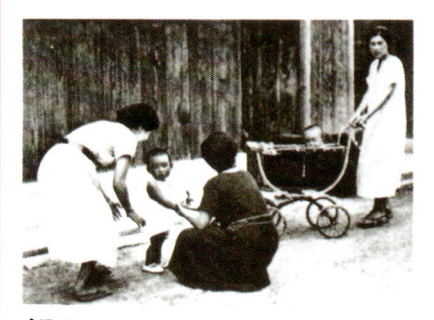

◆Ⅶ-19

始まり，1868年の明治維新後は，一刻も早く欧米に並ぼうとする国家の思惑のもとに洋服による「服制」が次々と発布され，政府，軍，警官，駅員など公職の制服が洋服に制定された．1882年には官立学校が男子学制服に洋服を採用し始め，例えば東京帝国大学では1886年に詰め衿の上着，ズボン，帽子を導入し，男子学生服として広まった．また1885年には東京女子師範学校が洋服を制服に採用した．しかし，

一般への洋装普及は大正時代まで待たねばならなかった．1883年に落成した官設社交場の鹿鳴館では不平等条約改正への取り組みの一環として男女同伴，洋装の舞踏会が開催され，これを契機に上流階級の女性が取り入れたのは，当時のパリで流行していたバッスル・スタイルであった《Ⅶ-15》．1887年，皇后美子が「思召書」を出して女性に洋装を提唱したものの，窮屈なコルセットの着用が不可欠なバッスル・スタイルの普及は，一般には及ばなかった．

欧米で現代服へと大きな変革が起こった1920年代になり，日本でも状況は変わっていく．1905年創刊の『婦人画報』，1924年創刊の『婦人グラフ』などの女性誌《Ⅶ-16》《Ⅶ-17》が新しい時代に適合する機能的な西欧のモードを紹介し，日本の女性服は変化する生活に対応する洋装へと次第に傾斜していく《Ⅶ-18》．女流文芸誌『青鞜』を主宰し，「新しい女」を名乗った平塚明子(らいてう)は，「裾のからむ着物で，幅の広い帯をしめての真夏の活動」が苦痛で，1920年の夏に初めて「働くにはまことに快適で，能率的」な洋服を着たと自伝に綴って

◆Ⅶ-18 『婦人グラフ』誌　1926年　KCI
◆Ⅶ-19 アッパッパ『アサヒグラフ』誌　1932年

◆Ⅶ-20

いる．1923年の関東大震災は洋装の機能性を一般庶民に認識させる大きな契機となった．1920年代半ば，庶民的な簡便服「あっぱっぱ」が大阪で売り出され，女性の普段着として日本中で大流行した《Ⅶ-19》．これは極めて日本的な解釈の洋装であったが，ゆとり，機能性という1920年代モードの特徴を要約した普段着であったとも言えるだろう．

1925年頃から現れ，旧来の倫理観を打ち砕いてスポーツや仕事を始めた「モダン・ガール」は，日本のギャルソンヌと言える存在であった．谷崎潤一郎の小説『痴人の愛』(1924年)では，女主人公のナオミは女優の「メリー・ピックフォードに似て」おり，「うすい水色の仏蘭西ちりめんのドレス」を着て西欧風に化粧した様子が描写されている．

スポーツ・ウェア，現代服のベーシック

新しいモードの発展と共に，女性の身体に対する美的な規準の変化も見逃せない．前世紀の豊満な身体ではなくすらりとした痩身が理想となり，テニス，体操，水泳，スキーなど，以前にもましてスポーツが流行した．労働の証拠として嫌われていた日焼けは避暑に行く余裕がある者のステイタス・シンボルとなり，日光浴が盛んになった《Ⅶ-21》．

テニスが流行し，フランスのテニス選手，ルネ・ラコステ《Ⅶ-22》はその攻撃的なプレイから「クロコダイル」の異名をとってワニをシンボル・マークとしていたが，このマークを商標登録し，引退後の1933年，胸に小さなワニのマークを付けたテニス用ポロ・シャツを販売した．これはテニス用だけではなくカジュアル・ウェアとして今日に至るまで世界で広く着用されている．また1919年から25年までの世界のトーナメント全試合を制覇したフランスの女子テニス選手，シュザンヌ・ランランは，攻撃的な打球技術を可能にする機能的なテニス・ウェアを着用した．1921年，ランランは膝頭すれすれの白い絹のドレスにヘア・バンドで試合に臨んで話題をさらったが，このスタイルは即座に世界的に広まった《Ⅶ-20》．

1912年のストックホルム・オリンピックで女

◆Ⅶ-20｜[テニスの女王シュザンヌ・ランラン]　写真=ジャック・アンリ・ラルティーグ　1921年
Courtesy Association des Amis de Jacques-Henri Lartigue

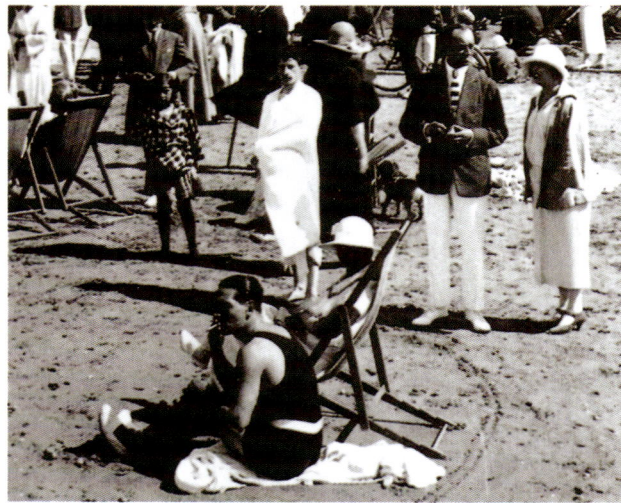

子水泳競技が初めて行われ、女子水泳選手が活躍するようになると、機能的な水着が女性に採用され始め、戦後には身体にフィットしたニットの水着が普及した《Ⅶ-23》. スポーツ・ウェアの消費拡大にパリ・オートクチュールも注目し、パトゥーやランヴァン、エルメスなども水着やビーチ・ウェアを発表するようになった.

この頃ビーチ・ウェアとして注目されたのがパジャマであった. パジャマは元来ヒンドゥー語の一方言で、ゆったりした足首丈のズボンを指す. 1880年頃にインドからイギリスに持ち込まれて、主に男性の就寝用に使われていた. 1920年代に入って女性が着用を始め、就寝用ばかりではなく、リゾート地でのビーチ・ウェア、ホステス・ドレス、カクテル・ドレスなどとしてカジュアルな場面に着用し、後に女性のズボン着用が拡がるきっかけともなった. カクテル・ドレスは、1920年代初期にアメリカで登場したカクテルを嗜む時間帯に着用され、略式の晩餐用としても着られた.

1903年にライト兄弟が開発した飛行機は急速に進化し、1919年には英仏間の定期飛行便が開始されて人々が都市から都市へと行き来し始め、1927年にはチャールズ・リンドバーグが大西洋横断無着陸飛行に成功した. 曲芸飛行や体験飛行など、娯楽やスポーツとしても人気を呼んだ. 1913年、アメリカのフォード社が始めたコンベヤを使った流れ作業によって大量生産が可能となった自動車は、安全性や設備が改善されて1920年代に爆発的に普及した. 旅行やドライブには軽快な服装が求められ、ますますカジュアル化の傾向が進んだ.

オートクチュールの黄金期

若々しく機能的な服が主流になった戦後、モード界を率いたのはシャネルやヴィオネであった.

ガブリエル（ココ）・シャネル（1883-1971）は1913年頃から機能的なドレスを作り始めた. 後の1950年代以降、シャネル・スーツと呼ばれて20世紀女性服の基本服の一つとなるスーツ

◆ Ⅶ-21｜ドーヴィルの海岸にて　（写真＝カブ＝ロジェ＝ヴィオレ）
◆ Ⅶ-22｜ルネ・ラコステ　1927年

◆Ⅶ-23

は，主に下着の生地であったジャージーを使った1916年のカジュアルなスーツや《Ⅶ-11前出》，紳士服に発想を得た1920年代のカーディガン・スーツにその原型が見える．1926年，『ヴォーグ(米)』誌11月号はシャネルの簡潔な膝丈の黒のドレスを「新時代の女性のユニフォーム」と評したが，余計な装飾を取り払った機能美はモダニスムそのもので，シャネルの個性が顕著に現れている．自らが働く女性であったシャネルは，創作活動を通して新しい社会の中で生きる女性，自立した女性のスタイルを具現化した《Ⅶ-26》．

一方，マドレーヌ・ヴィオネ (1876-1975) は時代の世相を服に敏感に反映させたシャネルに対し，服の構成，造形において革新的なアプローチを試みた．ヴィオネは木製の小さな人台に布をかけ，ピンとはさみで彫刻のようにドレスを創るドレーピングという手法と，1910年代後期に開発された伸縮性が大きいクレープ・ジョーゼットによって，しなやかに身体に沿う服を作り出した．彼女の1910年代後期から1920年代前半の作品は緩みと平面性を特徴とする直線的な構成で《Ⅶ-24》，日本の着物からの影響が窺えるが，やがて布を斜めに使うバイアス・カットを使って『ヴォーグ(米)』誌1925年10月号が「アナトミカル (解剖学的)・カット」と評す

◆Ⅶ-23｜パブロ・ピカソ[水浴する人たち—1918年，ビアリッツ]
©Succession Picasso, Paris & SPDA, Tokyo. 1997

るほど斬新で革新的な構成による造型的かつ皮膚感覚を持った服を創るようになった《Ⅶ-25》.

革新の時代,1920年代のパリ・オートクチュールでは戦前からのメゾンが姿を消し,代わって,ジャン・パトゥー,マギー・ルフ,リュシアン・ルロン,エドワード・モリヌー,ジャック・エイムら,戦争前後に開店したメゾンが台頭する勢力交代が見られた.もっとも前世紀から続く老舗メゾンでも,パキャン,ランヴァン,キャロらは戦後の流れに柔軟に対応して生き残り,力量と風格を示した.

この頃パリ・オートクチュールは黄金期を迎え,世界から注文が届いた《Ⅶ-14》.欧米の上流階級の女性は最新作の注文に年に二回はパ

◆ Ⅶ-24

◆ Ⅶ-25

◆ Ⅶ-24 | ヴィオネのドレスの着装写真　1920年
　Musée ge la Mode et du Textile, UFAC, Paris
◆ Ⅶ-25 | ヴィオレのドレス　写真=エドワード・スタイケン　『ヴォーグ(米)』誌　1925年
　Condé Nast Publication, Inc., New York

リを訪れ，その姿は新聞や雑誌に掲載されて人々の関心を引いた．1920年代の簡潔なモードは模倣しやすかったとも言え，パリ・オートクチュールの作品は世界中でコピーされ，言い換えれば，流行を生み出すようになった．

1925年，パリで開催された「現代装飾工業美術国際展覧会（アール・デコ展）」は，革新的な創造力をみなぎらせていたパリ・オートクチュールに強い刺激を与えた．「アール・デコ」は「キュビスム」や，古代エジプト，アフリカ，日本などの美術に着想を求め，直線と立体の構成，幾何学紋様の装飾性，大胆な色調の対比などに特色を示したデザイン様式であった．「アール・ヌーヴォー」の手工業的な一品制作から脱却し，芸術と産業との融合を試みたが，手工業の伝統を完全に捨て去ったとは言えなかった．建築からグラフィック，モードまでと「アール・デコ」様式は様々な分野に見られたが，その底辺にはモダニズムへの強い共感が流れ，シャネルやヴィオネなど，パリ・オートクチュールの多くのクチュリエが影響を受けて，構成や装飾に「アール・デコ」の特色溢れる作品を発表した．

モードとアートの接近

新しい創造性を求めて，モードがアートとの関わりを強めていったこともこの時代の特筆すべき方向性であった．

1907年頃，パブロ・ピカソとジョルジュ・ブラックを中心に「キュビスム」が創始され，これに連動して，1909年，イタリアでフィリッポ・マリネッティらの「未来派」《Ⅶ-29》，1911年，ドイツでヴァシリィ・カンディンスキーらの「青騎士」など，アートは写実主義の伝統から解放されて新しい動きを見せた．さらに1903年から活動を開始した「ウィーン工房」や，1919年に創立した「バウハウス」，ロシア革命後に展開した「ロシア・アヴァンギャルド」などは生活全般をアートと捉え，服飾においても美術的な実験として新しい美意識，新しい時代

◆Ⅶ-26

◆ Ⅶ-26｜ジャージーのアンサンブル，ガブリエル・シャネル「ハーパース・バザー」誌　1927年
Heart Corporation

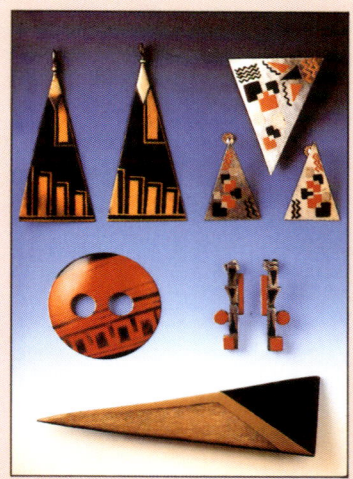

◆VII-27

◆アール・デコと漆

19世紀後期におこったジャポニスムはアール・ヌーヴォー様式に大きく深い影響を与えた後,1920年代のアール・デコまで引き継がれた.アイリーン・グレイ,ジャン・デュナンら装飾デザイナーは,日本の漆に魅せられて漆塗の小物やアクセサリーや室内装飾品を発表した《VII-27》.彼らの作品は人気を呼び,顧客名簿にはファッション界の主要メンバーが名を連ねていた.ヴィオネは漆塗のゲーム・テーブルをはじめとした室内装飾をデュナンに委託したし,シャネルの自室には豪華な漆塗のテーブルと屏風が飾られていた.

更にデュナンは漆仕上げのテキスタイルを開発してファッション界の大きな注目を集めた.1920年代のデザイナーは,アール・デコの趣味と同調した漆や蒔絵のデザインや質感を思わせるテキスタイルを好んで使っていたが,絹布に漆をしみ込ませたデュナンの漆布によってこの動きは一層盛り上がった.帽子デザイナーのアニエス夫人が作ったデュナンの漆布製の帽子が成功を収めたことを契機に,1925年,デュナンの漆布専用のアトリエが設立され,生産が本格的に開始された.更にリヨンの大手のテキスタイル・メーカーがデュナンの漆布に目を留めて,各社が競合しながら漆布はより一層広まった.煌めきを維持しながらも柔らかく滑らかな質感を持つ漆布の新しさは新素材として脚光を浴び,漆布の美しさを生かした作品は1920年代を代表するものとなった. (新居)

に相応しい作品の創造に取り組んだ.これらアーティストの活動は,パリ・オートクチュールのクチュリエ達に新鮮な刺激を与えた《VII-30》.

1930年代になると,アーティストとクチュリエとのつながりは,スキャパレリとサルバドール・ダリとの関係においてより明確になった.

1927年,エルザ・スキャパレリ(1890-1973)は当時スポーツ・ウェアとして人気のあったセーターにトロンプ・ルイユ(だまし絵)を編み込んで人気を得た.翌年「プール・スポール」を開店してスポーティーな服で評判をとり,スーツやドレスにも手を広げて1930年代を代表するクチュリエの一人となった.

当時のパリは,1924年,アンドレ・ブルトンの「第一宣言」に始まったシュルレアリスム運動が高まっていた.スキャパレリはその只中にいたダリ,ジャン・コクトー,アルベルト・ジャコメッティらと親しく,特にダリとは,夫人ガラのドレスを無料で制作する代わりにアイディアを提供してもらうという親密な関係を持った《VII-28》.スキャパレリは最新のアートをドレスに直接取り込んだが,その服作り自体は西欧の伝統的なものであり,シルエットや技術の改革を行ったわけではなかった.彼女の新しい点は「楽しむことは趣味が良いことよりも大切」

◆VII-27|イヤリング,ブローチ,衿飾り(銀,オレアム,銅に漆) 1925年 ジャン・デュナン
Delorenzo Gallery, New York

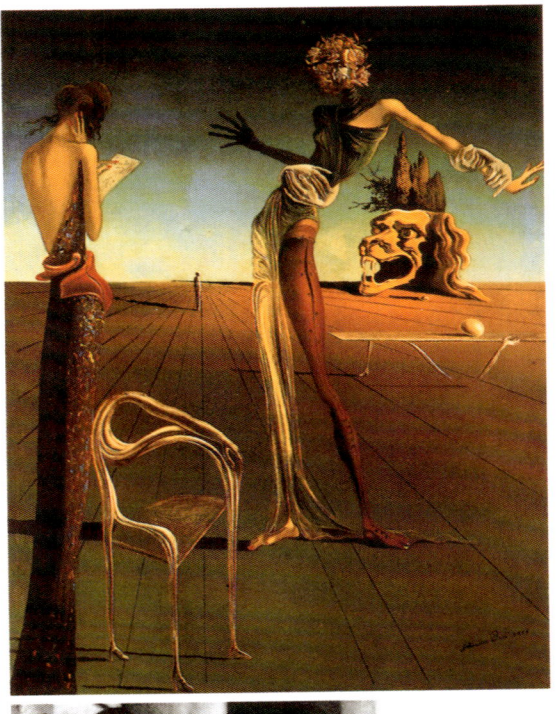

というファッションへの姿勢にこそあったと言えよう《Ⅶ-31》.

◆Ⅶ-28｜サルヴァドール・ダリ［薔薇の頭を持つ女］　1935年　Kunsthaus Zürich
©DEMART PRO ARTE B.V. 1997
◆Ⅶ-29｜未来派の画家デペーロのデザインしたジレを着るマリネッティとデペーロ　1924年
Museo Depero, Robereto
◆Ⅶ-30｜ジョルジュ・ブラックの作品にヒントを得た靴［魚］　1931年　アンドレ・ペルージア
Musée de la Chaussure d'Ethnographie régionale de Romans

◆Ⅶ-31

◆ツタンカーメンの発掘

　1922年、イギリスのエジプト学者ハワード・カーターらは、ナイル川西岸の古代エジプト都市テーベに近い王家の谷で第18王朝のファラオ、ツタンカーメンの墓を発見した。墓は盗掘を免れてほぼ完全な状態で発見され、ミイラを覆っていた黄金のマスクや金彩の玉座など、ファラオの権力をしのばせる副葬の豪華な財宝の発掘が世界的なニュースとなった。新聞には関連記事があふれ、旅行者はエジプトに押しかけた。1924年にはパリのミュージック・ホール、フォリー・ベルジェールに「ナイルの伝説」という演目までかかっている。

　パリ・モードは即座にエジプト調を取り入れた。1923年のパリ・オートクチュール・コレクションには、ジェニーやドゥセ、ドレコルらがエジプトの幾何学模様やスカラベなどのモチーフを刺繍やアクセサリーで表現している。この背景には、当時装飾美術界の主流となりつつあったアール・デコの好んだ直線的、幾何学的なデザインや、機能主義、モダニスムという思考や、ペルシアやアラビア、中国、そして日本などのエキゾチシズムを含んだ複合的な様式であったことが挙げられる。

（新居）

◆Ⅶ-31｜イヴニング・ケープ（ベルベットにシークインなどでアポロンを刺繍）　1938年
エルザ・スキャパレリ　©KCI　（写真=広川泰士）

1930年代

恐慌の時代

　1929年10月24日，ニューヨーク株式市場の大暴落から始まった世界恐慌を契機に各国でナショナリズムの動きが強まっていく．輸入関税が著しく引き上げられ，1920年代に膨れ上がった海外からのパリ・オートクチュールへの注文は激減し，メゾンはもちろん，繊維会社やアクセサリー業者を含むモード業界全体が大量の失業者を出した．

　1920年代のモードは形態の簡潔さゆえに流行したが，同じ理由で飽きられ始めた．時代は再び女性の身体の曲線を強調した復古的な服を求め始める．1929年，ジャン・パトゥー（1880-1936）のコレクションは，1930年代の

◆Ⅶ-32

◆Ⅶ-32｜ギルレモ・ボーリン画 『ヴォーグ』誌 1931年 Condé Nast Publication, Inc., New York

ロング・ドレスの流行を決定づけた．1920年代以来活躍したシャネルやヴィオネ，1930年代に登場したアリックス（後のグレ）やマンボシェ（マン・ルソー・ボシェ〈1891-1976〉）など，パリ・オートクチュールはこぞってロング・ドレスを発表した．

しかしロング・ドレスは夜用で，日中はより機能的な膝下丈のスカートが着用された．1930年代の代表的なシルエットは，角ばった肩，正常のウエスト位置，細身のスカートという細長いラインで，髪は再び長くなってまとめられ，トークやベレーなど小さめの帽子が斜めにかぶられた《Ⅶ-32》．

また，かつては男性のものであったズボンが次第に女性にも着用されるようになった．既に1910年代にはスポーツ用にズボン形式が普及し，1920年代にはパジャマが，1920年代後期にはスキー・ウェアとしてニッカーボッカーが普及していた．ランヴァンやパトゥー，エルメスなど，スポーツ用の服作りを得意とする高級店は率先してズボンを発表し，1930年代，徐々にカジュアルな街着として浸透していった．

1930年代のモードにとってハリウッド映画の影響も見逃せない．ハリウッドで初めて映画が製作されたのは1910年で，1915年にはアメリカの主要映画会社が集まるようになっていた．第一次世界大戦後，アメリカの映画会社は思いきった低価格で世界のシェアを奪い，スターを次々に送り出して庶民の娯楽の頂点に輝いた．ハリウッド映画でのマレーネ・ディートリッヒの男装や，グレタ・ガルボやキャサリン・ヘプバーンら，ハリウッド女優の服とその着こなしは，一般の女性に強い影響力を持った．

新素材の開発

1930年代は，新素材の開発がモードの分野で花開き始めた時代でもあった．

19世紀末から開発が進められ，1905年に初めてイギリスで作られたレーヨンは靴下などに使われて普及し始めていたが，1930年代，ブラジャーとガードルの上に着る新しい下着として登場したスリップに使われて広まった．女性らしい曲線を強調したスタイルが復帰したが，胸の膨らみを支えるブラジャーと，1931年に登場した伸縮性のあるエラスティックを使った新しい下着，ガードルの着用は定着した《Ⅶ-33》．1936年，アメリカのデュポン社が開発したナイロンは，1940年にストッキングに応用される．1930年代には他にもビニール，ポリエチレン，ペルロンなど，種々の人工繊維が相次いで開発され，例えば1938年にはイギリスで衣服に使用される繊維の10％までを人工繊維が占めるようになっていた．

1913年にギデオン・サンドバックが考案したファスナーは，ブーツ，下着などに応用されていたが，1935年，スキャパレリがオートクチュールのデザイナーとして大々的に取り入れた．当時パリ・オートクチュールは新素材を無視していたが，スキャパレリは，1930年にはレーヨン，1932年にはセロファンと人造シルクの混紡を採用するなど，積極的に人工繊維を採用して後の化学繊維時代を先取りした．

ファッション写真

写真は，1839年，フランスでルイ・J．M．ダゲールの発明によって誕生したが，19世紀後期には写真家のナダールが「写真を芸術の高みに引き上げる」と雑誌で紹介されるなど，芸術の一分野として認識されるようになった．

1879年に写真印刷が発明されてファッション誌も写真の掲載を始めると，ファッションは写真家の視点で見つめ直され，様々な表情を引き出されていく．1910年代のバロン・アドルフ・ド・メイヤーや1920年代のエドワード・スタイケンはファッション写真を絵画的，芸術的に表現して新しい境地を開拓し，ポショワール全盛のファッション誌に新風を吹き込んだ．

1920年代から30年代，バウハウスのモホリ＝ナギ，シュルレアリスムのマン・レイを中心

◆Ⅶ-33

にフォトグラム，フォトモンタージュなどの写真技法が開発され，1935年にアメリカのイーストマン・コダック社がカラー写真を開発して写真の表現力や芸術性が飛躍的に向上した．マン・レイ，ホルスト・P・ホルスト，セシル・ビートン，ジョルジュ・ホイニンゲン＝ヒュネらは斬新なファッション写真を発表して《Ⅶ-34》ファッション誌の読者を魅了し，イラストの掲載は次第に減少していった．

◆Ⅶ-33｜ジャン・ドロワ［スリー・イン・ワン］ 1932年 Collection F.Libron

◆ Ⅶ-34｜［オギュスタンベルナールのドレス］　写真=ジョルジュ・ホイニンゲン=ヒューネ　『ヴォーグ（米）』誌
1933年　Condé Nast Publication, Inc., New York

1940年代

◆Ⅶ-35

戦時下のファッション

　1939年，ドイツのポーランド進撃を契機に，イギリス，フランスがドイツに宣戦布告して第二次世界大戦が勃発した．同年，日・独・伊三国同盟が締結され，1941年に太平洋戦争が勃発して，ほぼ世界中が戦時体制に陥った．

　1944年に米軍によって解放されるまでの5年間，パリはドイツに占領され，パリ・オートクチュールでは休業や海外移転するメゾンが続出した．パリに残留したメゾンは細々とコレクションの発表を続けたが，深刻化する材料不足は活発な創作活動を妨げ，戦前から続く角ばった肩，細身のラインが引き継がれた《Ⅶ-36》．街頭では，大きな帽子やターバンに膝丈のフレア・スカートと，靴材料の革不足から登場したコルク底のプラットフォーム・シューズが見られた《Ⅶ-35》．

　イギリスでは他国に比べて低い生産性を補うため，前例を見ない女性の雇用奨励を始めた．1944年までには公務員の48％を女性が占め，工場で働く女性は男性と同じようにデニムのオ

◆Ⅶ-36

◆ Ⅶ-35 ｜ プラットホーム・サンダル（革を巻いたコルクの厚底）　サルヴァトーレ・フェラガモ　1938年
　　Salvatore Ferragamo Firenze S.p.A.
◆ Ⅶ-36 ｜[「新しい服」を作りましょう]「マリ・クレール」誌　1940年
　　La Maison des Amies de Marie Claire

ーヴァーオールなどで働いた．衣料統制下，イギリス商務省は1942年に「ロンドン・ファッション・デザイナー連盟」を設立し，ミリタリー色の強い，簡素で実用的な「ユーティリティー・ガーメント」が作られた．

1941年に太平洋戦争に突入した日本でも奢侈品は厳しく禁じられた．1939年に軍服風の男子国民服が，1942年には着物の打ち合わせのワンピース，上下別仕立ての着物といった和洋折衷の女子標準服が制定された．同時に女子の活動着として北国の農村の日常着であったモンペが採用され，ズボン形式の機能性が認知された．

(新居理絵)

◆政治とファッション

　1922年，イタリアの政権を執ったムッソリーニは，1943年までファシズム体制を敷く．この間イタリアのファッションは，イデオロギーと密接に結びついた．1933年，ムッソリーニはトリノに「国立モード協会」を発足させ，協会が服飾に関するイタリア国内の市場を掌握するという計画を打ち出した．更に1938年，トリノ近郊に人工繊維製造の拠点の町，トルヴィスコーサを作り，国内の自給自足を推進した．

　あらゆる分野で世界に冠たるイタリア文化を作り出すというファシストの理念のもと，1929年，ムッソリーニは「イタリア・アカデミア」を設立した．このときマリネッティら未来派の芸術家が会員に選出され，1930年代，未来派は国民の公用服のデザインに携わることになる．バッラやヴォルト，タイアートらが早くから美術的な実験として機能性と美の統合を目指した服を作っていた背景もあり，美術界と産業界が共同でイタリアのファッションに取り組むことになった《Ⅶ-37》．

　これらの動きは，裏返せばイタリア経済の悪化を意味していた．パリ・オートクチュールに依存していたイタリアは，経済の赤字の多くは輸入の奢侈品によるものだった．そのために国家は海外，特にパリからのファッションや生地の輸入のために不足する外貨の使用を制限する必要に迫られてこの措置をとったとも言えるだろう．

(新居)

◆Ⅶ-37

◆Ⅶ-37｜イタリアの大学生のファシスト・グループ　1938-43年
Musée de la Mode et du Costume, Paris

20世紀後半
The Late Twentieth Century

VIII

The Concise History of Fashion

1950・60年代

◆Ⅷ-1

パリ・オートクチュール神話

　第二次世界大戦で苦しんでいたそれぞれの国では、日本もそうだったが人々にとって着ることも厳しい状況下におかれていた．空襲で瓦礫の山と化したロンドンの街に、それでも優雅に装って毅然と立つ女性を撮ったセシル・ビートンの写真《Ⅷ-1》には、決して声高にではないが戦争への痛烈な批判が込められていてかえって印象的である．

　1944年、4年間の占領から解放されたパリでは早速にオートクチュールのコレクションが再開され、45年には70センチほどの人形にオートクチュールのデザイナーたちが創った最新作を着せて展示する展覧会「テアトル・ド・ラ・モード」《Ⅷ-2》がパリ装飾美術館において開催された．ようやく戻ってきた自由の中で、デザイナーばかりではなく創作への思いをたぎらせた多くのアーティストも参加したこの展覧会は、翌年にかけて世界各地を巡回し、平和の時代が戻ったことを訴えた．

　1947年2月のパリコレクションで、クリスチャン・ディオール(1905-1957)が新しい作品を発表すると、それは「ニュールック」《Ⅷ-4》と命名され、この後1950年代の世界のファッションの行方を決めることになる．苦しい戦争の時代、どこの国でも極端な倹約を余儀なくされた衣服に求められたのは、活動性であり実用性だった．しかし、この日ディオールが発表したのは、一着に数十メートルもの布をたっぷりと使った長い丈のスカートにハイヒールの靴をはき、肩はパッドを取り払ったなだらかな線を描き、女性らしい胸と細いウエストを強調しているという服だった．戦争に倦んでいた人々に優雅さと贅沢さを思いださせたこの「ニュールック」は、世界中に衝撃的に受けとめられた．一夜にしてそれまでの戦時ルックは流行遅れとなり、新しいスタイルによる巨大な需要が生み出された《Ⅷ-3》．

　この後、1950〜60年代にかけての女性服は、世界中の大都市から地方の田舎町まで、多かれ少なかれパリ・モードの影響下におかれたのである．

　戦後の復興の時代を背景として、パリ・オートクチュールは才能豊かなデザイナーを輩出した．クリスチャン・ディオール、クリストバル・バレンシアガ、ピエール・カルダン、ユベール・ド・ジバンシー、ジャック・ファット、ピエール・バルマン《Ⅷ-5》、アンドレ・クレージュらが次々と登場し、また戦前からのマルセル・ロシャス、マダム・グレ、そしてシャネルもカムバックした．年に2回のオートクチュールのコレクションには、世界中からジャーナリストとバイヤーが集まり、そこから発信される情報によって世界のファッションの行方は決められた．日中用のテイラード・スーツやドレス、そして

◆Ⅷ-1│[ファッションは難攻不落]写真=セシル・ビートン「ヴォーグ(英)」誌　1941年
Condé Nast Publication, Inc., New York

◆Ⅷ-2

◆Ⅷ-4

夜会用の豪華なイブニング・ドレスは戦後から復興した時代50年代をまさに象徴するものだった《Ⅷ-6》．オードリー・ヘップバーンらが映画の中で着るオートクチュールの服《Ⅷ-7》は世界中の女性たちに強い憧れとともに，具体的で身近なイメージを与えた．

この時代に作られたクリストバル・バレンシアガ(1895-1972)のラウンド・カラーのスーツ《Ⅷ-8》や後にアンドレ・クレージュ(1923-)がミニドレスへと発展させるチューブ型のワンピースドレス，ツィード地に縁かざり付きシャネル・スーツ《Ⅷ-9》(1910年代のカーディガンスーツを発展させたものである)，そして60年代に発表されるイヴ・サンローラン(1936-2008)《Ⅷ-10》のパン

◆Ⅷ-2｜「テアトル・ド・ラ・モード」展　クリスチャン・ベラール[劇場]　写真=ロジャー・シャル 1945-46年
◆Ⅷ-3｜クリスチャン・ディオール　1947年
◆Ⅷ-4｜[ニュー・ルック]クリスチャン・ディオール　写真=ウィリー・メイヤー　1947年　KCI
©ADAGP, SPDA

◆Ⅷ-5

◆Ⅷ-6

ツスーツなどは20世紀後半の女性服の基本形となったのである。これらは，まもなく主流となっていく既製服〈プレタポルテ〉へも対応しうる，すなわち大量生産が可能な論理的で簡単な裁断線で構成されていた．

身体意識の革命，ミニの登場

　前衛性，未来指向を強めながら《Ⅷ-11》パリのオートクチュールの動向が世界のファッションを牽引していたその頃，世界各地で若い世代の人たちのファッションへの関わりが見逃せないものとなっていった．60年代になると大衆消費社会が到来し，映画や音楽は若い世代に影響をもち始める．61年ソ連が有人宇宙飛行に成功し，アメリカではケネディ大統領が暗

◆Ⅷ-5 ｜ イヴニング・ドレス　ピエール・バルマン　ルネ・グリュオー画　1953年
　　Galerie Bartsch & Chariau, Munich
◆Ⅷ-6 ｜ イヴニング・シューズ（シルク・ジョーゼットに刺繍）　1950年代
　　ロジェ・ヴィヴィエ　ⒸKCI（写真=広川泰士）

◆Ⅷ-7

◆Ⅷ-8

◆Ⅷ-9

- ◆Ⅷ-7｜ジヴァンシーの衣装を着るオードリー・ヘップバーン　映画「ティファニーで朝食を」　1961年
 (Photo. UNIPHOTO PRESS)
- ◆Ⅷ-8｜スーツ　クリストバル・バレンシアガ　写真=F・マクローリン「ヴォーグ(米)」誌　1952年
 Condé Nast Publication, Inc., New York
- ◆Ⅷ-9｜[シャネル・スーツ]「エヴリィ・ウーマン・マガジン」誌　1959年
 Chanel. Paris. Photo archive

◆Ⅷ-10

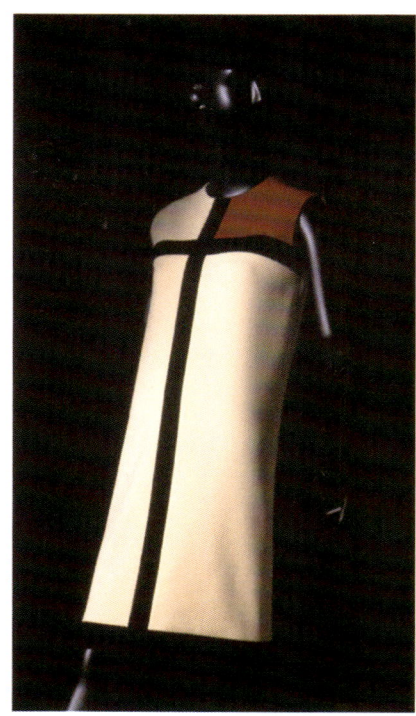

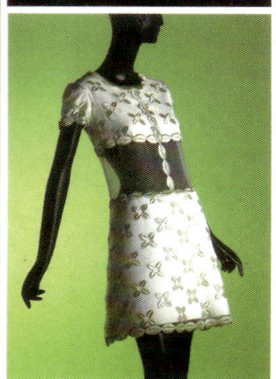

◆Ⅷ-11

◆Ⅷ-12

殺され(63年)，ヴェトナム戦争に次第にのめり込んでいく．さらには68年のパリ5月革命，69年の人類初の月面到達など，大きな出来事が次々と起こった．そうしたなか，若い世代は自分たち独自の表現を求めた．音楽，ファッション等はその表現に最適なものだった．ビートルズに代表される新しい音楽とともに，ロンドンはその中心的な存在となり，若いエネルギーに溢れた等身大のファッションがつぎつぎに発信されていった．

ロンドンの街角で60年代初めごろから着られていたというミニスカートは，ロンドンのデザイナー，マリー・クワント(1934-)によって脚光を浴び，パリのクレージュ《Ⅷ-12》によって，オートクチュールという権威を背景に20世紀の服として認識されたのである．

ミニの登場の背景には身体意識(ボディコンシャス)の変化も見逃せない．20世紀は芸術も「身体を動く彫刻として認識する」ことを明快に示したが，衣服は身体そのものの美しさを押し出すという，19世紀のファッションに対する意識とは大きく違った方向へと向かっていた．既に20年代，女性は脚を膝まで露出し，60年代には太股まで見せることが社会的に許容された．こうした身体意識の革命をマクルーハンは「皮膚の拡張」《Ⅷ-15》と表現し，ルディ・ガーンライヒ(1922-1985)は上半身を全く覆わないモノキニで具体的に示した《Ⅷ-14》．

◆Ⅷ-10 ｜ ドレス「モンドリアン」 イヴ・サンローラン 1965年秋冬 ⓒKCI （写真=広川泰士）
◆Ⅷ-11 ｜ ドレス(プラスティック板と金属板 金具) 1969年 パコ・ラバンヌ ⓒ （写真=広川泰士）
◆Ⅷ-12 ｜ ドレス(コットン・サテンに華と葉の刺繍のシルク・オーガンジー) 1967年頃 アンドレ・クレージュ

◆Ⅷ-13　　　　　　　　　　　　　　　　◆Ⅷ-14

化学繊維の時代

　宇宙が現実的に解明されはじめるなど科学が著しい進歩をみせたこの時代は、化学繊維の発明・開発の時代でもあった．人類初の人工繊維ナイロンはアメリカのカローザス博士によって1935年に発明されていたが、1940年になってデュポン社からストッキングとして売り出されると大きな人気をよんだ．戦後になって、強くて安いナイロン・ストッキングは女性の長年の夢を実現したものとして絹にかわって世界のストッキング市場を席捲していく．60年代にミニが登場し、パンツ部分とストッキング部分が一体化したパンティストッキングへと形を変え、広く女性に用いられている．

　下着も化学繊維の進歩を抜きには語れない．エレガントな、しかし幾分ノスタルジックな女性をイメージした「ニュールック」はまた、50年代にさまざまな下着を登場させたが、それらにはナイロンや伸縮性の素材が使われていた．女性らしい豊かな胸を強調するブラジャー、スカートを大きく膨らませるペティコート、ウエストニッパー、ガードル、オールインワンなど、女性は19世紀に戻ったかのようにさえ思えるような、しかし新しい素材の下着をつけた《Ⅷ-15》．だがファッションが大きくかわった60年代になると、下着も激変する《Ⅷ-17》．とりわけ、ウーマンリブの動きが活発になったとき《Ⅷ-18》、ブラジャーからの解放、ノーブラ運動が起こり、活動家たちはブラジャーを焼き捨てたりした．その後も快適な下着へ向けての研究は休みなく続いているが、1980年代には下着にもユニセックス化の波があらわれた．

　ポリエステルは、1946年にイギリスでICI社

◆Ⅷ-13 | ペーパー・ドレス　1966年頃　ⒸKCI　（写真=畠山崇）
◆Ⅷ-14 | ルディ・ガーンライヒのモノキニ水着　写真=ウィリアム・クラクストン　1964年ネーム

◆Ⅷ-15

◆Ⅷ-16

◆Ⅷ-17

から市販され、天然繊維に代わるイージーケアの理想の繊維として喧伝されたが、事実その優れた性質から現在も多量に使われている。これら化学素材が生活の様々な面にもたらした多くの利便性ははかり知れない。さらにスパンデックスなど伸縮素材はとりわけ下着の快適性や、とどまるところを知らないように進化するスポーツ用衣服《Ⅷ-17》などに大きく貢献している。宇宙服に代表されるような特殊な用途の衣服も化学素材なくしてありえなかったといえる。現在も、化学繊維の技術改良は続いており、天然繊維にはない特質を備えた衣服の素材として広く使われている。

とりわけ60年代、こうした化学繊維が急速に普及したのは、いよいよ加速を増した大衆消費時代を背景として大きな力を持ちはじめていく新しい衣服生産体制、プレタポルテが登場し、発展していくのと歩調をあわせていた。それは今日さらに進展し、経済産業省の統計によると、世界的に合繊維供給に占める比率は2000年に50％を突破した。

◆Ⅷ-15｜ボディ・スーツ　写真=F・C・ガンドラック　1967年　ⓒF. C. Gundlach
◆Ⅷ-16｜ブラジャーとペチコート　『ヴォーグ(米)』誌　1955年
　　　　Condé Nast Publication, Inc., New York
◆Ⅷ-17｜レイクプラシッド大会のエリック・ハイデン選手　(写真提供=デサント)　1980年

◆Ⅷ-18 "ALLAN-NONE"

◆Ⅷ-19

◆Ⅷ-18｜下着［オール・イン・ノン］ガーンライヒ 『ハーパース・バザー』誌　1965年
　Heart Corporation
◆Ⅷ-19｜ニューヨークのウーマン・リブのデモ隊　1970年

プレタポルテ

　既製服産業はアメリカで発達していた。しかし、第二次世界大戦以前はオートクチュールをはじめとする高級衣服がパリから直接輸入されたり、型紙を買い取りライセンス契約のもとアメリカで仕立てられることが多かった。戦争によってパリからの輸入が途絶えたことにより、アメリカには独自のデザイナーたちが活躍する機会がやってきた。クレア・マッカーデル（1905－1958）らは、アメリカらしいスポーティな量産可能な既製服をデザインし、アメリカの既製服産業は大きく発展した。1960年代にアメリカの既製服メーカー、ジョゼフ・ブレンナーがシャネル・スーツの型紙を既製服化したことによってシャネル風のスーツの人気は広く高まった。

　アメリカばかりではなく、大衆消費社会を迎えていた60年代の世界の国々では、そうした新たな社会に対応できる仕組みで生産される衣服が必要とされていた。既製服産業がこうして各地で急速に成長していく。既製服は20世紀の後半、世界のどこの都市にも見られた生き生きと働く女性のための服だったといえるだろう。熟練した専門家がいるアトリエで、数度の仮縫いをへて注文主のからだに合わせて作られる手間暇のかかった高級品であるオートクチュールを注文するのは、現在では世界中で数百人程度だといわれるが、最高級品としてのブランド

◆ナイロンストッキングから
　パンティストッキングへ

　1940年5月15日、女性用ストッキングとして全米で一斉に売り出されたナイロン・ストッキングは、怪我人が出るほどの騒ぎを引き起こした。後にこの日は「N-DAY」として記録される。戦争のさなかでもあり、アメリカ以外の国でははきたくても入手困難だったナイロンストッキングをはいているように見せかけるため、パリの女性達のなかには、当時後ろ中央にシームが入っていたナイロンストッキングに似せて、素足のふくらはぎ中央に黒い線を引いたりするものもあった。
　戦争が終わると「クモの糸よりも細く優美で鋼鉄よりも強い」ナイロンは、それまでの絹のストッキングにかわり世界中の女性を虜にした。50年代の高くて細いヒールの靴の流行とともにシームはファッションの重要なポイントになったが、ミニスカートが流行する60年代になるとストッキングには大きな変化が見え始める。シームレスへ、さらには67年に太股半ばまでの短かさになったミニスカートにはそれまでのストッキングをガーターベルト

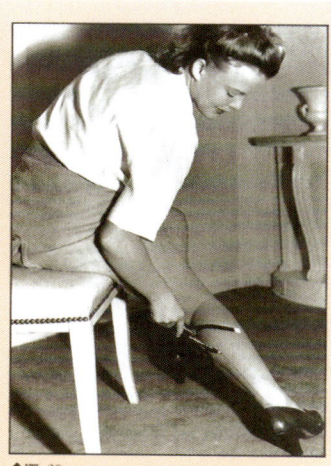

◆Ⅷ-20

でつるすという方式では現実にあわなくなり、パンツと一続きの形態、パンティストッキングが生まれた。70年代からはエクササイズブームにより、厚手のパンティストッキングであるタイツの需要が広がった。　　（深井）

◆Ⅷ-20｜足の化粧-眉墨でストッキングのシームを描く女性-

◆Ⅷ-21a

◆Ⅷ-21b

イメージは、そのブランド名のもとにプレタポルテ、香水、化粧品、アクセサリーを生産販売することによって、またライセンスと呼ばれるブランド使用料などで大きな収益を上げている。

　現在、世界中で使われている既製服の意のプレタポルテ prêt-à-porter という語は、米語のレディ・トゥー・ウェア ready to wear をフランス語にそのまま置き換えた造語だった。フランスの衣服業者アルベール・ランプルールが1945年にアメリカの既製服の業態を取り入れたときに使ったとされる。19世紀から作られていた既製服屋はコンフェクション confection と呼ばれていて、安物服の代名詞だった。そのために、この語と新たに差別化をはかる必要から、新鮮な響きを持つプレタポルテが「既製服」の意味で使われるようになった。フランス、イギリス、イタリア、そして日本にもあらたに既製服産業が誕生し、それにともなって既製服デザインに携わるデザイナーが職業として生まれた。このころ活動を開始し現在もよく知られているのは、カール・ラガーフェルド〈仏〉、ソニア・リキエル〈仏〉、アニエス・ベー〈仏〉、ジョルジオ・アルマーニ〈伊〉、ジャン・フランコ・フェレ〈伊〉、ジャンニ・ヴェルサーチ〈伊〉、ミソーニ〈伊〉、ヴィヴィアン・ウエストウッド〈英〉、カルヴァン・クライン〈米〉、そして高田賢三、三宅一生、森英恵らである。

　パリでは、先に定着していたオートクチュールの年2回の新作発表「パリ・コレクション」を真似て、プレタポルテのパリ・コレクションが行われるようになる《Ⅷ-21a》《Ⅷ-21b》。1970年代にはオートクチュールにかわって次第に世界の新しい流行動向を牽引していく重要な行事となっていく。70年代半ばには、ミラノやニューヨーク、そしてロンドンでも同様なプレ

◆Ⅷ-21a｜ダニエル・エシュテル　1972年春夏パリコレクション
◆Ⅷ-21b｜クロード・モンタナ　1979年春夏パリコレクション

タポルテのコレクションが定期的に行われるようになり（東京では1985年から），新しい産業として大きな成長をとげていく．コレクションはデザイナー，あるいは既製服メーカーが提案する新作の発表会で，定期的に決められた期間内に行われ，世界中から小売業のバイヤー，そして新聞，雑誌，テレビなどのメディアで情報を伝達するプレスが集まってビジネスが展開して，つまり小売店を媒介して一般消費者へと届けられていく．

1990年代，世界のファッションの情報の発信装置は既にパリだけに置かれているわけではなく，それぞれに性格の違ういくつもの場所に点在している．しかし，こうした装置を他に先駆けて歴史的に整えてきたパリが幾分優位に立っていることも事実である．パリは伝統と前衛を武器に質と感性における最高級品をめざしているとすれば，ミラノは多くの人の日常における価値のある品物で世界の評価を勝ち取り，ニューヨークはジーンズやTシャツに代表されるような量産されるスポーティで基本的な服で定評を得ている．そして東京には服の新しいデザインがあり，ロンドンには若い先端的な感覚が見出せる．そしてデザイナー達の創作によらない自然発生的なファッション「ストリート・ファッション」はいつでも世界中のどこかの街角で生まれる可能性があるといえる．

ところで現代におけるデザイナーの能力とは，一体どんなものなのだろうか．時代がもとめている雰囲気を直感的につかみ，それを具体的なイメージに表現できる能力である．「ファッションを作るのは時代のその空気を吸っている人々の心だ」と，フェレは著書『若いデザイナーへの手紙』でいっている．とりわけプレタポルテのデザイナーは，さらに市場が求めているものが何かをつかみ，具体的な服にし，それを売らなければならない．アイディアをまとめ，素材や附属品などの様々な材料を手にいれるためにその仕組みと生産にたづさわる人達について知り，販売戦略を決め，そのために有効なメディアへの対応をはかるまでである．デザイナーはこの能力を一人で全てかね備えていないまでも，この流れを把握し，スムーズにする管理者であり，それぞれのパーツを統括する指揮者でなくてはならない．

ストリート・ファッション

1960年代はオートクチュールが流行を先導していくという図式に大きな変わりはなかったが，一方では街角からのファッション，ストリート・ファッションが流行の見逃せない要素を占めはじめていた．とりわけビートルズ《Ⅷ-22》を生みだしたイギリスから，ロンドンの街角の若者たちに着られていたような服装がファッションとして大きな影響力を持つというこれまでにはない図式が登場する．第二次大戦後顕在化した親と子，若者と大人の世代間のギャップは着るものにも現われ，若い世代は独自のファッションを主張するようになった．ビートニクや実存主義者，テディボーイ，ロカビリー，モッズ，ロッカーなど彼等は主義主張，あるいは音楽などの共通項のもとに「族」とでも呼ぶ服装表現をした《Ⅷ-23》．後のヒッピー，サイケ，パンク《Ⅷ-25》，サーファー，ヒップホップなど，ストリート・ファッションは現在も続く，20世紀後半のファッションを最も特徴づけるものの一つなのである．

デザイナーがこうした街角のファッションを汲み上げてさらに影響を広げる例も見られる．マリー・クワントはロンドンの街角ではかれていた短いスカートにヒントを得てミニをデザインしたし，このころから若者を中心に広がり70年代には流行のファッションとなるジーンズも，これまでのデザイナーが作りだすという仕組み外からの発想，ストリートから汲み上げられたファッションだった．1920年代に男物の服からヒントを得て女性服をデザインしたシャネルは既にそうした発想の先駆け的存在だった．

ディオール店から1961年に独立したサンローランも，こうした動きに極めて敏感だった．

◆Ⅷ-22｜ビートルズ　1960年　（Photo. UNIPHOTO PRESS）
◆Ⅷ-23｜［デニムで踊ってロックン・ロールを楽しもう］　写真=クリス・スティール・パーキンズ　Ⓒ Magnum

◆Ⅷ-24

プレタポルテの店「リブ・ゴーシュ」を1966年にいち早く開店し《Ⅷ-24》、ポップカルチャーの流行をドレスに持ち込む．さらには，女性がパンツをはくという世界的な動きを公的な場ではくパンツとしてデザインし（1966年 シティパンツ），サファリ・スーツ，ブレザー・ルック，タキシード・ルックなど次々と男女の服の境界を揺さぶるユニセックスな服をデザインしている．彼の主張は「5月革命」の後に起こった既成概念に対する反動的な雰囲気に支えられて広く受け入れられていった．1968年パリで起こった「5月革命」は，フランス社会の精神機構を変え価値観を大きく変えていったのだが，それはファッションにおける価値変革へと直接的に連結した．

◆Ⅷ-25

◆Ⅷ-24｜サン=ローラン　リブゴーシュ　1966年頃
◆Ⅷ-25｜ロンドンのキングス・ロードのパンク族　1980年代初期　Ted colhemus

◆Ⅷ-26　　　　　　　　　　　　　　　◆Ⅷ-27

1970年代

全てが許された時代

　カジュアル化が急速に進んでいった状況のなかで日本人デザイナー高田賢三（1939-）がパリでデビューし，受け入れられていった《Ⅷ-26》．彼は西欧的な衣服のルールではないもの（彼の場合は日本的な重ね着，色あわせ，形など）を用い，それは周縁的なものへと視線がむけられ，時代の流れが急速にカジュアルに向かう状況のなか，エスニック・ファッションの大きな流行を引き起こした．ヒッピー風《Ⅷ-27》，サイケデリックなど，ファッションは服の形そのものよりも着こなし方を重要視していった《Ⅷ-28》．ニューヨークのいわゆるスポーツ・ウエアとよばれる既製服もこうした個々の組み合わせ，つまりコーディネートの流れの中で，世界の日常服として認識されていくようになる．なかでも，女性がパンツをはくことが社会的に許され，19世紀半ばに労働着として生まれたジーンズの広がりは目を見張るばかりだった．

ジーンズの世界性

　「いちじくの葉以来，初めての階級のない服」ジーンズは現在，世界中で性別，年齢に関係なく着られている．

　差別のない服，それはフランス革命以後，衣服が求め続けた命題だったが，ジーンズはその一つの解答だと言うことができるかもしれない．しかし，この認識に至るまでにジーンズ，即ち綾織りの綿布，インジゴブルー染め，ステッチとリベットが特徴のパンツは，その誕生以来興味深い歴史をたどってきた．

◆Ⅷ-26　『エル』誌の表紙になった高田賢三のドレス　写真＝シリル・モランジュ　1970年　ⒸScoop ELLE
◆Ⅷ-27　ジャン・ブキャンとブリジッド・バルドー　1970年

◆Ⅷ-28

 ドイツのバイエルン地方からの移民だったリーバイ・ストラスは、1849年にカリフォルニアで発見されたいわゆるゴールドラッシュに一攫千金を夢見る一人だった。金鉱掘は苛酷な労働で、その労働に対応するのに充分強い衣類、とくにパンツが必要とされていた。テント地を売っていた彼が、その丈夫なテント地で作ったパンツは(1852年)、その後(1870年)リベット(鋲)がポケットの縫い目に打ち込まれたほぼ現在のリーバイス501といわれる型のジーンズとなった《Ⅷ-32》。ジーンズに使われたテント地は、デニムだった。

 デニムは、17世紀末頃から地中海地方で庶民階級の日常の布として使われていたものにその源をたどることができる。中世以来の綿織物産業が盛んだったフランスのニームは18世紀にはその重要な中心地となっていた。ニームのサージ(セルジュ・ド・ニーム)は、17世紀には地中海地方のみならず、ヨーロッパ各地、さらにはアメリカと取引が行われていた。ニームのサージはインドやアラブ世界からの輸入品だったブルーの染料インジゴで染められ、世界へ輸出されていた。アメリカへ輸入されたセルジュ・ド・ニームは、アメリカで「ド・ニーム」すな

◆Ⅷ-28│［お金をかけずに突っ走れ］　写真=B・ラトッガン　『ヴォーグ』誌　1974-75年
Condé Nast Publication, Inc., London

◆5月革命

パリの西郊外ナンテールのパリ大学分校では1967年から施設の改善を巡って学生たちが大学側と対立していた．翌68年，大学への警官導入，流血事件，大学封鎖へと発展し，抗議する学生達は分校，本校(ソルボンヌ)を占拠する．5月11日，2万人の学生達が警官隊と衝突した．舗道の敷石がはがされて飛び交い，車でバリケードが築かれ，炎と催涙ガスがパリのカルティエラタンを包んだ．これはフランス全土を巻き込む大規模なストライキへと拡大し，政治問題へと発展した．いわゆる「5月革命」である．

これをきっかけに70年代にフランスでは伝統が大きく揺らぎ，それまでの価値観が転換した．エレガンスを標榜する雑誌『ヴォーグ』も60年代までは確固としていたエレガンスの解釈も人それぞれになり，女性達は個々の装いの独創性や変化を楽しむようになった，と認めなければならなかった．腰骨まで(ヒップボーン)のベルボトムパンツ，ロングベストやコート，長袖シャツに半袖ジャケット，プラットフォームシューズ(高底の靴)などを自由に組み合わせる「コーディネート」という言葉が生まれた．ヒッピー風，古着や軍の放出品，

▶Ⅷ-29

民族服などを活用し，お金をかけないで服をシックに着こなす「チープシック」などの言葉も70年代という時代の雰囲気をよく伝えていた．

(深井)

わち「デニム」と呼ばれるようになった．ジーンズと言う呼び方については，ニームのサージがイタリアのジェノバからニューヨークへ輸入されていたという事実から，ジェノバのフランス語読み「ジェーン(Gêne)」が転訛したとされる．

19世紀のアメリカで西部の金鉱掘りにはじまり，木こり，農夫，カウボーイなど，労働着として用いられたジーンズは，19世紀末には子供用として広がり，20世紀になって次々に新しい場と用途の衣服となっていく．1929年の世界大恐慌後に西部の牧場で，休暇を過ごすのがニューヨークなど都会の人々の流行になり，そこでジーンズをはいた人々は，次第に都会でもはくようになっていく．1935年，リーバイス社はファッション雑誌『ヴォーグ』に広告を掲載した．

第二次大戦後さらに，ジーンズは世界へとその影響力を広げていく．大戦で戦場にならなかったアメリカは，豊かな物質文化の国としてのイメージをヨーロッパ，そして日本を初めアジアの国々にも進駐した軍とハリウッド映画によって，現実と夢の両面から強く印象づけた．とりわけマーロン・ブランドやジェームズ・ディーン《Ⅷ-30》ら映画のヒーローたちは反抗する若い世代の衣服というイメージをジーンズに与えた．

◆Ⅷ-29│五月革命 1968年

◆Ⅷ-30　　　　　　　　　　　　　　　　　　　　◆Ⅷ-32

　反抗のシンボルとなったジーンズは1970年代初めまでに次々に起こったいくつもの政治的，文化的なドラマティックな出来事と結び付く．ヴェトナム戦争をきっかけとして現われたヒッピーたち《Ⅷ-31》，68年のパリの5月革命，69年には日本でも東大安田講堂事件が起こったが，学生運動，公民権運動と合流しながら世界的に広がった政治的な抗議運動に参加する者たちの衣服はジーンズだった．階級，国境，性別，年代，イデオロギー，文化的背景，そうしたこれまで衣服が持ち続けてきた全ての差別をジーンズは取り払った．そうした後に1970年代，ジーンズはパリというファッショナブルな舞台上で注目の服として取り上げられ，さらに勢いを増していき，80年代には世界の人々の文字どおりの日常着となった．

◆Ⅷ-30｜ジーンズ姿のジェームス・ディーン　映画「理由なき反抗」の宣伝用写真　1955年
　　　（Photo. UNIPHOTO PRESS）
◆Ⅷ-31｜ロンドンのピカデリー・サーカスのヒッピーの旅行者　1971年
　　　（Photo. Camera Press/ORION PRESS）
◆Ⅷ-32｜リーヴァイ・ストラウス社ジーンズのブランド・ラベル

1980年代

保守と前衛

　1980年代に入ると，イギリスに保守派の女性首相サッチャーが誕生したことに加速されるように，女性の社会進出が確実になる．このとき，皮肉にも女性がより女性らしさを取り戻す方向へと向かったのは，世界が政治的経済的な安定へと歩み，70年代とは一転して保守回帰の方向に向かったことと無関係ではないだろう．80年代の女性像はニューリッチとエグゼクティヴ・ウーマン《Ⅷ-33》に象徴されている．ファッションも如実にそうした世相を反映して，オートクチュール風の服が勢いを取り戻した．かつてのシャネルやバレンシアガの服が蘇ったような，社会的な成功のための服といえるパワースーツは肩パッドで肩をいからせて，女性の地位をより明確に示すようだった．女性らしいボディラインが官能的に強調されたアズディーン・アライア(c. 1940-)の服《Ⅷ-34》は強い女性の時代を特徴づけている．

　また，70年代からファッション産業は世界各国で目覚ましい発展をみせたが，とりわけイタリアでは，80年代になり，ジョルジオ・アルマーニ(1935-)，ジャンニ・ヴェルサーチ(1946-1997)，ジャン=フランコ・フェレ(1944-2008)らが世界の注目を集め，ミラノがパリに次ぐファッションの中心地の一つとして地位を固めた．

◆Ⅷ-34

◆Ⅷ-33｜ジョルジオ・アルマーニ　1985年春夏ミラノ・コレクション　『ドンナ』誌　Rusconi Editore SPA
◆Ⅷ-34｜ニット・ドレス　アズディン・アライア　写真=ポール・ランジュ　『ヴォーグ』(英)誌　1984年　Condé Nast Publication, Inc.,London

◆Ⅷ-35

日本のファッション・デザインの広がり

　日本でも，80年代は「ジャパン　アズ　ナンバーワン」といわれた経済発展をみせた．このとき，日本人デザイナーたちが前衛的と呼ばれるのに相応しいファッションへの新しいアプローチで，その後のファッションに大きな影響を与えていくことになる．

　第二次大戦後，日本は明治以来の洋装化への方向を加速していった．敗戦による社会の激変により伝統的な文化よりも欧米への視線を強めたのは当然だったといえよう．自由，先進性，世界性の表象として洋装は急速に広がった．さらにこれに拍車をかけたのは，日本女性の社会的な地位の変化，生活様式の変化だった．伝統的な和服は次第に洋服に取って代わられ，新たにファッション産業と呼ばれるようになった既製服産業に関わる職種が現われた．ファッション・デザイナーもその一つだった．

　1970年代以来，森英恵，高田賢三，三宅一

◆Ⅷ-35｜黒いドレス　川久保玲　写真=ハンス・フューラー　1983年　株式会社コム　デ　ギャルソン

生(1938-)ら日本人デザイナーたちがパリで活躍しはじめていたが、80年代になって改めて、日本人デザイナーのデザインが世界的評価を受けるようになる。1980年代初め、川久保玲(1942-)と山本耀司(1943-)がパリで作品を発表し、その西欧的な考えとは異質な視点が衝撃を与えた《Ⅷ-35》。彼らの黒あるいは白の無彩色、だぼだぼ、引きちぎられたような穴があいた大胆で斬新な服を、当時の新聞雑誌は「貧乏ルック」とセンセーショナルに取り上げた。以後、ジャパニーズ・パワーはファッションの上でも世界的な評価を受けるようになった《Ⅷ-36》。

　日本のファッション・デザインが提案した概念は次のように要約することができるだろう。第一に、西欧的、東洋的という枠のなかに留まらないで、新たな〈服〉を創造するという考え方、それは例えば、三宅一生の一枚の布によるオーガニックな服の造形に明らかに示されている。また、彼らはきものがそうであるように平面的な服を作ったが、このとき素材は形に優先する、つまり素材は服の形になる以前からデザインの重要な要点なのである。芸術と工芸との間に明確な境がない日本の伝統では、素材の段階からすでにデザインがはじまり、素材のテクスチュアの重要性をファッション・デザインの上で主張したのである。そして第三に、性的な対象としての女性を飾るのではない、言い換えれば19世紀以来の西欧の女性ファッションに明らかだった〈ファム・オブジェ(男性の視線でみた女性)〉のための服ではない、理性的な服の存在を示した。つまり女性の身体を彫塑する服ばかりではなく、抽象的で身体の形とは直接的に関係のない服が着られたとき、初めて着る人と一体化する。服を制御するのは着る人であり、それがまたきわめて官能的でもありうることの発見だった。これらはいずれも19世紀までの西欧的な衣服の象徴作用を解体していくものだったといえるだろう。こうした日本人デザイナーたちの仕事は、それまで西欧がもたなかった視点だったのであり、このときから、日本ファッションは世界において重要な地位を獲得していくのである。

◆Ⅷ-36

1990年代

脱構築ファッション

　1980年代末から、天安門事件(1989)、東西ドイツの統一(1990)、ソ連邦解体(1991)、湾岸戦争(1991)など、世界史を揺るがす出来事が次々に起こっていった。

　それは西欧社会が現代から新たな社会、ポストモダニズムへ一歩を踏み出したともいえよう。とすれば80年代の日本人デザイナーが示していたのは、90年代以降のファッションの方向性であり、その意味においても重

◆Ⅷ-36｜日本ファッションの台頭を伝えるワシントン・ポスト紙　1982年10月16日付

◆Ⅷ-37　　　　　　　　　　　　　　　◆Ⅷ-38

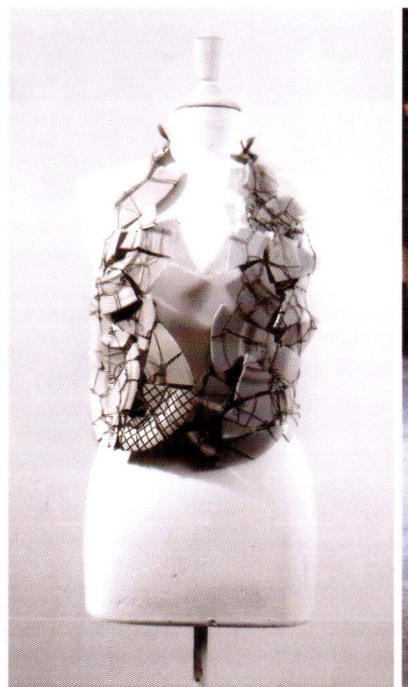

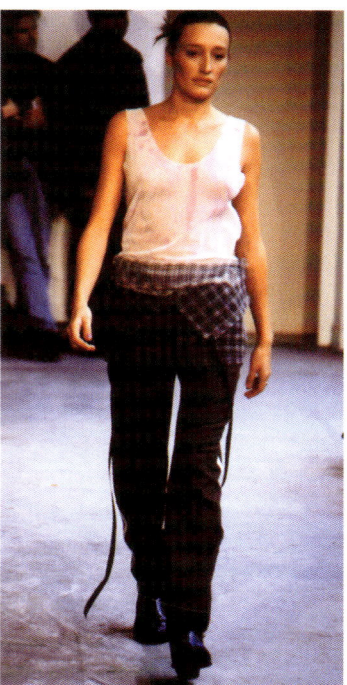

要な意味を持つ.

　とりわけ80年代末から活躍しはじめるマルタン・マルジェラ(1957-)《Ⅷ-37》をはじめとし，ドリス・ヴァン・ノッテン(1958-)，アン・ドゥムルメステール(1959-)，ウォルター・ヴァン・ベイレンドンク(1957-)ら「アントワープシックス」と呼ばれることになるベルギー，アントワープ出身のデザイナーたちは，川久保，山本らの影響を強く受けた，当時グランジ・ルックと呼ばれた「脱構築ファッション」で注目された. それは西欧的な服をいったんばらばらに解体し，その上で再構成したものだった.

　この方向がさらに明らかになったとき，ヘルムート・ラング(1956-)の服《Ⅷ-38》では，もはや服は構成単位それぞれのパーツに還元され，服の名称すら与えかねるような布，紐としか呼べない単純化された衣服部分の集合だった. そこには表着下着の区別も定かに認められなかった. それは20世紀のファッションが明快に目指した方向である，服の単純化と身体の表出を総括している.

　さらには，衣服製作において三宅一生らの新たな発想と技術によるアプローチ《Ⅷ-40》《**カヴァー❶**》も新しい世紀を予見させた.

曖昧になる枠組み
——性差，身体と服

　フランス人デザイナー，J＝P・ゴルチエは

◆Ⅷ-37｜割れた食器皿とワイヤーで作られたウエストコート　メゾン・マルタン・マルジェラ　1989年秋冬
◆Ⅷ-38｜ヘルムート・ラング　1994年春夏作品

◆Ⅷ-40　　　　　　　　　　　　　　　　　　◆Ⅷ-41

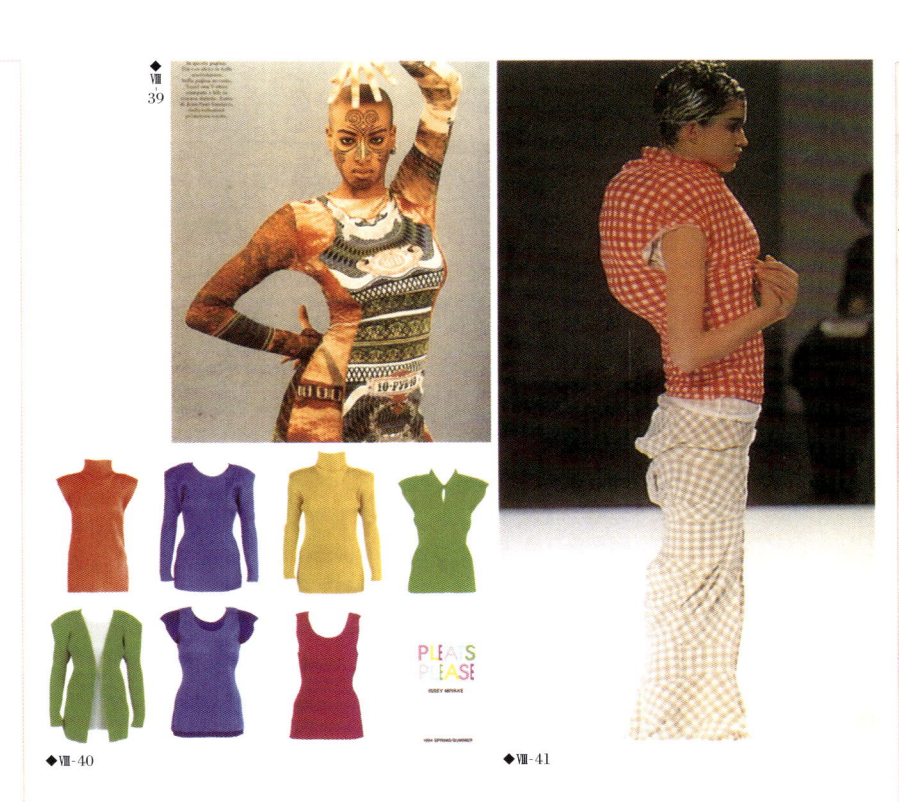

　80年代に衣服が持つ様々な問題を提起した点で、きわめて興味深いデザイナーの一人だった。とりわけ男性の服、女性の服という、西欧社会が中世以来明確に区分けを強いてきた、服装上のジェンダー（性）の境界線が揺らいでいることを、いち早く俎上にのせたことは先に述べたが、ヴィヴィアン・ウエストウッドとともに下着のアウターウェア化を具体例で示した《Ⅷ-39》。

　20世紀のファッションをもう一度振り返るとき、美意識、着装のきまりのドラスティックな変化が著しいことを再確認しないではいられない《Ⅷ-41》《Ⅷ-42》。だが、それにも増してはっきりと見えてくるのは「服は身体という存在を再確認した」という点である。コルセットの放棄にはじまり、脚の露出、身体の線の強調、あるいは皮膚感覚を取り戻すこと、性の意識変化、これらは時に表現こそ違うのだが、同じ方向を確認しようとするものだった。身体はこうした衣服の変化によって、太古の人たちが恐らくそうであったような皮膚感覚を改めて呼び覚まされることになった。下着は身体と外衣の間にあって、その両者の緊密な関係を秘密裏に補足、調整してきたが、身体が顕在化し、そして前世紀までに複雑さが頂点に達した衣服が、単純化に向かったとき、身体に一番近い服である下着と外衣が近づくのはきわめて当然だといえよう。

　しかし、だからといって私たちが衣服を捨

◆Ⅷ-39｜タトゥ・ドレス　ジャ＝ポール・ゴルチェ　写真＝モンディーノ「ドンナ」誌　1994年
　　　　Rusconi Editore SPA
◆Ⅷ-40｜[Pleats Please, Issey Miyake Catalogue SS]　1994年春夏　ⒸMiyake Desighn Studio
◆Ⅷ-41｜川久保玲　1997年春夏の作品　（写真提供＝株式会社コム　デ　ギャルソン）

ててはだかになるという結論が急に引きだされはしないのは，衣服は物であると同時に記号だからである．20世紀半ば過ぎまで裸体に独特のペニスケースという服装だったニューギニアのある部族でも，現在は日常生活でのジーンズとTシャツが慣例化している．電子メディアが即時に世界に情報を伝え，ファッションの情報を伝えるとき，ファッションが画一化に向かうことは疑いない．言語は21世紀には，英語など世界共通語と目されるものがますます優勢になるといわれるが，同じように衣服もかつてないほど世界で同じものが着られる，つまりユニフォーム化に向かっている．

だが，画一的な情報から生み出される大量生産の服に対して，一方で固有文化への新たな視線，エコロジー，効率主義への疑問などから，新たな価値観を持つ服への模索も明らかになった．

◆Ⅷ-42

◆ポストモダン

1970年代，建築デザインから広がったポストモダンという概念は，80年代には現代思想と結びつきながら，アートやファッションから政治，経済分野にまで使われるようになった．「ポスト(次に来るもの，超越)」と「モダン(近代)」をつなげたこの用語は，19世紀に成立したモダニズムの理想から距離を置こうとするさまざまな動きを表現している．ポストモダン社会といえる状況は，ベルリンの壁崩壊(1989年)《Ⅷ-43》に象徴される東西冷戦構造の終結によって発展した．資本主義対共産主義の大きな近代イデオロギー対立が消失した中で現われた多元的社会では，美意識や思想，人々のよりどころもまた多種多彩となっている．

ゴルチエのように性別や他のジャンルとの領域を超えたリミックスが行われ，西洋の伝統的な衣服デザインに疑問を投げかけた川久

◆Ⅷ-43

保，山本らの作品が大きな衝撃を与えながらも受け入れられた．過去の流行デザインや有名なモチーフを流用し，オリジナリティーについて問題提起する作品も登場した．既存のデザインやファッション・システムに対するこうした試みは，90年代における「脱構築」ファッションへとつながっていく．(石関)

◆Ⅷ-42 ｜［スザンナとルツ、ボーンマスにて］　写真＝ヴォルフガング・ティルマンズ　1993年
Photo.& Courtesy Wolfgang Tillmans
◆Ⅷ-43 ｜ベルリンの壁を壊す市民　1989年　ⓒWoodfin Camp/PPS

21世紀
The Twenty-first Century

IX

The Concise History of Fashion

2000年代

◆ IX-1

ファスト・ファッション，そして手づくり

　新たな千年紀，21世紀は，2001年9月11日，ニューヨークで起こったアメリカ同時多発テロ事件（9.11テロ）《IX-1》により，混迷の時代を十分に予測させる幕開けとなった．世界を驚愕させた未曾有の事件は，アフガニスタン戦争（2001年）の引き金となり，新たな宗教対立を引き起こし，国際社会を大きく転換させていく．また，急激な文明の進歩により，その過程で発生した問題が山積していることが表面化した．特に地球環境は破滅的な状態に向かう危険性に直面しており，その解決に向けた取り組みが世界各国で行われている．
　ファッションでも，グローバル化，企業形態の変化など，新たな転換期へと向かっていることが明らかになった．オートクチュールに代表される高級ブランドの多くは，20世紀中ごろまでに確立されたが，その後の20世紀はアパレル産業と呼ばれる既製服産業の時代となる．やがて世紀末から急速に進展したIT革命により，グローバルな市場経済が進展した21世紀初め，ITと資本力を駆使した大資本のマーケティングと宣伝を武器として，世界市場を手中にするようになったのは，高級ファッションであるラグジュアリー・ブランド《IX-2》，これとは対極的なファストフードになぞらえてファスト・ファッションと呼ばれた低価格ブランド，さらにはマス・マーケットに照準を絞ったベーシックな低価格の服だった．
　シャネル，ディオール，エルメス，ルイ・ヴィトンなどの高級ブランドは，1970年代に陰りを見せたものの80年代に蘇り，90年代になると大資本によるブランドの買収合戦が明らかになる．日本にも21世紀には欧米の高級ブランドが次々に出店し，一大ブームが起こった．
　一方でザラ，H&M，ユニクロなど，ファッション性と超低価格，迅速な供給，世界的販路を特徴とするアパレル製造小売企業，即ちSPA（Speciality store retailer of Private label Apparel）と呼ばれる業態《IX-3》の大きな飛躍を，特筆しなければならない．この新しい業態は，グローバルな視野に立ちながら，素材調達，企画開発生産，物流，在庫管理，販売までの工程を一貫して行う．
　マス・マーケットへのファッションの浸透は，いわば「衣生活の成熟」を意味している．それは，衣服の平準化であり，衣服や持ち物が上昇志向を示す記号ではなくなることでもある．しかし，このときファッションを，それを着る私たち人間が持つ，同一化と差異化という相反の心理で説明したジンメルの考え（ゲオルグ・ジンメル『ジンメル著作集』「文化

◆ IX-1 ｜ アメリカ同時多発テロ9・11によるWTCビル爆破　2001年　ⓒSuperstock/PPS

◆ Ⅸ-4　　　　　　　　　　　　　　　　　　　　　　　　　◆ Ⅸ-5

の哲学』白水社　1994)を思い出す．衣服の平準化が進めば，多様性こそがその本質であるファッションは，逆に多様化，すなわち新奇性や創造性を求めるだろう．それこそが，ファッションの面白さであり，同時に曖昧さ，不可解さである．

　ファッションにおける差異化は，これまでに見てきたようにその上位領域である社会のありようにより変化する．18世紀の宮廷社会では権力と地位の顕示記号，19世紀以来20世紀までの資本主義社会においては上昇記号として機能した．今，大きく社会が変容しようとしているとすれば，差異化は別の方向へと向かうはずである．その一つは，より個人的な記号性としてのファッションである．すなわち手作り，一点ものやアート性，物づくりにおける熟練の手の技への尊敬，あるいはエコへの眼差し，またさらには固有文化への新たな憧憬等々，自分にとっての意味を持つファッションである《Ⅸ-4》．たとえば，日本の若者たちが，伝統的な着る文化・和服に新たな視線を向け，晴れ着という限られた場で着用されるようになろうとしていたきものを，ゆかたや日常の衣服としてより広い本来の用法で見直しているのも，そのあらわれといえよう《Ⅸ-5》．ファッションは情報化社会において確かに世界規模で平準化しているが，一方では絶えず新たな創造性を見出そうとするだろう．

◆ Ⅸ-2｜エルメス，ルイ・ヴィトンのバッグ
◆ Ⅸ-3｜H&M北京店オープンの行列　2009年4月　ⒸAlamy/PPS
◆ Ⅸ-4｜スーザン・チャンチオロのハンドメイド作品　2002年　(写真＝森本美絵)
◆ Ⅸ-5｜ゆかた姿の日本人女性　2006年　ⒸRex/PPS

◆アートとファッション

　アンディ・ウォーホルに代表されるポップ・アートが大衆文化をアートの世界に大胆に持ち込み，衣服や身体，サブカルチャーといったファッションにかかわる要素もまた，アート表現の一つとして定着した《IX-6》．

　アートとファッションは自己表現のツールという側面でつねに近接し，共に社会の「今」を映し出す変化に富んだメディアでもある．既存の境界を越えていくことやオリジナリティーの発揮が表現者に求められる現在，アートとファッションは相互に影響を与え合うだけでなく，他の分野も巻き込む複合的な表現形式へと変化している．

　ファッションは美術館におけるテーマとして取り上げられ，内容も服飾史やデザイナーに限定した旧来的なものではなく，デザインやアートとともに構成した領域横断的な展覧会が数多く開催されている《IX-7》．

　アートの手法を意識したデザインやプレゼンテーションを行うデザイナー，マルタン・マルジェラ，アレキサンダー・マックィーン（1969-2010），フセイン・チャラヤンらの活躍は，この方向を方法論としても広く浸透させている．

（石関）

◆IX-6

◆IX-7

◆IX-6 ｜ チャールズ・レイ「Fall '91」 1992年　Mixed media, 8 feet tall　Courtesy Donald Young Gallery, Chicago
◆IX-7 ｜「身体の夢」展（京都国立近代美術館）でのマルタン・マルジェラの展示　©KCI　（写真=畠山直哉）

東京ストリート・ファッション

1990年代半ば頃から，マンガやアニメが大衆性を軸に，わかりやすさ，悪趣味，猥雑さを混在させて日本の新しいエッジな文化として世界に認識されるようになった．その感性と強い関わりを見せるファッションとして，東京の若者たちのストリート・スタイルも注目されるようになる．

東京のストリート・スタイルは，1960年代ごろから，小数の若者のグループによるローカルなサブカルチャーとして国内でジャーナリスティックに取り上げられることがたびたびあった．しかし，渋谷・原宿がストリート・ファッションの発信源として世界的な視線を集めるのは，1990年代後半のことになる．ロンドンのパンク，ニューヨークのヒップ・ホップのようにファッションによって何らかの社会的メッセージを発するのではなく，彼らは着ることの楽しさ，熱い変身願望を伝えていた．彼らのファッションは，'Kawaii'という日本語とともに，写真集などにより海外

◆IX-8

◆ロリータ・ファッション，ゴスロリ・ファッション

東京の原宿には，20世紀後半，表通りにファッショナブルな，裏通りには若者向けブティックが次々と開店した．ここに1990年代半ばから10代後半の女性たちのロリータ《IX-9》，ゴスロリ《IX-10》とよばれる独特のファッションが見られるようになり，東京ストリート・スタイルとして世界的に知られることになる．

『ロリータ』はナボコフの小説に由来するが，フリルやリボンを多用した幼女趣味が特徴のロリータ・ファッションは日本独自のもの．1990年代半ばから広がった．映画「下妻物語」（2004年，中島哲也監督，嶽本野ばら原作）の主人公の一人がロリータ・ファッションで登場し，後に映画は欧米7カ国で公開される．ゴスロリ・ファッションも日本生まれで，少女性を強調するロリータの「かわいい」特徴と，過去の耽美的，猟奇的趣味を混在させた黒ずくめのゴシック・ファッションが結びついた．ゴシックは，美術史の本来の意味とは無関係で，ロックバンドの衣装，及びそのファンの服装に起源をもつともいわれる．21世紀はじめ，東京は海外から「ストリート・スタイルの首都」と評された．　　　（深井）

◆IX-9　　◆IX-10

◆IX-8｜東京ゲームショー　2004年　ⒸShibanaga
◆IX-9｜ロリータ・ファッション　2000年　FRUiTS magazine
◆IX-10｜ゴスロリ・ファッション　2000年　FRUiTS magazine

にも広く紹介された．また，マンガやアニメのキャラクターの衣装によるコスプレが欧米にとどまらず，ウェブサイトによって情報を共有する世界中の若者たちの心を捉えている《Ⅸ-8》．ここには，服を着る新たな意味が見え隠れしているようにも思える．

というのも，ファッションは憧れの対象とするモデル（型）に近づくためのひとつの手立てでもある．ITメディアによるヴァーチャルな世界に囲まれている現代の若者にとって，服を着ることはもはや自己表現の手段ではなく，架空のストーリーに生きる自分の化身（アバター）となるための創作手段でもある．現実と仮想が交錯しながら作り出す多元的な現代の日常においては，服を着る意味もおのずとこれまでとは違ってくるからである．

自由になる男性ファッション

20世紀を通じて，世界的にも男性の公的な場でのユニフォームはスーツ，いわゆる背広である．その形式は19世紀後半に完成したが，細かく見ればディテールやシルエットには時代的な流行がある．21世紀になるとさらなる変化の兆しが見え出した．また，男性ファッション全体で考えれば，20世紀後半からは多様化の動きをしっかりと見ることができる．

1950年代以降の若者文化の盛り上がりの中，スーツはテディボーイやモッズといったロンドンのストリート・ファッションのスタイルに取り入れられた．デザイナーたちもスーツに新しい風を吹き込む．80年代にはジョルジオ・アルマーニらがライニングや肩パッドを取り去ったソフトでルーズなスーツ・スタイルを提案し，男性ファッションのカジュアル化の流れに勢いをつけた．2000年に入ると，エディ・スリマンがシルエットのみならずラペルやカラー，タイまで極端に細くシンプルなスーツを発表《Ⅸ-11》．中性的で少年のようなモデルをショーや広告に起用し，男性用化粧品も手掛けることで，一般的には成熟した男性のユニフォームと思われていたスーツのイメージを大きく変えることに成功した．

ライフスタイルの多様化，衣服のカジュアル化，さらには「男性らしさ」に対する考えの変化という時代の流れの中で，スーツの持っていた装いのコードが徐々に揺らぎ始めている．スーツを着る機会は減り，長く男性の首を飾っていたネクタイの需要も世界的に低下している．デザイナーたちは男性服のコレクション・ラインを発表し，スーツ以外のアイテムにも自分たちの理想の男性像や社会へのメッセージを込めていく．J=P・ゴルチエやヴィヴィアン・ウェストウッドは男性用スカート《Ⅸ-12》を用いてジェンダーの垣根を揺さぶろうとした．90年代以降を見ると，ダーク・ビッケンバーグや山本耀司はファッションとスポーツの融合を図り，ラフ・シモンズやエディ・スリマンは伝統的なテーラリングの技術を生かしながらストリート・ファッションの要素を高度に洗練させている．

近代社会において，男性は次々と流行を生み出すファッションを女性のものとして距離を置き，自らは「見る主体」に留まることを志向した．とすれば，着飾ること，つまり「見られること」に男性が目覚め，スーツも含めた男性服が流行のただ中に置かれるようになった現代は，そうした近代男性の服装観から脱却しようとするポストモダンの状況にあるといえる《Ⅸ-13》．しかし，より時代をさかのぼってみれば，これまで私たちが見てきたように歴史の大部分において男性ファッションにもさまざまな流行があったことがわかる．現在の男性ファッションに見られる変化は単なる一過性のものでも伝統への反抗でもなく，着ることの悦びを再び享受しようとする男性たちの姿なのかもしれない．

◆Ⅸ-11 | ディオール・オムで発表したエディ・スリマンのスーツ　2004年秋冬
◆Ⅸ-12 | スカートをはくJ=P・ゴルチエ　ⒸJean-Marie Perier/Photos12/APL/JTB Photo
◆Ⅸ-13 | 原宿の若者のストリート・ファッション　2006年　TUNE magazine

なぜ服を着るのか？

1990年代後半から世界中で急速に普及したインターネットは，通信や経済分野に大変革をもたらした．「IT(Information Technology)革命」ともいわれるこの情報インフラの革新によって，ファッションもその伝播の手段にウェブという新しいメディアを手に入れた．ブランドも自社のウェブサイトを使いながら消費者と直接コミュニケーションを取ることができる．コレクションの内容も発表から時を置かずにウェブで世界中に配信され，ほとんどリアルタイムで誰もが閲覧することが可能になった．また，これまでのマスメディアでは流行という情報を多く持つ側（ブランド，編集者）から持たない側（消費者）へ一方向的に流されていたが，インタラクティビティを特徴とするウェブの世界では，受け手である消費者ですら情報の発信者となる．

今，高度に発達した衣服産業によって，世界の多くの人々は快適で安価，良質の「製品」を手にすることができるようになったが，新しい製品を消費者に伝達することで現在の流行を遅れたものにし，新たな欲望を起こさせるのは情報である．これから衣服は物としてだけではなく，流行という情報として，記号として，あるいは自分の化身となるための手段としての意味を増していくのだろう．

人間は今から数万年前，後期旧石器時代（3.5〜1.5万年前）にすでに首飾りや頭飾りを，あるいは毛皮の衣類を身体につけていた．さまざまな衣服はどのように生まれ，なぜ着られるようになったのだろうか．また，なぜ私たちは服を着ているのだろうか？この疑問に十分満足の行く答えを出すことはほとんど不可能に近い．衣服の歴史を振り返ってみると，衣服が社会のありよう，技術の発展，あるいは政治や経済の論理，また芸術や文化と深いかかわりを持っていることがわかる．そこから私たちは服がその時代に生きた人間の思いを凝縮した表現物だったことを，そしてこれからもそうであり続けることを改めて認識することになるだろう．

〔深井晃子，石関亮〕

掲載作品データ

I｜古代

◆I-1｜古代オリエント［エビフ・イルの像］　前3000年前半　シリア・マリ出土　Musée du Louvre, Paris　(C)Photo. RMN-Hervé Lewandowski)

◆I-2｜古代オリエント［ウルのスタンダード「戦争」］　前2600年頃　British Museum, London

◆I-3｜古代オリエント［ナピル・アス王妃の像］　前1300年頃　スーサ出土　Musée du Louvre, Paris　(C)Photo. RMN-Chenant)

◆I-4｜古代オリエント［サルゴン2世の従者］　前721-700年頃　コンサバード出土　Musée du Louvre, Paris　(C)Photo. RMN-Hervé Lewandowski)

◆I-5｜［トトメス3世像］　前1482-1450年頃（第18王朝）　カルナク出土　Luxor Museum　（写真＝仁田三夫）

◆I-6｜象牙女性像　前2000年初頭　Musée du Louvre, Paris　(C)Photo. RMN-Chuzeville)

◆I-7｜［供物を運ぶ女］　前1990-1900年頃（第11王朝）　アシュート出土　Musée du Louvre, Paris　(C)Photo. RMN-Hervé Lewandowski)

◆I-8｜古代オリエント［王と王妃（ツタンカーメン王の玉座の背もたれ）］　前1355年頃（第18王朝）　Egyptian Museum, Cairo

◆I-9｜古代オリエント［ネブケド埋葬用パピルス］　前1370-1360年頃（第18王朝）　テーベ出土（推定）　Musée du Louvre, Paris　(C)Photo. RMN-Chuzeville)

◆I-10｜古代オリエント［セティ1世とハトル女神］　前1300年頃（第19王朝）　テーベ、王家の谷出土　Musée du Louvre, Paris　(C)Photo. RMN-Chuzeville)

◆I-11｜ギリシア［蛇女神］　前1600-1500年頃　クノッソス出土　Archaeological Museum, Heraklion

◆I-12｜［石棺部分］　前1450年　ハギア・トリアダ出土　Archaeological Museum, Heraklion

◆I-13｜ギリシア［アテナ女神］ゼウス神殿のメトープ　前460年頃　Archaeological Museum, Olympia

◆I-14｜ギリシア［ヘルメス、エウリュディケ、オルフェウス］（ローマ時代の模作）　前420-410年　Musée du Louvre, Paris　(C)Photo. RMN-Porteuse d'offrandes)

◆I-15｜ギリシア［踊るマイナス］　前400年代　Museo Palazzo dei Conservatori, Roma

◆I-16｜ギリシア［デルフォイの御者像］　前470年頃　Archaeological Museum, Delphi

◆I-17｜ギリシア［マイナス］　前490年頃　ヴルチ出土　Alte Pinakothek, München　(Photo. Studio KOPPERMANN)

◆I-18｜ギリシア［着物を脱ぐ遊女］赤絵の杯　前500-490年頃　ヴルチ出土　British Museum, London

◆I-19｜ギリシア［ティマリスタとクリトの墓碑］　前400年　ロドス島、カメイロス出土　Archaeological Museum, Ródhos

◆I-20｜ローマ［タルクィニアの墓室壁画］　前460年頃　Museo Nazionale Tarquiniese, Tarquinia

◆I-21｜［鳥占い師の墓］墓室壁画　前530年頃　Museo Nazionale Tarquiniese, Tarquinia

◆I-22｜ローマ［演説者］　前2世紀または1世紀　Museo Archeologico Nazionale di Firenze, Firenze

◆I-23｜ローマ［アウグストゥスの平和の祭壇］部分　前9年　Personage of the imperial parade (part 1), Roma

◆I-24｜ローマ［アウグストゥス像］　1世紀初め　Museo Nazionale Romano, Roma

◆I-25｜ローマ［執政官］　400年　Museo Palazzo dei Conservatori, Roma

◆I-26｜ローマ［アグリッピーナ像］部分　1世紀　Museo Capitolini, Roma

◆I-27｜ローマ［花を摘むフローラ］　スタビア出土の壁画　40-63年　Museo Archeologico Nazionale, Napoli

◆I-28｜ローマ［キューピッドを罰する婦人］　100年　Museo Archeologico Nazionale, Napoli

◆I-29｜ローマ［異民族とローマ軍の戦い］石棺浮彫　250年　Museo Nazionale Romano, Roma

II｜中世

◆II-1｜［皇帝アナスタシウスの象牙二連板浮彫］部分　517年　Bibliothèque Nationale de France

◆II-2｜［ユスティニアヌス帝と廷臣たち］　547年　San Vitale, Ravenna　(C)Photo. SCALA)

◆II-3｜［テオドラ皇后と従者たち］　547年　San Vitale, Ravenna　(C)Photo. SCALA)

◆II-4｜［3人のペルシャ僧と殉教の聖女］　568年頃　Sant' Apollinare Nuovo, Ravenna　(C)Photo. SCALA)

◆II-5｜［聖務日課書］挿絵、［アラマン族の王］　5世紀　Bibliothèque Nationale de France : Ms.lat. 4404 f.197v

◆II-6｜［シャルル禿頭王の聖書］挿絵　9世紀　Bibliothèque Nationale de France : Ms.lat.1 f.423

◆II-7｜［バイユーのタピスリー（イギリス王ハロルドとノルマンディ公ウィリアム）］　1066-77年　Musée de la Reine Mathilde, Bayeux

◆II-8｜［バイユーのタピスリー（ヘイスチングの戦い）］　1066-77年　Musée de la Reine Mathilde, Bayeux

◆II-9｜［アブサロムの死］　1150-80年　Pierpont Morgan Library, New York

◆II-10｜［ソロモン王の母バテシバの像（シャルトル大聖堂西正面, 王の扉口）］　1145-55年　Cathédrale Notre-Dame, Chartres

◆II-11｜［ノートル・ダム・ド・コルベイユ教会のシバの女王像］　1180-90年　Musée du Louvre, Paris　(C)Photo. RMN-Gérard Blot)

◆II-12｜「ランベスの聖書」挿絵　1140-50年　Lambeth Palace Library, London : Ms.3 f.198

◆II-13｜［結婚の小箱（側面の装飾）］　1160-70年　Cathédrale Saint-Pierre, Vannes

◆II-14｜［ジョフロワ・プランタジュネの墓板］　1151-60年　Musée Tessé, Le Mans

◆II-15｜［シチリア国王ルッジェーロ2世戴冠式のパーブルのマント］　1133年　Kunsthistorisches Museum, Wien

◆II-16｜［聖マルティヌスの慈愛］　13世紀末　Bibliothèque Nationale de France : Ms.n.a.fr.16251 f.89

◆II-17｜「シャルル6世の質問とピエール・サルモンの応答集」1409年　Bibliothèque Nationale de France : Ms.fr.165, fol.4

◆II-18｜［最後の審判］部分（ブールジュ大聖堂タンパン）　1300年頃　Cathedral of Bourges, Bourges

◆II-19｜［聖ルイ王詩編集］挿絵、［アブラハム僕に命じて息子の嫁を選ぶ］　1253-70年　Bibliothèque Nationale de France : Ms.lat.10525 f.11v

◆II-20｜「梨物語」挿絵　1275年頃　Bibliothèque Nationale de France : Ms.fr.2186 f.8v

◆II-21｜「ギョーム・ド・マショー作品集」写本挿絵, ［輪舞］　1350年頃　Bibliothèque Nationale de France : Ms.fr.1586 f.151

◆II-22｜［シャルル・ド・ブロアのコタルディ］　1364年前半　Musée Historique des Tissus, Lyon

◆II-23｜「薔薇物語」挿絵　14世紀末　Musée Condé, Chantilly : Ms.482/665 f.1　(Photo. GIRAUDON)

◆II-24｜［旧約聖書の写本挿絵］　1250年前半　Pierpont Morgan Library, New York : Ms.638 f.12v

◆II-25｜マッテオ・ジョヴァネッティ［アヴィニョン教皇庁（鹿の間）の壁画］　1343年　Palais des Papes, Avignon

◆Ⅱ-26｜ジャン・フーケ［道化ゴネルラ］ 15世紀 Kunsthistorisches Museum, Wien
◆Ⅱ-27｜アンブロジオ・ロレンツェッティ［都市における善政の結果］部分 1337-40年 Palazzo Pubblico, Siena
◆Ⅱ-28｜シモーネ・マルティーニ［聖マルティヌスの騎士叙任（聖フランチェスコ聖堂下室）］ 1317年頃 Chiesa Inferiore di San Francesco, Assisi
◆Ⅱ-29｜［シャルル5世に聖書を献じるジャン・ド・ヴォドゥタル］ 1371年 Musée Meermanno Westreenianum, Den Haag
◆Ⅱ-30｜『ルノ―・ド・モントーバン』挿絵，［婚礼］ 1460年頃 Bibliothèque Arsenal, Paris：Ms.Ars.5073 f.117v
◆Ⅱ-31｜『フランス大年代記』挿絵，［フランス王に臣従を誓うイギリス王］ 1380年頃 Bibliothèque Nationale de France：Ms. fr.2813 f.357v
◆Ⅱ-32｜『シャルル6世の質問とピエール・サルモンの応答集』［ピエール・サルモンと語るシャルル6世］ 1410年頃 Bibliothèque publique et Universitaire, Genève：Ms.fr.165, fol.4
◆Ⅱ-33｜［シャルル5世妃ジャンヌ・ド・ブルボン］ 1375年頃 Musée du Louvre, Paris（©Photo. RMN-Michèle Bellot）
◆Ⅱ-34｜『ルノ―・ド・モントーバン』挿絵，［謝肉の騎士］ 1469年 Bibliothèque Arsenal, Paris：Ms. Ars. 5072 f.277v
◆Ⅱ-35｜月暦図『ベリー公のいとも豪華な時禱書』［五月祭］ 1411-16年 Musée Condé, Chantilly（Photo. GIRAUDON）
◆Ⅱ-36｜月暦図『ベリー公のいとも豪華な時禱書』［六月の乾草刈り］ 1411-16年 Musée Condé, Chantilly（Photo. GIRAUDON）
◆Ⅱ-37｜ヤン・ファン・エイク［アルノルフィーニ夫妻像］ 1434年 National Gallery, London
◆Ⅱ-38｜ジャン・フーケ［ギヨーム・ジュヴナル・デ・ジュルサン］ 1460年頃 Musée du Louvre, Paris（©Photo. RMN-Jean）
◆Ⅱ-39｜『エノー年代記』挿絵，［著作の献呈を受けるフィリップ善良公］ 1460年頃 Bibliothèque Royale Albert Ier, Belgique, Bruxelles：Ms.9242 f.1
◆Ⅱ-40｜［フィリップ・ポ（1493没）の墓］ Musée du Louvre, Paris（©Photo. RMN-G. Blot/C. Jean）

Ⅲ｜16世紀

◆Ⅲ-1｜ハンス・ホルバイン［ヘンリー8世］ 1540年 Galleria Nazionale, Roma
◆Ⅲ-2｜ハンス・ホルバイン（子）［使節たち］ 1533年 National Gallery, London
◆Ⅲ-3｜ザイゼネッガー［ティロルのフェルディナント大公］ 1542年 Kunsthistorisches Museum, Wien
◆Ⅲ-4｜フランソワ・クルーエ［アンリ2世］ 1550年頃 Musée du Louvre, Paris（©Photo. RMN-Hervé Lewandowski）
◆Ⅲ-5｜ルーカス・クラナハ［ザクセン公ハインリヒ敬虔公］ 1514年 Gemäldegalerie Alte Meister, Staatliche Kunstsammlungen, Dresden
◆Ⅲ-6｜ジャン・クルーエ［フランソワ1世］ 1535年頃 Musée du Louvre, Paris（©Photo. RMN-Hervé Lewandowski）
◆Ⅲ-7｜［ヴァロワ宮廷の舞踏会］ 1582年頃 Musée de Rennes, Rennes（©Photo. RMN-Jean；J. Schorman）
◆Ⅲ-8｜チェーザレ・ヴェチェッリオ『古今東西の衣装』［ジェノヴァの貴婦人］ 町田市立国際版画美術館
◆Ⅲ-9｜チェーザレ・ヴェチェッリオ『古今東西の衣装』［アウグスブルクの貴族の乙女］ 町田市立国際版画美術館
◆Ⅲ-10｜ホアン・パントッハ・デ・ラ・クルス［インファンタ・クララ・エウヘニア］ 1599年 Alte Pinakothek, München
◆Ⅲ-11｜ピーター・ブリューゲル（子1564-1638）［村の婚礼］部分 Museum Voor Schone Kunsten, Gent
◆Ⅲ-12｜フランソワ・クルーエ［シャルル9世］ 1563年 Kunsthistorisches Museum, Wien
◆Ⅲ-13｜サンチェス・コエーリョ［スペイン王妃アンヌ・ドートリッシュ］ 1571年 Kunsthistorisches Museum, Wien
◆Ⅲ-14｜ハンス・ホルバイン（子）［ヘンリー8世の第3王妃ジェーン・シーモア］ 1536年 Kunsthistorisches Museum, Wien
◆Ⅲ-15｜パオロ・ヴェロネーゼ［ラ・ベラ・ナーニの肖像］ 1560年代初め Musée du Louvre, Paris（©Photo. RMN-J. G. Berizzi）
◆Ⅲ-16｜［エリザベス1世女王］ 1593年頃 National Portrait Gallery, London
◆Ⅲ-17｜［ジョワイユーズ公の結婚舞踏会］ 1581-82年 Musée du Louvre, Paris（©Photo. RMN-Jean；J. Schorman）
◆Ⅲ-18｜オットー・ファン・フェーン［親族に囲まれたオットー・ファン・フェーン］ 1584年 Musée du Louvre, Paris（©Photo. RMN-Jean/Marboeuf）
◆Ⅲ-19｜チェーザレ・ヴェチェッリオ『古今東西の衣装』 1598年（第2版）［売春婦］ 町田市立国際版画美術館
◆Ⅲ-20｜チェーザレ・ヴェチェッリオ『古今東西の衣装』［ペルシア王の服装］ 町田市立国際版画美術館
◆Ⅲ-21｜チェーザレ・ヴェチェッリオ『古今東西の衣装』［日本の若者］ 町田市立国際版画美術館
◆Ⅲ-22｜チェーザレ・ヴェチェッリオ『古今東西の衣装』［フロリダ王の服装］ 町田市立国際版画美術館

Ⅳ｜17世紀

◆Ⅳ-1｜D・サントフルト［市長ディルク・バス・ヤコブスとその家族］ 1635年 Amsterdams Historisch Museum
◆Ⅳ-2｜ダニエル・マイテンス［初代ハミルトン公爵］ 1629年 Collection Duc de Hamilton
◆Ⅳ-3｜ダブリット、ブリッチズ、マント（シルク・サテンにスラッシュ，ブレードの飾り ニードル・レースの衿，カフス） 1630年頃 イギリス Victoria & Albert Museum, London
◆Ⅳ-4｜アンソニー・ヴァン・ダイク［狩り場のチャールズ1世］ 1635年頃 Musée du Louvre, Paris
◆Ⅳ-5｜ジャック・カロ［マスクを付けた婦人］ 1620-23年頃 Bibliothèque Nationale de France
◆Ⅳ-6｜アブラハム・ボス［さやから剣を抜く貴族］（シリーズ『フランス貴族の庭』） 1629年 Musée du Louvre, Paris
◆Ⅳ-7｜アンソニー・ヴァン・ダイク［ロレーヌのアンリエット］ 1634年 London County Council
◆Ⅳ-8｜グラブ（スエードにブリオン刺繍，ループ状の縁飾り） 17世紀後半 ©京都服飾文化研究財団（Kyoto Costume Institute 以下KCI）（写真＝畠山直哉）
◆Ⅳ-9｜ジュスト・サステルマンス［マッティア・デ・メディチの肖像］ 1632年 Galleria Palatina, Firenze（©Photo. SCALA）
◆Ⅳ-10｜フランス・ハルス［笑う騎士］ 1624年 The Wallace Collection, London
◆Ⅳ-11｜ボビン・レース［パスマン］衿の縁飾り 1635年頃 Musée de la Chambre de Commerce d'Industrie de Lyon
◆Ⅳ-12｜ニードルポイント・レース［ポワン・ド・フランス］縁飾り（部分） 1675-85年 個人蔵
◆Ⅳ-13｜ジャン・ベラン［刺繍と衣料品の店内の男女に見る貴族の身なり］『ル・ヌーヴォー・メルキュール・ガラン』 1678年 Bibliothèque Nationale de France
◆Ⅳ-14｜ニコラ・ド・ラルムサン［下着商］ 1695年 Bibliothèque Nationale de France
◆Ⅳ-15｜ニコラ・ド・ラルムサン［仕立屋］ 1690年頃 Bibliothèque Nationale de France
◆Ⅳ-16｜ファン・デル・ミューレン［スイスの大使を迎えるルイ14世］（部分） 1663年 Musée et Domaine national de Versailles et de Trianon
◆Ⅳ-17｜J・D・サン=ジャン［男性の衣装］ 1693年 Victoria & Albert Museum, London
◆Ⅳ-18｜クロード・アレ［ルイ14世に謝罪するジェノバ首長］ 1685年 Musée des Beaux Arts, Marseilles（©Photo. Jean BERNARD）
◆Ⅳ-19｜イアサント・リゴー［ルイ14世の肖像］ 1701年 Musée du Louvre, Paris
◆Ⅳ-20｜ジョヴァンニ・カルボーネ［貴婦人の肖像］ 1660年頃 Palazzo Bianco, Genova
◆Ⅳ-21｜ドレス（縞柄のウールに銀糸刺繍） 1695年頃 イギリス The Metropolitan Museum of Art, New York

◆Ⅳ-22｜J・D・ド・サン＝ジャン[スタンケルクとファルバラの上品な女性]（部分） 1693年 Victoria & Albert Museum, London
◆Ⅳ-23｜アンドレ・トルーヴァン[デンマークのシャーロット伯夫人]（フォンタンジュ髪） 1696-97年 Victoria & Albert Museum, London
◆Ⅳ-24｜F・ミッシェル・ライト[ロバート・ヴィーナー卿の家族の肖像] 1673年 The National Portrait Gallery, London
◆Ⅳ-25｜ディエゴ・ベラスケス[ラス・メニーナス（女官たち）] 1656年 Museo del Prado, Madrid
◆Ⅳ-26｜インド更紗[花の咲く樹] 18世紀 Musée de l'Impression sur Etoffes, Mulhouse
◆Ⅳ-27｜ボナール[部屋着姿の貴族] 1695年頃 Bibliothèque Nationale de France
◆Ⅳ-28｜[ヴェルサイユにおけるシャム王の大使の接見] 1657-1725年 Bibliothèque Nationale de France

Ⅴ｜18世紀

◆Ⅴ-1｜アントワーヌ・ヴァトー[ジェルサンの看板] 1720年 Schioβ Charlottenburg, Berlin
◆Ⅴ-2｜ジャン＝フランソワ・ド・トロワ[愛の宣言] 1731年 Schioβ Charlottenburg, Berlin
◆Ⅴ-3a, b｜アビ・ア・ラ・フランセーズ（ジャケットは縞柄のシルクにシークインとミラー・ビーズの刺繡 ウエストコートは縞柄のシルク・カヌレ） 1780年頃 フランス ⒸKCI （写真＝小暮徹）
◆Ⅴ-4｜トマス・ゲインズバラ[朝の散歩] 1785年 The National Gallery, London
◆Ⅴ-5｜ピエス・デストマ 1730-40年代 ⒸKCI （写真＝畠山崇）
◆Ⅴ-6｜アンガジャント 1770年頃 ⒸKCI （写真＝小暮徹）
◆Ⅴ-7｜[ローブ・ヴォラント]（シルク・ブロケード） 1720-25年 フランス Musée de la Mode et du Textile, UFAC, Paris
◆Ⅴ-8｜ジャン・オノレ・フラゴナール[ブランコ] 1767年頃 The Wallace Collection, London
◆Ⅴ-9｜ジャン＝シメオン・シャルダン[食前の祈り] 1740年 Musée du Louvre, Paris
◆Ⅴ-10｜フランソワ・ブーシェ[ポンパドゥール夫人] 1756年 Alte Pinakothek, München
◆Ⅴ-11｜カラコ（シルク・タフタにブレードの縁飾り） 1775年頃 フランス/ペティコート（シルク・タフタに中国刺繡） 1720年頃 イギリス ⒸKCI （写真＝小暮徹）
◆Ⅴ-12｜[ルトゥルーセ・ダン・レ・ポッシュ]（ペキン縞のシルク・ファイユ） 1780年頃 フランス ⒸKCI （写真＝小暮徹）
◆Ⅴ-13｜[ローブ・ア・ラ・フランセーズ]（シルク・シネ） 1765年頃 フランス ⒸKCI （写真＝小暮徹）
◆Ⅴ-14｜靴（シルク・ダマスク） 1740-50年頃 イギリス ⒸKCI （写真＝広川泰士）
◆Ⅴ-15｜アレクサンダー・ロスラン[マルティノー・ド・フルリオー家の人々] 1785年 Marquis et Marquise de Gontaut
◆Ⅴ-16｜ローブ・ア・ラ・フランセーズの裁断図 ⒸKCI
◆Ⅴ-17｜ローブ・ア・ラングレーズの裁断図 ⒸKCI
◆Ⅴ-18｜J-B・ユエ原画[工場の仕事 木版捺染] 1783-84年 Musée Oberkampf, Jouy
◆Ⅴ-19｜フランソワ・ブーシェ原画[釣りをする中国人]（タペストリー） Philadelphia Museum of Art
◆Ⅴ-20｜コルセット（コットン 鯨の髭のボーン入り） 1775年頃 イギリス KCI パニエ（麻、藤の輪入り） 1760年頃 Mr.Martin Kamer （ⒸKCI 写真＝小暮徹）
◆Ⅴ-21｜コルセットの裁断図 ⒸKCI
◆Ⅴ-22｜[年老いたあばずれ] 1775年頃 ドイツの諷刺画
◆Ⅴ-23｜ウィリアム・ホガース[当世風の結婚] 1743-45年 National Gallery, London
◆Ⅴ-24｜モロー・ル・ジュヌ[起床]『衣装の記念碑；18世紀の概観と精神』 1789年 KCI
◆Ⅴ-25｜[ローブ・ア・ラ・フランセーズ]（シルク・タフタに花綱模様の縁飾り） 1780年頃 フランス ⒸKCI （写真＝小暮徹）
◆Ⅴ-26｜M・ヴィジェ＝ルブラン[シュミーズ・ドレスを着たマリ＝アントワネット] 1783年 National Gallery, Washington

◆Ⅴ-27a, b｜革命期の男女 『マガザン・デ・モード』誌 1787年 ⒸKCI
◆Ⅴ-28｜ヘア・ファッション[ギャルリー・デ・モード] 1778-81年 KCI
◆Ⅴ-29｜[床屋] Bibliothèque Nationale de France
◆Ⅴ-30｜ル・スール[マラーの凱旋] Musée Carnavalet, Paris
◆Ⅴ-31｜ルイ・レオポール・ボワリー[しめし合わせ] 1801年頃 Alain de Rothschild
◆Ⅴ-32｜1790年代のドレス ⒸKCI （写真＝小暮徹）
◆Ⅴ-33｜ルイ＝レオポール・ボワリー[にわか雨、あるいはお通りは有料] 1805年 Musée du Louvre, Paris
◆Ⅴ-34｜フランソワ・ジェラール[レカミエ夫人の肖像] 1805年 Musée Carnavalet, Paris
◆Ⅴ-35｜カシミア・ショールを持つ女性 『ジュルナル・デ・ダム・エ・デ・モード』誌 1809年 KCI
◆Ⅴ-36｜スペンサー・ジャケット『ジュルナル・デ・ダム・エ・デ・モード』誌 1814年 KCI
◆Ⅴ-37｜L・ジロデ[ミュラ] 1810年頃 個人蔵 (Photo. GIRAUDON)
◆Ⅴ-38｜[ア・ラ・ユサール]（ウール地にユサール風ボタン飾り） 1810年頃 イギリス ⒸKCI （写真＝小暮徹）
◆Ⅴ-39｜ジャック・ルイ・ダヴィッド[皇帝ナポレオン1世と皇妃ジョセフィーヌの戴冠式] 1805-7年頃 Musée du Louvre, Paris
◆Ⅴ-40｜シュミーズとコルセットをつけた女性 『ジュルナル・デ・ダム・エ・デ・モード』誌 1813年 ⒸKCI

Ⅵ｜19世紀

◆Ⅵ-1｜[人体測定図] 1839年 Bibliothèque Nationale de France
◆Ⅵ-2｜バロン・エミール・ド・ランバス[ネクタイの結び方] 1827年 個人蔵
◆Ⅵ-3｜テイル・コート 『ジュルナル・デ・ダム・エ・デ・モード』誌 1820年
◆Ⅵ-4｜フランツ・X・ウィンターハルター[ウェリントン公アーサー・ウェルズリーとロベール・ピール卿] 1844年 Her Majesty The Queen
◆Ⅵ-5｜[オスカー・ワイルドとアルフレッド・ダグラス卿] 1894年 National Portrait Gallery
◆Ⅵ-6｜ジョヴァンニ・ボルディーニ[ロベール・ド・モンテスキュー伯爵] 1897年 Musée d'Orsay, Paris
◆Ⅵ-7｜[オリンピックでメダルを獲得した米国陸上選手たち] 1908年 National Portrait Gallery Her Majesty The Queen
◆Ⅵ-8｜デイ・ドレス（インド更紗） 1835年頃 ⒸKCI （写真＝広川泰士）
◆Ⅵ-9｜靴とストッキング Metropolitan Museum of Art, New York KCI （ⒸKCI 写真＝広川泰士）
◆Ⅵ-10｜ドレス（シルク・オーガンジー） 1822年頃 ⒸKCI （写真＝広川泰士）
◆Ⅵ-11｜デイ・ドレス 『ジュルナル・デ・ダム・エ・デ・モード』誌 1835年 KCI
◆Ⅵ-12｜ジャン＝オーギュスト＝ドミニク・アングル[ロスチャイルド男爵夫人] 1848年 Guy de Rothschild
◆Ⅵ-13｜カルミナーニ[パルマのオレンジ園] 1850年頃 Musée de Parme
◆Ⅵ-14｜ドレス 『ジュルナル・デ・ダム・エ・デ・モード』誌 1857年 KCI
◆Ⅵ-15｜クリノリンの着装 1865年
◆Ⅵ-16｜クリノリン・スタイルの女性服 『ジュルナル・デ・ドゥモワゼル』誌 1873年 KCI
◆Ⅵ-17｜クロード・モネ[庭の女性たち] 1866年 Musée d'Orsay, Paris
◆Ⅵ-18｜デイ・ドレス（プリントのコットン・サテン） 1885年頃 Metropolitan Museum of Art, New York （ⒸKCI 写真＝広川泰士）
◆Ⅵ-19｜アルフレッド・ステヴァンス[私と一緒に出かける？ フィド] 1859年 Philadelphia Museum of Art

◆VI-20｜ジェームズ・ティソ［日傘をさす婦人］　1878年　Musée Baron Martin, Gray
◆VI-21｜ジョルジュ・スーラ［グランド・ジャット島の日曜日の午後］ 1884-86年　The Art Institute of Chicago
◆VI-22｜バッスル（コットンにストライプのプリント スティール・ボーン入り）　1880年代　ⒸKCI
◆VI-23｜コルセットの前芯（バスク）　19世紀初頭　Augstine Thomas, Sté Le Euse
◆VI-24｜1880-90年代のコルセット　ⒸKCI（写真=広川泰士）
◆VI-25｜エドワール・マネ［ナナ］　1877年　Hamburger Kunsthalle
◆VI-26｜［くびれた腰］　写真=アンリエット・アンジェル　19世紀末
◆VI-27｜ボンマルシェのクリスタル・ホール　『ル・モンド・イリュストレ』誌　1874年　（写真提供=鹿島茂）
◆VI-28｜エドワール・マネ［バルコニー］　1868-69年　Musée d'Orsay, Paris
◆VI-29｜海辺の情景　『ラ・モード・イリュストレ』誌　1885年　KCI
◆VI-30｜ジェームズ・ティソ［汽車を待つ］　1871-73年頃　Dunedin Public Art Gallery
◆VI-31｜ジャン・ベロー［ブローニュの森の自転車小屋］ 1900年頃　Musée Carnavalet, Paris
◆VI-32｜オーギュスト・ルノワール［エリオ夫人］　1882年　Hamburger Kunsthalle
◆VI-33｜テキスタイル［菊］　1894年　バシュラール社　Musée de la Chambre de commerce d'industrie de Lyon
◆VI-34｜ドーヴィルの競馬場用ドレス　レドファン　写真=ルートランジェ　『レ・モード』誌　1904年　KCI
◆VI-35｜レセプション・ドレス（菊柄が織りだされたシルク・サテン）　1892年頃　ウォルト　ⒸKCI（写真=操上和美）
◆VI-36｜ブローチ［魚と竹］（金に彫刻）　1888年　ルネ・ラリック　Musée des Arts Décoratifs, Paris
◆VI-37｜E・ドゥヴェリア［マリア・ドゥヴェリア］　1845年　Musée de Pau
◆VI-38｜チャールズ・ダナ・ギブソン［ゲームの難局-ボールをしっかり見て］　1900年
◆VI-39｜テイラード・スーツ　エミー・リンカー　1908年
◆VI-40｜フランツ・X・ウィンターハルター［英国皇太子アルバート・エドワード］　1846年　Her Majesty The Queen

VII｜20世紀前半

◆VII-1｜ポール・イリーブ画　『ポール・イリーブが描くポール・ポワレのドレス』　1908年　KCI
◆VII-2｜ジョヴァンニ・ボルディーニ［ズィッチ伯爵夫人の肖像］ 『フェミナ』誌　1906年　KCI
◆VII-3｜レドファンのアトリエ　『リリュストラシオン』誌　1910年　KCI
◆VII-4｜［ポール・ポワレのモデルの行進］　写真=マニュエル　『リリュストラシオン』誌　1910年　KCI
◆VII-5｜イヴニング・ドレス（シルク・シャルムーズに中国風の刺繍）　1908年頃　キャロ姉妹　ⒸKCI（写真=操上和美）
◆VII-6｜［フォルチュニイのドレスを着たナターシャ・ランボバ］ 写真=ジェームズ・アベ　1924年　Washburn Gallery, New York
◆VII-7｜レイン・コートとドライビング・コートの広告『フェミナ』誌　1906年　KCI
◆VII-8｜アンリ・マティス［マティス夫人の肖像］　1913年　Hermitage Museum, Sankt-Petersburg ⒸSuccession H. Matisse, Paris & SPDA, Tokyo, 1997
◆VII-9｜ファッション・プレートの特集『リリュストラシオン』誌　1913年　KCI
◆VII-10｜［緑とグレーの素敵な取合わせ］ジェーン・レグニイ画　『フェミナ』誌　1927年　KCI
◆VII-11｜シャネルのジャージーのスーツ3点『レゼレガンス・パリジェンヌ』誌　1916年
◆VII-12｜[1920'Sの下着の着装］　1928年　Leicestershire museums, the Symington collection
◆VII-13｜タマラ・ド・レンピッカ［アラン・ボット夫人の肖像］ 『ダーメ』誌　1930年　ⒸADAGP, Paris & SPDA, Tokyo, 1997
◆VII-14｜ブラジャー（コットン・レース）　1920年代　フランス　ⒸKCI
◆VII-15｜楊州周延［欧州管弦楽合奏乃図］　1889年　KCI
◆VII-16｜「婦人グラフ」の元になったフランスの雑誌「アール・グー・ボントン」誌表紙　1921年　KCI
◆VII-17｜「婦人グラフ」誌　竹久夢二［化粧の秋］　1924年　KCI
◆VII-18｜「婦人グラフ」誌　1926年　KCI
◆VII-19｜「アッパッパ「アサヒグラフ」誌　1932年
◆VII-20｜［テニスの女王シュザンヌ・ランラン］　写真=ジャック・アンリ・ラルティーグ　1921年　Courtesy Association des Amis de Jacques-Henri Lartigue
◆VII-21｜ドーヴィルの海岸にて　（写真=カブ・ロジェ＝ヴィオレ）
◆VII-22｜ルネ・ラコステ　1927年
◆VII-23｜パブロ・ピカソ［水浴する人たち-1918年, ビアリッツ］ ⒸSuccession Picasso, Paris & SPDA, Tokyo, 1997
◆VII-24｜マドレーヌ・ヴィオネのドレスの着装写真　1920年　Musée de la Mode et du Textile, UFAC, Paris
◆VII-25｜ヴィオネのドレス　写真=エドワード・スタイケン　『ヴォーグ（米）』誌　1925年　Condé Nast Publication, Inc., New York
◆VII-26｜ジャージーのアンサンブル, ガブリエル・シャネル『ハーパース・バザー』誌　1927年　Heart Corporation
◆VII-27｜イヤリング、ブローチ、衿飾り（銀、オレメル、銅に漆）　1925年　ジャン・デュナン　Delorenzo Gallery, New York
◆VII-28｜サルヴァドール・ダリ［薔薇の頭を持つ女］　1935年　Kunsthaus Zürich　ⒸDEMART PRO ARTE B.V. 1997
◆VII-29｜未来派の画家デペーロのデザインしたジレの着るマリネッティとデペーロ　1924年　Museo Depero, Roboreto
◆VII-30｜ジョルジュ・ブラックの作品にヒントを得た靴［魚］　1931年　アンドレ・ペリュジア　Musée de la Chaussure d'Ethnographie régionale de Romans
◆VII-31｜イヴニング・ケープ（ベルベットにシークインなどでアポロンを刺繍）　1938年　エルザ・スキャパレリ　ⒸKCI（写真=広川泰士）
◆VII-32｜ギルレモ・ボーリン画　『ヴォーグ』誌　1931年　Condé Nast Publication, Inc., New York
◆VII-33｜ジャン・ドロワ［スリー・イン・ワン］　1932年　Collection F.Libron
◆VII-34｜［オギュスタンベルナールのドレス］　写真=ジョルジュ・ホイニンゲン＝ヒューネ　『ヴォーグ（米）』誌　1933年　Condé Nast Publication, Inc., New York
◆VII-35｜プラットホーム・サンダル（革を巻いたコルクの厚底）　サルヴァトーレ・フェラガモ　1938年　Salvatore Ferragamo Firenze S.p.A.
◆VII-36｜「「新しい服」を作りましょう」「マリ・クレール」誌　1940年　La Maison des Amies de Marie Claire
◆VII-37｜イタリアの大学生のファシスト・グループ　1938-43年　Musée de la Mode et du Costume, Paris

VIII｜20世紀後半

◆VIII-1｜「ファッションは難攻不落」　写真=セシル・ビートン　「ヴォーグ（英）」誌　1941年　Condé Nast Publication, Inc., New York
◆VIII-2｜「テアトル・ド・ラ・モード」展　クリスチャン・ベラール［劇場］　写真=ロジャー・シャル　1945-46年
◆VIII-3｜クリスチャン・ディオール　1947年
◆VIII-4｜［ニュー・ルック］クリスチャン・ディオール　写真=ウィリー・メイヤー　1947年　KCI　ⒸADAGP, SPDA
◆VIII-5｜イヴニング・ドレス　ピエール・バルマン　ルネ・グリュオー画　1953年　Galerie Bartsch & Chariau, Munich
◆VIII-6｜イヴニング・シューズ（シルク・ジョーゼットに刺繍）　1950年代　ロジェ・ヴィヴィエ　ⒸKCI　（写真=広川泰士）
◆VIII-7｜ジヴァンシーの衣装を着るオードリー・ヘップバーン　映

画「ティファニーで朝食を」1961年 （Photo. UNIPHOTO PRESS）
◆Ⅷ-8｜スーツ　クリストバル・バレンシアガ　写真＝F・マクローリン　『ヴォーグ（米）』誌 1952年 Condé Nast Publication, Inc., New York
◆Ⅷ-9｜［シャネル・スーツ］『エヴリィ・ウーマン・マガジン』誌 1959年　Chanel, Paris, Photo archive
◆Ⅷ-10｜ドレス「モンドリアン」イヴ・サンローラン　1965年秋冬 ⓒKCI（写真＝広川泰士）
◆Ⅷ-11｜ドレス（プラスティック板と金属板　金具）1969年 パコ・ラバンヌ　ⓒ　（写真＝広川泰士）
◆Ⅷ-12｜ドレス（コットン・サテンに華と葉の刺繍のシルク・オーガンジー）1967年頃　アンドレ・クレージュ
◆Ⅷ-13｜ペーパー・ドレス　1966年頃　ⓒKCI（写真＝畠山崇）
◆Ⅷ-14｜ルディ・ガーンライヒのモノキニ水着　写真提供＝ウィリアム・クラクストン　1964年
◆Ⅷ-15｜ボディ・スーツ　写真＝F・C・ガンドラック　1967年 ⓒF. C. Gundlach
◆Ⅷ-16｜ブラジャーとペチコート　『ヴォーグ（米）』誌 1955年 Condé Nast Publication, Inc., New York
◆Ⅷ-17｜レクプラシッド大会のエリック・ハイデン選手（写真提供＝デサント）1980年
◆Ⅷ-18｜下着「オール・イン・ノン」ガーンライヒ　『ハーパース・バザー』誌 1965年　Heart Corporation
◆Ⅷ-19｜ニューヨークのウーマン・リブのデモ隊　1970年
◆Ⅷ-20｜足の化粧-眉墨でストッキングのシームを描く女性-
◆Ⅷ-21a｜ダニエル・エシュテル　1972年春夏パリコレクション
◆Ⅷ-21b｜クロード・モンタナ　1979年春夏パリコレクション
◆Ⅷ-22｜ビートルズ　1960年　（Photo. UNIPHOTO PRESS）
◆Ⅷ-23｜「デニムで踊ってロックン・ロールを楽しもう」写真＝クリス・スティール・パーキンズ　ⓒMagnum
◆Ⅷ-24｜サン・ローラン　リブゴーシュ　1966年頃
◆Ⅷ-25｜ロンドンのキングス・ロードのパンク族　1980年代初頭 Ted polhemus
◆Ⅷ-26｜『エル』誌の表紙になった高田賢三のドレス　写真＝シリル・モランジュ　1970年　ⓒScoop ELLE
◆Ⅷ-27｜ジャン・ブキャンとブリジット・バルドー　1970年
◆Ⅷ-28｜「お金をかけずに突っ走れ」写真＝B・ラトウガン　『ヴォーグ』誌 1974-75年　Condé Nast Publication, Inc., London
◆Ⅷ-29｜五月革命　1968年
◆Ⅷ-30｜ジーンズ姿のジェームス・ディーン　映画「理由なき反抗」の宣伝用写真　1955年　（Photo. UNIPHOTO PRESS）
◆Ⅷ-31｜ロンドンのピカデリー・サーカスのヒッピーの旅行者 1971年　（Photo. Camera Press/ORION PRESS）
◆Ⅷ-32｜リーヴァイ・ストラウス社ジーンズのブランド・ラベル
◆Ⅷ-33｜ジョルジオ・アルマーニ　1985年春夏ミラノ・コレクション　『ドンナ』誌　Rusconi Editore SPA
◆Ⅷ-34｜ニット・ドレス　アズディン・アライア　写真＝ポール・ランジュ　『ヴォーグ（英）』誌 1984年　Condé Nast Publication, Inc., London
◆Ⅷ-35｜黒いドレス　川久保玲　写真＝ハンス・フューラー 1983年　株式会社コム　デ　ギャルソン
◆Ⅷ-36｜日本ファッションの台頭を伝えるワシントン・ポスト紙 1982年10月16日付
◆Ⅷ-37｜割れた食器皿とワイヤーで作られたウエストコート　メゾン・マルタン・マルジェラ　1989年秋冬
◆Ⅷ-38｜ヘルムート・ラング　1994年春夏作品
◆Ⅷ-39｜タトゥ・ドレス　ジャン・ポール・ゴルチエ　写真＝モンディーノ　『ドンナ』誌 1994年　Rusconi Editore SPA
◆Ⅷ-40｜[Pleats Please, Issey Miyake Catatogue SS]1994年春夏　ⓒMiyake Desighn Studio
◆Ⅷ-41｜川久保玲 1997年春夏の作品（写真提供＝株式会社コム　デ　ギャルソン）
◆Ⅷ-42｜[スザンナとルツ、ボーンマスにて]　写真＝ウォルフガング・ティルマンス　1993年　Photo. & Courtesy Wolfgang Tillmans
◆Ⅷ-43｜ベルリンの壁を壊す市民　1989年　ⓒWoodfin Camp/PPS

Ⅸ｜21世紀

◆Ⅸ-1｜アメリカ同時多発テロ9・11によるWTCビル爆破　2001年　ⓒSuperstock/PPS
◆Ⅸ-2｜エルメス、ルイ・ヴィトンのバッグ
◆Ⅸ-3｜H&M北京店オープンの行列　2009年4月　ⓒAlamy/PPS
◆Ⅸ-4｜スーザン・チャンチオロのハンドメイド作品　2002年　（写真＝森本美絵）
◆Ⅸ-5｜ゆかた姿の日本人女性　2006年　ⓒRex/PPS
◆Ⅸ-6｜チャールズ・レイ「Fall'91」1992年 Mixed media, 8 feet tall, Courtesy Donald Young Gallery, Chicago
◆Ⅸ-7｜「身体の夢」展（京都国立近代美術館）でのマルタン・マルジェラの展示　ⓒKCI（写真＝畠山崇）
◆Ⅸ-8｜東京ゲームショー　2004年　ⓒShibanaga
◆Ⅸ-9｜ロリータ・ファッション　2000年　FRUITS magazine
◆Ⅸ-10｜ゴスロリ・ファッション　2000年　FRUITS magazine
◆Ⅸ-11｜ディオール・オムで発表したエディ・スリマンのスーツ 2004年秋冬
◆Ⅸ-12｜スカートをはくJ=P・ゴルチエ　ⓒJean-Marie Perier/Photos12/APL/JTB Photo
◆Ⅸ-13｜原宿の若者のストリート・ファッション　2006年　TUNE magazine

年表補遺図版

◆a｜「レスピュグのヴィーナス」と呼ばれる小立像　オーリニャック期　Musée des Antiquités Nationales
◆b｜コルセット（鉄）16世紀末　Musée de Cluny
◆c｜1790年頃の男性服　ⓒKCI（写真＝広川泰士）
◆d｜1770-80年頃の男女の服装　共立女子大学　KCI（ⓒKCI　写真＝広川泰士）
◆e｜ブルーマー　1851年　アメリカ
◆f｜[パリのパレス・ホテルに滞在中フロック・コートを着用するアッタ・ベイともう一人のトルコ紳士]　写真＝ポール・ナダール 1908年　Photo. Archives
◆g｜フロック・コートとラウンジ・スーツ　『ガゼット・デュ・ボントン』誌 1922年　KCI
◆h｜ビーチ・パジャマ　『フェミナ』誌 1932年　KCI
◆i｜[メリーウィドー・コルセット]　1951年
◆j｜ジャケット,スカート　2000年秋冬　渡辺淳弥　ⓒKCI（写真＝畠山崇）

服飾史通史

- ウィルコックス, R.T.『モードの歴史』石山彰訳 文化出版局 1979年
- 京都服飾文化研究財団編『ファッション 18世紀から現代まで 京都服飾文化研究財団コレクション』タッシェン 2002年
- サンローラン, C.『女性下着の歴史』深井晃子訳 エディション・ワコール 1989年
- セッセ, P.『服飾の歴史』日向あき子訳 美術出版社 1964年
- ダヴェンポート, M.『服装の書』2巻 元井能監修 関西衣生活研究会 1994年
- 谷田閲次・小池三枝『日本服飾史』光生館 1989年
- 丹野郁『西洋服飾発達史』光生館 1958年
- 西村三郎『毛皮と人間の歴史』紀伊国屋書店 2003年
- 能沢慧子『モードの社会史』有斐閣 1991年
- ブーシェ, F.『西欧服飾史』石山彰監修 文化出版局 1978年
- ブラック, J.A., ガーランド, M.『ファッションの歴史』山内沙織訳 PARCO出版 1978年
- ピセツキー, R.L.『モードのイタリア史』池田孝江監修 平凡社 1987年
- ペイン, P.『ファッションの歴史―西洋中世から19世紀まで』古賀敬子訳 八坂書房 2006年
- ベーン, M.V.『モードの生活文化史』2巻 ロシェク編 永野藤夫・井本日向二訳 河出書房新社 1989・90年
- ボーリュウ, M.『服飾の歴史』上下 中村祐三訳 クセジュ文庫 1974・76年
- レーヴァー, J.『西洋服飾史』《改訂版》中川晃訳 洋販出版 1991年
- Bailey, A., The Passion for Fashion, Dragon's World, London, 1988.
- Batterberry, M. and A., Fashion The Mirror of History, Greenwich House, New York, 1977.
- Boucher, F., Histoire du costume en Occident de l'antique à nos jours, Flammarion, Paris, 1965, enlarged edition, 1996.
- Butazzi, G. La mode: art, histoire et société, Livre de Paris-Hachette et Cie, Hachette, Paris, 1983.
- Breward,C., The Culture of Fashion, Manchester University Press, Manchester & New York, 1995.
- Ewing, E., Everyday Dress 1650-1900, B.T. Batsford, London, 1984.
- Köhler, C., A History of Costume, Dover Publications, 2nd ed., New York, 1963.
- Malaguzzi, S., Bijoux, pierres et objets précieux, Hazan, Paris, 2007.
- McNeil, P., Fashion: Critical and Primary sources, 4 vols, Berg, New York, 2009.
- Payne,B., History of Costume, Haeper & Row, New York, 1965.
- Quicherat, F.J., Histoire du costume en France, Hachette, Paris, 1875.
- Ribeiro,A., The Gallery of Fashion, Princeton University Press, Princeton&London, 2000.
- Ribeiro, A., and Cumming, V., The Visual History of Costume, B.T. Batsford, London, 1989.
- Ruppert, J. et al., Le costume français, Flammarion, Paris, 1990, 2007.
- Torrant, N., The Development of Costume, Routledge, London, 1994.
- Toussaint-Samat,M., Histoire téchnique et morale du vêtement, Bordas, Paris, 1990.
- Victoria and Albert Museum (ed.), Four Hundred Years of Fashion, 1984.

古代

- 斎藤美保子「フリジア帽の歴史―その起源と古代美術に表された形」『服飾美学』22号 1993年
- 野口ひろみ「古代エジプトの絵画・浮彫における人物像の定型と服飾」『服飾美学』21号 1992年
- Heuzey, L., Histoire du costume antique, Honoré Champion, Paris, 1922.
- Houston, M. G., Ancient Greek, Roman and Byzantine Costume and Decoration, 2nd ed., Adam & Charles Black, London, 1954.
- Robert,J.N., Les modes à Rome, Les Belles Lettres, Paris, 1988.

中世

- 安部美智子「服飾と演技―中世末期の袖を中心に」『服飾美学』1号 1972年
- 伊藤亜紀「黒衣から緑衣へ―ボッカッチョの俗語作品を中心に」『お茶の水女子大学人間文化研究年報』19号 1995年
- 太田恵津子「ロマネスク美術にみるブリオー」『服飾美学』3号 1974年
- 高木陽子「シャルル5世の肖像画―衣裳にみる象徴」『服飾美学』18号 1989年
- 甚野尚志・堀越宏一編『中世ヨーロッパを生きる』東京大学出版会 2004年
- 徳井淑子『服飾の中世』勁草書房 1995年
- 徳井淑子『色で読む中世ヨーロッパ』講談社 2006年

◆徳井淑子「フィリップ善良公の"涙の文様の黒い帽子"―中世末期のモード・文学・感性」『お茶の水女子大学人文科学紀要』50巻 1997年
◆中井長子「服飾におけるゲルマンの伝統と展開」『服飾美学』4号 1975年
◆中江美幸「十四・十五世紀フランスにおける服装について―『アナール』学派に即して」『社会経済史学』vol.44 1978年
◆中村美幸「フランス王シャルル五世の遺産目録にみる衣服事情」『神女大史学』7号 1990年
◆パストゥロー, M.『青の歴史』松村恵理・松村剛訳 筑摩書房 2005年
◆ピポニエ, F. 他『中世衣生活誌―日常風景から想像世界まで』徳井淑子編訳 勁草書房 2000年
◆山瀬善一「中世フランドルの毛織物と明礬」『国民経済雑誌』94巻1号 1957年
◆Beaulieu, M. and Baylé, J., Le costume en Bourgogne, PUF, Paris, 1956.
◆Bridbury, A.R., Medieval English Cloth Making: An Economic Survey, London, 1982.
◆Burns, E. J., Medieval fabrications, dress, textiles, clothwork, and other cultural imaginings, Palgrave Macmillan, New York, 2004.
◆Delort, R., Le commerce des fourrures en Occident a la fin du Moyen Âge, 2 vols, L'Ecole Française de Rome, Paris, 1978.
◆Egan, G. & Pritchard, F., Dress accessories c.1150-c.1450, Boydell Press, Woodbridge, 2002.
◆Enlart, C., Manuel d'archéologie française, t. III, costume, A. Picard, Paris, 1916.
◆Evans, J., Dress in Mediaeval France, Oxford, London, 1952.
◆Gay, V., Glossaire archéologique du Moyen Âge et de la Renaissance, 2 vols, A. & J. Picard, Paris, 1928 (Rip. Kraus Reprint, 1971.74).
◆Harte N.B. and Ponting K.G. (eds.), Cloth and Clothing in Medieval Europe, Essays in memory of Professor E.M. Carus Wilson, London, 1982.
◆Houston, M.G., Medieval costume in England and France, Adam & Charles Black, London, 1979.
◆Koslin, D. G., & Snyder, J. E., Encountering medieval textiles and dress, objects texts, images, Palgrave Macmillan, New York, 2002.
◆Newton, S.M., Fashion in the Age of the Black Prince, Boydell Press, New Jersey, 1981.
◆Piponnier, F., Costume et vie sociale: la cour d'Anjou, XIVe-XVe siècle, Mouton & Co., Paris, 1970.
◆Piponnier, F., and Mane P., Se vêtir au Moyen Âge, Adam Biro, Paris, 1995.
◆Mensch und Objekt im Mittelalter und in der frühen Neuzeit: Leben, Alltag, Kultur, Verlag der Österreichischen akademie der Wissenschaften, Wien, 1990.
◆Recherches sur l'économie de la France médiévale : les voies fluviales, la draperie, Actes du 112e congrès national des sociétés savantes, Lyon, 1987, Edition CTHS, Paris, 1989.
◆Le vêtement: histoire, archéologie et symbolique vestimentaires au Moyen Âge, Cahiers du Léopard d'or, no.1, Paris, 1989.
◆Véniel, F., Le costume médiéval. La coquetterie par la mode vestimentaire XIVe et XVe siècles, Bayeux, Heimdal, 2008.
◆Viollet-Le-Duc, E.-E., Dictionnaire raisonné du mobiler Français, t. III-IV, vêtement, bijoux de corps, Morel, Paris, 1873-74. (Rep. Editions de Sancey, 1980)

近世

◆伊藤亜紀『色彩の回廊―ルネサンス文芸における服飾表象について』ありな書房 2002年
◆上田陽子「イタリア・ルネサンスにおける美意識grazia について―トスカーナ地方を中心に」『服飾美学』9号 1980年
◆内村理奈「ギャラントリー―17世紀前期フランスの社交生活と服飾」『服飾美学』24号1995年
◆クラーツ, A.「18世紀ヨーロッパ社会におけるレースの重要性」『DRESSTUDY』vol.11 京都服飾文化研究財団 1987年
◆クラーツ, A.「ヴェルサイユ宮の優雅な女性の一日」『DRESSTUDY』vol.16 京都服飾文化研究財団 1989年
◆丹野郁『南蛮服飾の研究』雄山閣出版 1976年
◆Arnold, J., Patterns of Fashion 1: Englishwomen's dresses and their construction c. 1660-1860, Macmillan, London, 1975.
◆Arnold, J., Patterns of Fashion 4: The cut and construction of linen shirts, smocks, neckwear, headwear and accessories for men and women c.1540-1660, Macmillan, London, 2008.
◆Ashelford, J., Dress in the Age of Elizabeth I, Holmes & Meier, New York, 1988.
◆Berichte, R., Kölner Patrizier- und Bürgerkleidung des 17. Jahrhunderts, Abegg-Stiftung, Riggisberg, 2008.
◆Boucher, J., "Le vêtement a la cour des derniers Valois", Textile: production et mode, Edition du CTHS, Paris, 1987.
◆Cumming, V., A Visual History of Costume; the Seventeenth Century, B.T. Batsford, London, 1984.
◆Delpierre, M., Se vêtir au XVIIIe siècle, Adam Biro, Paris, 1996.
◆Godard de Donville, L., Signification de la

mode sous Louis XIII, Edisud, Aix-en-Provence, 1978.
◆de Marly, D., Costume and Civilization: Louis XIV and Versailles, Holmes & Meier, NewYork, 1987.
◆Moroeau, J.M., Monument du costume physique et moral de la fin du dix-huitième siècle, Neuwied sur le Rhin, Societe typographique, 1789.
◆Newton, S.M., The Dress of the Venetians 1495-1525, Scolar Press, Hampshire, 1988.
◆Pellegrin, N., Les vêtements de la liberté: abécédeaire des pratiques français de 1780 à 1800, Alinea, Paris, 1989.
◆Perrot, Ph., Le corps féminin: le travail des apparences, XVIIIe-XIXe siècles, Seuil, Paris, 1984.
◆Ribeiro,A., Dress in the French Revolution, Holmes & Meier, New York, 1988.
◆Ribeiro, A., Fashion and Fiction: Dress in Art and Literature in Stuart England, Yale University Press, New York, 2006.
◆Ribeiro,A., The Art of Dress: Fashion in England and France 1750-1820, Yale University Press, New Haven, 1995.
◆Roche, D., La culture des apparences: une histoire du vêtement, XVIIe-XVIIIe siècle, Fayard, Paris, 1989.
◆Le costume Louis XIV: Louis XV, Flammarion, Paris, 1990.
◆Le costume Louis XVI: Directoire, Flammarion, Paris, 1990.
◆Le costume Consulat: Empire, Flammarion, Paris, 1990.

19世紀

◆カラシュス、E.『ダンディの神話』山田登世子訳 海出版社 1980年
◆北山晴一『おしゃれの社会史』朝日出版社 1991年
◆長谷川富子『モードに見るプルースト-『失われた時を求めて』を読む』青山社 2002年
◆深井晃子『ジャポニスム・イン・ファッション 海を渡ったキモノ』平凡社 1994年
◆深井晃子『服飾デザイナーとしてのJ＝L．ダビッド』『DRESSTUDY』vol.12 京都服飾文化研究財団 1987年
◆深井晃子『モデルニテとモード』『DRESSTUDY』vol.29 京都服飾文化研究財団 1996年
◆ホランダー、A.『性とスーツ』中野香織訳 白水社 1997年
◆ペロー、P.『衣服のアルケオロジー』大矢タカヤス訳 文化出版局 1985年
◆南静『パリ・モードの200年』文化出版局 1975年
◆Coleman, E.A., The Opulent Era: Fashions of Worth, Doucet and Pingat, Thames and Hudson, London, 1989.
◆Favrichon,A., Toilettes et silhouettes féminines chez Marcel Proust, Presses Universitaires de Lyon, Lyon, 1987.
◆Golbin, P., Garde-robes:intimités dévoilées, Musée de la mode et du textile, Paris, 1999.
◆Join-Diéterle, C., Sous l'empire des crinolines, Paris Musées, 2008.
◆deMarly,D., The History of Haute Couture 1850-1950, B.T. Batsford, London, 1980.
◆Ribeiro, A., Ingres in fashion: representations of dress and appearance in Ingres's images of women, Yale U.P., New Haven, 1999.
◆Séguy, Ph., Histoire des modes sous l'Empire, Tallandier, Paris, 1988.
◆Simon, M., Mode et peinture: Le second empire et l'impressionnisme, Hazan, Paris, 1995.
◆Simond, C., Paris de 1800 à 1900, librairie plon, paris, 1900,1901.
◆Steele, V., The Corset: A Cultural History, Yale University Press, 2003.
◆Steele, V., Paris Fashion, Oxford, 1988.

20世紀・21世紀

◆カーク、B『ヴィオネ』東海晴美編 求龍堂 1991年
◆川村由仁夜『パリの仕組み―ファッションで頂点を保つ理由がここにある』日本経済新聞社 2004年
◆古賀令子『「かわいい」の帝国』青土社 2009年
◆柏木博『ファッションの20世紀 都市・消費・性』日本放送出版協会 1998年
◆ジューヴ、M.A.，ドモルネックス，J.『クリストバル・バレンシアガ』上田安子監修 学校法人上田学園 1990年
◆スジック、D.『川久保玲とコム デ ギャルソン』生駒芳子訳 マガジンハウス 1991年
◆髙松範雄編『Book of Denim』アーバンコミュニケーションズ 1991年
◆田之倉稔・小池一子対談「未来派と政治―イタリアン・モードの背景」『DRESSTUDY』vol.17 京都服飾文化研究財団 1990年
◆ディオール、C.『一流デザイナーになるまで』上田安子・穴山昂子訳 牧歌舎 2008年
◆中山千代『日本婦人洋装史』吉川弘文館 1987年
◆ビートン、C.『ファッションの鏡』田村隆一訳 文化出版局 1979年
◆フェレ、G.『ファッション・デザイナーをめざすあなたへ―ジャンフランコ・フェレからの14通のメッセージ』深井晃子訳 日之出出版 1998年
◆深井晃子『パリ・コレクション モードの生成 モードの費消』講談社現代新書 1993年
◆深井晃子『ファッションの世紀―共振する20世紀のファッションとアート』平凡社 2005年
◆深井晃子編『ファッションブランド・ベスト101』新書館

2001年
- 深井晃子『20世紀モードの軌跡』文化出版局 1994年
- ヘブディジ, D.『サブカルチャー』山口淑子訳 未来社 1997年
- ホワイト, P.『エルザ・スキャパレリ』久保木泰夫訳 PARCO出版 1994年
- ポワレ, P.『ポール・ポワレの革命—20世紀パリ・モードの原点』能澤慧子訳 文化出版局1982年
- マーティン, R.『ファッションとシュルレアリスム』鷲田清一訳 エディション・ワコール 1991年
- 南静『パリ・モードの200年Ⅱ』文化出版局 1990年
- 三宅デザイン事務所編『一生たち Issey Miyake & Miyake Design Studio 1970-1985』旺文社 1985年
- 四方田犬彦『かわいい論』筑摩書房 2006年
- ルー, E.C.『シャネルの生涯とその時代』秦早穂子訳 鎌倉書房 1981年
- ドゥ・ロゼル, B.『20世紀モード史』西村愛子訳 平凡社 1995年
- ローソーン, A.『イヴ・サンローラン 喝采と孤独の間で』深井晃子訳 日之出出版 2000年
- Bolton, A., Bravehearts: Men in Skirts, Harry N. Abrams, New York, 2003.
- Chenoune, F., A History of Men's Fashion, Flammarion, Paris, 1993.
- Deslandres, Y., Poiret: Paul Poiret 1879-1944, Edition du Regard, Paris, 1986.
- Fraser, A. (ed.), Dior by Dior: The Autobiography of Christian Dior, V&A Publications, London, 2007.

服飾論

- 小池三枝・徳井淑子『衣服論—服飾の歴史と現代』放送大学教育振興会 1990年
- 杉野正・小池三枝『服飾文化論』放送大学教育振興会 1994年
- 谷田閲次・徳井淑子『衣服論—服飾の美意識』放送大学教育振興会 1986年
- 徳井淑子「服飾の歴史をみる目」上中下『衣生活』298、301、303号 関西衣生活研究会 1992年
- 成実弘至編『問いかけるファッション』せりか書房 2001年
- ハーヴェイ, J.『黒服』太田良子訳 研究社出版 1997年
- バルト, R.『モードの大系』佐藤信夫訳 みすず書房 1972年
- フィンケルシュタイン, J.『ファッションの文化社会学』成実弘至訳 せりか書房 1998
- 深井晃子監修『時代を着る ファッション研究誌『Dres-study』アンソロジー』京都服飾文化研究財団 2008年
- ブローデル, F.『物質文明・経済・資本主義』第1巻『日常性の構造』所収「服装と流行」村上光彦訳 みすず書房 1985年
- 横山公子編『服飾を生きる—文化のコンテクスト』化学同人 1999年
- 吉見俊哉他編『デザイン・モード・ファッション』岩波書店 1997年
- ルドフスキー, B.『みっともない身体』加藤秀俊・多田道太郎訳 鹿島出版会 1979年
- 鷲田清一『モードの迷宮』中央公論社 1989年
- 鷲田清一編『ファッション学のすべて』新書館 1998年
- Flugel, J.C., Psychology of Clothes, Ams Pr Inc, New York, 1976.
- Pisetzky, R.L., Il costume e la mode nella società italiana, Giulio Einaudi Editore,Torino, 1978.
- Taylor, L., The Study of dress history, Manchester U.P., Manchester / New York, 2002.
- Vinken, B., Fashion Zeitgeist: Trends and Cycles in the Fashion System, Berg, Oxford and New York, 2005.
- Vêtement et sociétés 1, 2, Musée de l'homme, Paris, 1981, 1984.

服飾関連各論

- 石山彰監修『西洋服飾版画』文化出版局 1974年
- クラーツ, A.『レース 歴史とデザイン』深井晃子監訳 平凡社 1989年
- コーソン, R.『メークアップの歴史』ポーラ文化研究所 1982年
- ジャッケ, J.T.「ミュルーズ染織美術館と捺染の歴史・技術」『ミュルーズ染織美術館Ⅰ』学習研究社 1978年
- 武部善人『日本木綿史の研究』吉川弘文館 1985年
- 武部善人『綿と木綿の歴史』お茶の水書房 1989年
- 辻ますみ『ヨーロッパのテキスタイル史』岩崎美術出版社 1996年
- テュシュレル, J.M.「フランスの絹織物 初期よりフランス革命まで」『リヨン織物美術館』全二巻 学習研究社 1976年
- 西村孝夫『インド木綿工業史』未来社 1966年
- 深井晃子『ファッションから名画を読む』PHP研究所 2009年
- パストゥロー, M.『悪魔の布—縞模様の歴史』松村剛・松村恵理訳 白水社 1993年
- パストゥロー, M.『ヨーロッパの色彩』石井直志・野崎三郎訳 パピルス社 1997年
- ブレディフ, J.『フランスの更紗 ジュイ工場の歴史とデザイン』深井晃子訳 平凡社 1990年
- レヴィ=ストロース, M.『カシミア・ショール 歴史とデザイン』深井晃子監修 平凡社 1988年
- Braddock, S., O'Mahony, M., Techno Textile: Revolutionary Fabrics for Fashion and Design, Thames and Hudson, London, 1998 (Series 2, 2007).
- Cardon, D., Natural Dyes: Sources, Tradition, Technology and Science, Archetype, Paris, 2007.
- Fortassier, R., Les ecrivains Français et la mode, Presses Universitaires de France, Paris,

参考文献

1988.
◆ Gaudriault, R., La gravure de mode féminine en France, Edition de l'Amateur, Paris, 1983.
◆ Irwin, J., and Brett, K.B., Origins of Chinz, Her Majesty's Stationery Office, London, 1970.
◆ Lepape, C., and Deffert, T., Georges Lepape : ou l'élégance illustrée, Editions Herscher, Paris, 1983.
◆ Palliser, B., A History of Lace, Sampton Low, Marston & Co, Ltd., London, 1902 (1st ed. London, 1875, 3rd ed. New York, 1984).
◆ Textile: production et mode, actes du 112e congrès national des sociétés savantes, Edition du CTHS, Paris, 1987.

歴史・文学ほか

◆ ヴェブレン，T.『有閑階級の理論：制度の進化に関する経済学的研究』高哲男訳 筑摩書房 1998年
◆ エリアス，N.『宮廷社会』浜м節夫・中埜芳之・吉田正勝訳 法政大学出版局 1981年
◆ 北山晴一『官能論』講談社 1994年
◆ コルバン，A.『レジャーの誕生』渡辺響子訳 藤原書店 2000年
◆ ド・ゴンクール，E.・J.『ゴンクール兄弟の見た18世紀の女性』鈴木豊訳 平凡社 1994年
◆ 佐伯彰一・松本健一監修『作家の自伝8巻 平塚らいてう』日本図書センター 1994年
◆ ジンメル，G.『ジンメル著作集』全12巻 土肥美夫・堀田輝明他訳 白水社 2004年
◆ スタロビンスキー，J.『自由の創出十八世紀の芸術と思想』小西嘉幸訳 白水社 1982年
◆ スタロビンスキー，J.『フランス革命と芸術 1789年 理性の標章』井上尭裕訳 法政大学出版局 1989年
◆ ゾラ，E.『ボヌール・デ・ダム百貨店』伊藤桂子訳 論創社 2002年
◆ ゾンバルト，W.『恋愛と贅沢と資本主義』金森誠也訳 講談社 2000年
◆ 田之倉稔『イタリアのアヴァン・ギャルド』白水社 1981年
◆ タルド，G.『模倣の法則』池田祥英・村澤真保呂訳 河出書房新社 2007年
◆ トフラー，A.『未来の衝撃』徳山二郎訳 実業之日本社 1945年
◆ ド・バルザック，H.『風俗のパトロジー』山田登世子訳 新評論 1982年
◆ フィッツジェラルド，S.『グレート・ギャツビー』野崎孝訳 新潮文庫 1974年
◆ ベンヤミン，W.『パサージュ論』今村仁司・三島憲一訳 岩波書店 2003年
◆ ラ・ブリュイエール，G.『カラクテール 当世風俗誌』関根秀雄訳 岩波文庫 1952年
◆ プルースト，J.監修『フランス百科全書絵引』平凡社 1985年
◆ プルースト，M.『失われた時を求めて』全13巻 鈴木道彦訳 集英社 2001年
◆ ブルデュー，P.『ディスタンクシオン』全2巻 石井洋二郎訳 藤原書店 1994年
◆ ペロー，C.『長靴をはいた猫』澁澤龍彦訳 大和書房 1973年
◆ ベーン，M.V.『ロココ 十八世紀のフランス』飯塚信雄訳 理想社 1970年
◆ ホーシャム，M.『1920-30年スタイル モダンスタイルの原型を生み出した時代と人々』藤井留美訳 美術出版社 1991年
◆ ボードリヤール，J.『消費社会の神話と構造』今村仁司・塚原史訳 紀伊国屋書店 1995年
◆ ボードリヤール，J.『象徴交換と死』今村仁司・塚原史訳 筑摩書房 1989年
◆ ボードレール，C.P.『ボードレール全集4』阿部良雄訳 筑摩書房 1994年
◆ ポロック，G.『差異と視線—フェミニズムで読む美術史』萩原弘子訳 新水社 1998年
◆ マクルーハン，M.『マクルーハン著作集3』後藤和彦・高儀進訳 竹内書店 1967年
◆ 水野忠夫『ロシア・アヴァンギャルド』PARCO出版 1985年
◆ メルシェ，L.C.『十八世紀パリ生活誌 タブロー・ド・パリ』上・下 原宏編訳 岩波文庫 1989年
◆ モリエール『モリエール名作集』鈴木力衛他訳 白水社 1951年
◆ モリエール『町人貴族』鈴木力衛訳 岩波書店 1955年
◆ ルソー，J.J.『エミール』上・中・下 今野一雄訳 岩波文庫 1962年
◆ de la Bédoyere, G. (ed.), Diary of John Evelyn, The Boydell Press, Woodbridge, 1995.
◆ Langlade, E., Rose Bertin: the Creator of fashion at the Court of Marie-Antoinette, Charles Scribner's Sons, New York 1913.
◆ Latham, R. and Matthews, W. (eds.), The Diary of Samuel Pepys, Harper Collins Publishers, London, 1995.
◆ Schnapper, A., David: témoin de son temps, Bibliothèque des Arts, Paris, 1980.
◆ Ethnologie française, no.3, L'apparence, 1989.

展覧会カタログ

◆ 京都服飾文化研究財団『浪漫衣裳展』1980年
◆ 京都服飾文化研究財団『アンダーカバー・ストーリー』1983年
◆ 京都服飾文化研究財団『マリアノ・フォルチュニイ展』1985年
◆ 京都服飾文化研究財団『華麗な革命—ロココと新古典の衣装展』1989年
◆ 京都市美術館『絢爛たる夜会服の世界』1994年
◆ 京都服飾文化研究財団『モードのジャポニスム キモノから生まれたゆとりの美』1994年
◆ 栃木県立美術館『モードと調刺』1995年

◆京都服飾文化研究財団『モードのジャポニスム』1996年
◆京都服飾文化研究財団『身体の夢 ファッション OR 見えないコルセット』1999年
◆京都服飾文化研究財団『COLORSファッションと色彩』2004年
◆国立新美術館『スキン+ボーンズ：1980年代以降の建築とファッション』2007年
◆京都服飾文化研究財団『ラグジュアリー：ファッションの欲望』2009年
◆Musée Historique des Tissus,Mariano Fortuny Venise, 1981-82.
◆Musée Archéologie de Guiry-en vexin,Tissue et vêtement, 5000 ans de savoir-faire, 1986.
◆Metropolitan Museum of Art, The Age of Napoleon : Costume from Revolution to Empire 1789-815, 1989.
◆Paris-Musée, Paris,Femmes fin de siècle 1885-1895, 1990.
◆Paris-Musée, Paris, Japonisme et mode, 1996.
◆Paris-Musée, Les années folles 1919-1929, 2007.

目録・辞典

◆オハラ, G.『ファッション事典』深井晃子訳 平凡社 1988年
◆樺山紘一編『歴史学辞典』第2巻『からだとくらし』弘文堂 1994年
◆高橋晴子『年表 近代日本の身装文化』三元社 2007年
◆文化女子大学教科書部編『ファッション辞典』文化出版局 1999年
◆文化女子大学図書館編『欧文貴重書目録 解題・目録』文化女子大学図書館 2000年
◆Diderot, and d'Alembert (eds.), Encyclopédie, 1770-1778. (3rd ed.)
◆Gaudriault, R., Répertoire de la gravure de mode française des origines à 1815, Promodis Paris, 1988.
◆Leloir, M., Dictionnaire du costume, Gründ, Paris, 1951.
◆Remaury, B., Dictionnaire de la mode au XXe siècle, Editions du Regard, Paris, 1999, 2005.
◆Steele, V., Encyclopedia of Clothing and Fashion Volume1-3, Charles Scribner's Sons, New York, 2005.

人名索引

ア

アニエス夫人　Mme Agnès……152
アニエス・ベー　Agnès B……171
アマン, ヨスト　Jost Amman……65
アライア, アズディーン　Azzedine Alaïa……179
アルマーニ, ジョルジオ　Giorgio Armani……171, 189
アレキサンドラ, プリンセス　Princess Alexandra……123
イリーブ, ポール　Paul Iribe……141
ヴァイゲル, ハンス　Hans Weigel……65
ヴァトー　Jean Anoine Vatteau……90, 95
ヴァン・デ・ヴェルデ　Henry C. Van de Velde……137
ヴァン・ノッテン, ドリス　Dries Van Noten……182
ヴァン・ベイレンドンク, ウォルター　Walter Van Beirendonck……182
ヴィオネ, マドレーヌ　Madeleine Vionnet……131, 144, 148, 149, 150, 151, 152, 156
ヴィクトリア女王　Queen Victoria……129
ヴィーコ, エネア　Enea Vico……65
ヴィジェ=ルブラン　Marie-Elisabeth-Louise Vigée-Lebrun……100
ウィンターハンター, フランツ・クサヴェ　Franz Xaver Winterhalter……134
ウエストウッド, ヴィヴィアン　Vivienne Westwood……171, 183, 189
ヴェチェッリオ, チェーザレ　Cesare Vecellio……66
ヴェルサーチ, ジャンニ　Gianni Versace……171
ウォーホル, アンディ　Andy Warhol……188
ウォルト, シャルル=フレデリック　Charles-Frederic Worth……127, 137
ヴォルト　Volt……160
ウージェニー皇后　L'Impératrice Eugénie……110
エイム, ジャック　Jacques Heim……150
エルメス　Hermès……148, 156, 187
オーベルカンプ　Christophe P. Oberkampf……94

カ

カロ, ジャック　Jacques Callot……76
カローザス博士　Wallace H. Carothes……167
カルダン, ピエール　Pierre Cardin……162, 179
ガルボ, グレタ　Greta Garbo……156
川上貞奴……137
川久保玲……180, 182, 184
ガーンライヒ, ルディ　Rudi Gernreich……166, 179
ギブソン, チャールズ・ダナ　Charles Dana Gibson……134
キャロ姉妹　Callot Soeurs……138, 150
クライン, カルヴァン　Calvin Klein……171
クリムト, グスタフ　Gustav Klimt……137
グレ　Grès (アリックス　Alix)……156, 162
グレイ, アイリーン　Eileen Glay……152
クレージュ, アンドレ　André Courrèges……162, 163, 166
クワント, マリー　Mary Quant……166, 172
コクトー, ジャン　Jean Cocteau……152
ゴルティエ, ジャン・ポール　Jean-Paul Gaultier……179, 182, 184, 189, 190

ゴンクール兄弟　E. & J. de Goncourt……89

サ

サン・ジャン　J.D. de St. Jean……76
サンローラン, イヴ　Yves Saint-Laurent……163, 166, 172
ジェニー　Jenny……154
ジバンシー, ユベール・ド　Hubert de Givenchy……162
シモンズ, ラフ　Raf Simons……190
シャネル, ガブリエル　Gabrielle Chanel……144, 148, 149, 152, 156, 162, 170, 172, 179
シャルダン　Jean-Baptiste Siméon Chardin……90
ジョゼフィーヌ皇后　L'Impératrice Joséphine……101, 105, 107, 121
シンガー, アイザック　Isaac Merrit Singer……126
ジンメル, ゲオルグ　Georg Simmel……186
スキャパレリ, エルザ　Elza Schiaparelli……152, 156
スタイケン, エドワード　Edward Steichen……156
ストラス, リーバイ　Levi Strauss……176
スーラ, ジョルジュ　George Seurat……123, 127
スリマン, エディ　Hedi Slimane……189, 190, 191

タ

タイアート, エルネスト　Ernest Thayaht……160
ダヴィッド, ジャック=ルイ　Jacques-Lous David……107
高田賢三……171, 175, 180
ダリ, サルバドール　Salvador Dali……152
ダンカン, イサドラ　Isadora Duncan……138
チャラヤン, フセイン　Hussein Chalayan……188
チャンチオロ, スーザン　Susan Cianciolo……187
ディオール, クリスチャン　Cristian Dior……162, 172
ディートリイヒ, マレーネ　Marlene Dietrich……156
ディーン, ジェームス　James Dean……177
デュナン, ジャン　Jean Dunand……152
ド・メイヤー, アドルフ　Adolphe de Meyer……156
ドゥセ, ジャック　Jacques Doucet……127, 128, 137, 154
トゥルーズ=ロートレック, アンリ・ド　Henri de Toulouse Lautrec……127
ドゥムルメステール, アン　Ann Demeulemeester……182
トルーヴァン, アンドレ　André Trouvain……76
ドレコル　Drécoll……154

ナ

ナボコフ, ウラジミール　Vladimir Nabokov……189
ナポレオン1世　Napoléon I……104, 105, 107

ハ

パキャン, ジャンヌ　Jeanne Paquin……127, 137, 139, 150
パトゥー, ジャン　Jean Patou……148, 150, 155, 156
バッラ, ジャコモ　Giacomo Balla……160
バレンシアガ, クリストバル　Christobal Balenciaga……162, 163, 179
ハルス, フランス　Frans Hals……71

バルビエ, ジョルジュ Georges Barbier 141
バルマン, ピエール Pierre Balmain 162
バーン=ジョーンズ, エドワード・C. Edward Coley Burne-Jones 132
ビッケンバーグ, ダーク Dirk Bikkembergs 190
ビートルズ The Beatles 166, 172
ビートン, セシル Cecil Beaton 157, 162
ファト, ジャック Jeaques Fath 162
フェレ, ジャンフランコ Gianfranco Ferré 171, 172
フォルチュニイ, マリアノ Mariano Fortuny 139
ブーシェ, フランソワ François Boucher 90, 95
ブランメル, ジョージ George Bryan Brummell ......
　　　　　　　　　　　　　　　　　　110, 111, 113
ブリュイン, アブラハム・ド Abraham de Bruyn 65
プルースト, マルセル Marcel Proust 124, 139
ブルーマー夫人 Amelia Jenks Bloomer 130, 132
ベーカー, ジョセフィン Joséphine Baker 145
ヘップバーン, オードリー Audrey Hepburn 163
ベルテッリ Ferdinando Bertelli 65, 66
ベルタン, ローズ Rose Bertin 101
ホイニンゲン=ヒュネ, ジョルジュ George Hoyninngen-Huene 157
ホガース, ウィリアム William Hogarth 98
ボス, アブラハム Abraham Bosse 71, 76
ボナール兄弟 Bonnart 76
ホラー, ヴェンツェル Wenzel Hollar 76
ボワサール, ジャン・ジャック Jan-Jacque Boissard ..65
ボワリー, ルイ・レオポール Louis-Léopole Boilly 103
ポワレ, ポール Paul Poiret 131, 137, 138, 139, 141
ホルスト・P・ホルスト Horst P. Horst 157
ポンパドゥール夫人 Marquise de Pompadour 90, 101

マ

マッカーデル, クレア Claire McCardell 170
マックイーン, アレキサンダー Alexander McQueen ......
　　　　　　　　　　　　　　　　　　　188
マネ, エドゥアール Edouard Manet 127
マリ=アントワネット王妃 Marie-Antoinette ......
　　　　　　　　　　　　　　　99, 100, 101, 103
マリネッティ, フィリッポ Filippo T. Marinetti 151, 160
マルグリット, ヴィクトール Victor Margueritte 142
マルジェラ, マルタン Martin Margiela 181, 182, 188
マルタン, シャルル Carles Martin 141
マルティ, E・アンドレ André E. Marty 141
マンボッシェ Mainbocher 156
ミッソーニ Missoni 171
三宅一生 171, 180, 181, 182
森英恵 171
モリヌー, エドワード Edward Molyneux 150

ヤ

山本耀司 181, 182, 184, 189

ラ

ラガーフェルド, カール Karl Lagerfeld 171
ラグラン卿 Lord Raglan 114
ラコステ, ルネ René Lacoste 147
ランヴァン, ジャンヌ Jeanne Lanvin ....

　　　　　　　　　　　127, 137, 139, 148, 150, 156
ラング, ヘルムートHelmut Lang 182
ランプルール, アルベール Albert Lempereur 171
ランラン, シュザンヌ Suzanne Lenglen 147
リキエル, ソニア Sonia Rykiel 171
ルイ14世 Louis XIV 75, 79, 81
ルグロ Legros de Rumigny 101
ルソー, ジャン=ジャック Jean-Jacques Rousseau ......
　　　　　　　　　　　　　　　100, 108, 134
ルノワール, オーギュスト Auguste Renoir 127
ルパップ, ジョルジュ George Lepape 141
ルフ, マギー Maggy Rouff 150
ルロワ, ルイ・イポリット Louis Hippolyte Leroy 101
ルロン, リュシアン Lucien Lelong 150
レイ, チャールズ Charles Ray 187
レイ, マン Man Ray 156, 157
レカミエ夫人 Mme Récamier 103
レドファン Redfern 127, 137
ロシャス, マルセル Marcel Rochas 162
ロセッティ, ダンテ・ガブリエル Dante Gabriel Rossetti 132

ワ

ワイルド, オスカー Oscar Wilde 113

事項索引

ア

アスコット・タイ ascot tie……………115
アニリン染料 aniline dye……………126
アビ habit……………87, 88, 103
アビ・ア・ラ・フランセーズ habit à la française………
　　　　　　　　　　　　　　87, 88, 103
アマゾース amazone……………133
アーミン ermine……………34, 36, 38, 107
アルスター ulster……………114
アール・デコ Art Déco……………151, 152, 154
アール・ヌーヴォー Art Nouveau………133, 151, 152
アンガジャント engageantes……………80, 89, 90
アングロマニー anglomanie………88, 90, 100, 110
アンクロワイヤーブル Incroyable……………103
アンディエンス indienne………82, 83, 94, 95, 96
アントワープシックス Antwerp Six……………182
インヴァネス inverness……………114
ヴァスキーヌ vasquiene……………61, 62
ヴィジット visite……………121
ヴェスト veste……………78, 79, 87
ウエストコート waistcoat……………79, 87
ウエストニッパー waist nipper……………167
ヴェール vair……………38, 39
ヴェール veil……………15, 29
ヴェルチュガル vertugale……………61, 62
ウース housse……………44
ウープランド houppelande……………46
ウンボー umbo……………20
エカルラット écarlate……………51
エギュイエット aiguillettes……………44, 56
S字型シルエット……………133, 137
エスタメ estamet……………56
エステティック・ドレス Aesthetic Dress……………132
エシェル échelle……………80, 90
エナン hennin……………44
エプロン apron……………14, 83
エレファント・スリーブ elephant sleeve……………133
燕尾服 tail coat……………113, 115
オーヴァーオール overall……………159
オートクチュール Haute Couture………
　126, 127, 128, 137, 141, 144, 148, 150, 151, 152, 155,
　156, 159, 160, 162, 163, 164, 166, 170, 171, 179, 186
オ・ド・ショース haut-de-chausses……56, 57, 59, 61, 70
オーベール haubert……………32
オモニエール aumônière……………52
オリエンタリズム Orientalism……………138
オールインワン all-in-one……………167

カ

貝紫（パープル染め）……………21, 26, 27, 35, 63
カウナケス kaunakès……………6, 14
カクテル・ドレス cocktail dress……………148
カザカン casaquin……………90
カシミア・ショール cashmere shawl……………104, 121

カスケット casquette……………115
ガーターベルト garter belt……………170
合羽……………66
鬘, かつら……………11, 23, 77, 78, 79, 102
カドガン cadogan……………102
ガードル girdle……………144, 156, 167
ガナシュ garnache……………44
カヌズー canezou……………117
カノチエ canotier……………115
カノン canon……………70, 77
カパ capa……………63
カフス cuff……………73, 78, 87
カポート capote……………119
髪粉……………78, 102
カムロ camelot……………61, 63
カラシリス calasiris……………10
カラコ caraco……………90
カルケウス calceus……………21
カルマニョル carmagnole……………103
カンカン帽……………115
カンディス kandys……………6
キトン chiton……………16, 17, 21
ギブソン・ガール Gibson Girl……………134
キモノ・サダヤッコ……………137
キモノ袖, キモノ風打合せ……………131
ギャラン galant, ギャラントリー galanterie……73, 74
ギャルソンヌ garçonne……………114, 147
宮廷用トレーン manteau de cour……………107
キュ・ド・パリ cul de Paris……………122
キュロット culotte………
　　　42, 70, 73, 77, 78, 79, 87, 88, 103, 107, 111, 113
切口装飾 slash……………55, 57, 62
クチュリエ couturier, クチュリエール couturière………
　　76, 97, 100, 127, 128, 138, 139, 144, 151, 152
クラヴァット cravate……………78, 79, 103, 111
クラミュス clamys……………17, 21, 29
グランジ・ルック grunge look……………182
グリ gris……………38
クリノリン crinoline……………120, 121, 122, 125
クロッシュ cloche……………39, 144
グンナ gunna……………30
ケープ cape……………60, 70, 72, 73, 114, 117
ケルメス kermes……………51
コカルド cocarde……………103
腰衣……………6, 9, 13, 14
ゴシック・ファッション Gothic fashion……………189
ゴーズ gauze……………104
コスチューム・プレート costume plate……………76
ゴスロリ・ファッション Gothic and Lolita fashion……189
コタルディ cote hardie……………44
コット cotte……………39, 41, 44, 61, 62
コット・ダルム kotte d'armes……………40, 44
コプト織……………26
コール corps, コール・ア・バレネ corps à baleine……96
コルセット corset………
　　61, 62, 72, 79, 82, 89, 90, 96, 97, 100, 103, 107, 113,

214

	116, 125, 127, 131, 133, 137, 138, 144, 146, 183
コロビウム colobium	21, 26
コンフェクション confection	126, 171
コンプレ complet	114
コンペール comperes	90

サ

サイケデリック psychedelics	172, 175
サグム sagum	21
サックコート sack coat	113
サボ sabot	103
サーファー surfers	172
サファリ・スーツ safari suit	174
サン・キュロット sans-culotte	103
サンダル sandal	6, 21, 23
ジェット jet	124
ジェーンズ chainse	34
シェンティ shenti	9, 11, 13
ジゴ袖 manche à gigot	117, 133
シティパンツ City Pants	174
シスス sinus	20
シノワズリー chinoiserie	95
ジャク jaque	44
ジャケット jacket	44, 87, 88, 90, 103, 104, 105, 140
シャツウエスト shirtwaist	134
シャネル・スーツ Chanel suit	148, 163, 170
シャプ chape	36
シャプロン chaperon	52
ジャボ jabot	87
ジャポニスム Japonism	110, 131, 137, 152
シャマール chamarre	56
ジュイ・プリント toile de Jouy	94
シュミーズ chemise	34, 41, 47, 54, 55, 58, 61, 62, 100, 125
シュミーズ・ドレス chemise dress	100, 103
シュミーズ・ア・ラ・レース chemise à la Reine	100
ジュストコール justaucorps	78, 79, 87
ジュップ jupe	72, 89, 90, 93
シュニール chenille	80
ショース chausses	44, 56, 57, 59, 61
ショール shawl	6, 104, 105, 121
シルク・ハット silk hat	113, 115
ジレ gilet	79, 87, 88, 103, 111
ジーンズ jeans	172, 175, 176, 177, 178, 184
スカーレット scarlet	51, 52
スケボー skaters	172
スティラップ stirrup	113
ステンケルク結び cravate à la steinkerque	70
ストッキング stockings	156, 167, 170
ストマッカー stomacher	72, 89
ストラ stola	21, 23
スパンデックス Spandex	168
スペンサー spencer	104, 105
スマート smart	111
スモーキング smocking	114
シュルコ surcot	39, 40, 47
シュンテシス synthesis	21, 23
スリップ slip	156
セー saie	56, 53
セーラー服	134

セルジュ・ド・ニーム serge de Nîmes	176

タ

タイユール tailleur	76, 96, 97, 100
タキシード tuxedo	114
ダスター・コート duster coat	140
タータン tartan	129
ターバン turban	138, 159
ダービー・ハット derby hat	115
タブリエ tablier	62
タブリオン tablion	26
ダルマティカ dalmatica	21, 27
ダンディ dandy、ダンディスム dandyism	110, 111, 113
チェスターフィールド chesterfield	114
チュニック tunic	11, 138
チョッキ	111, 113, 114
チンツ chintz	82
つけ髭	11
角形帽	44
ティー・ガウン teagown	137
ティビアリア tibialia	30
ディナー・ジャケット dinner jacket	114
ディプラックス diplax	17
テイラー tailor	110, 111
テイラード・スーツ tailored suit	127, 133, 139, 162
テイルコート→燕尾服	
デコルテ décolleté	72, 80, 117
テディボーイ teddy boys	172, 189
デニム denim	159, 176, 177
トゥニカ tunica	21, 26, 29, 30
トゥールニュール tournure	122
トガ toga	18, 19, 20, 21, 23, 26
トーク帽 toque	125, 156
トップ・ハット top hat	113, 115
トラウザース trousers	111
トリコルヌ tricorne	79, 103
ドレーパリー dreparie	14, 15, 16, 19, 20, 26, 33
トレーン train	121
ドロワーズ drawers	125
ドロンワーク drawn work	89
トワル・パント toile peinte	82

ナ

ナイロン nylon	156, 167, 170
長ズボン	103, 111, 113
ナンキン nankin	95
ニッカーボッカーズ knickerbockers	114, 156
ニードルポイント・レース needlepoint lace	73, 76
ニュールック New Look	162, 167
ノーフォーク・ジャケット Norfolk jacket	114, 129
ネクタイ tie	111, 113, 114, 115, 189
ネグリジェ négligé	81

ハ

バイアス・カット bias cut	149
パイユ paile	32
パエヌラ paenula	21
バーサ襟 bertha	119

パタン	patin	72, 78
パジャマ	pajamas	148, 156
バッスル	bustle	122, 123, 125, 133, 146
バティスト	batiste	72
パテルノステル	paternoster（ロザリオ rosario）	62
バ・ド・ショース	bas-de-chausses	56
バニヤン	banyan	96
パニエ	panier	89, 93, 96, 97, 99, 100, 101, 103
パラガウディオン	paragaudion	26
パラソル	parasol	123
パリウム	pallium	21
パリ・オートクチュール組合		127, 141
パルーダーメントゥム	paludamentum	21, 26
パルラ	palla	21
バレット	barret	172, 191
パンク	punks	172, 191
パンタロン	pantalon	103
パンティストッキング	panty-stocking	167, 170
ハンティング・キャップ	hanting cap	115
パントゥフル	pantoffle	72
ピエス・デストマ	pièce d'estomac	72, 89, 90, 93
東インド会社		82, 83, 100
ビコルヌ	bicorne	103
ビザール・シルク	Bizarre	95
襞襟		58, 71, 72, 82
ヒッピー	hippies	172, 175, 177, 178
ヒップ・ホップ	hip-hop	189
ヒップボーン	hipster	177
ビートニク	beatniks	172
ヒマティオン	himation	17, 21
ビロード	veludo	34, 52, 55, 56, 57, 62, 63, 66, 73
ファージンゲール	farthingale	62, 72
ファスト・ファッション	fast fashion	186
ファスナー	fastener	156
ファッション・プレート	fashion plate	65, 128
ファッション人形	fashion doll	77
フィシュー	fichu	117
フォーリンハンド	four-in hand tie	115
フォンタンジュ風	à la Fontanges	81
服飾版画, モード版画		65, 76, 77
ブーツ	boots	70, 78
ブラウス	blouse	134
フラウンス	flounce	119
ブラカエ	braccae	23, 30, 41
ブラゲット	braguette	59, 61
ブラシエール	brassière	107
ブラジャー	brassiere	107, 114, 156, 167
フラック	frac	88, 103
プラットフォーム・シューズ	platform shoes	159, 177
フランス・クチュール組合		141
ブランドブール	brandebourg	105
ブリオー	bliaud	31, 32, 33, 34, 35, 39, 41, 44
フリジア帽	bonnet Phrygiens	27, 103
プリス	pelisse	36, 37, 104
プリソン	pliçon	36
ブリュネット	brunette	52
プリンセス・ドレス	princess dress	123
ブルス	bourse	102
プールポワン	pourpoint	44, 51, 55, 58, 59, 63, 69, 70, 73, 77, 78
ブルーマー（ズ）	bloomers	130
ブレー	braies	41, 42, 47
プレタポルテ	prêt-à-porter	164, 168, 170, 171, 172, 174, 183
プレタンターユ	prétintailles	80
プーレース	poulaines	44
ブロケード	brocade	72, 78
フロック・コート	frock coat	88, 113
ブローニュ	broigne	32
ペイズリー	paisley	121
ペキン縞	pékin	95
ペティコート	petticoat	61, 62, 72, 80, 82, 83, 89, 97, 119, 120, 121, 125, 127, 167
ペティコート・ブリッチズ	petticoat breeches	77
ペプロス	peplos	15, 16, 17, 21
ペール	pers	51
ペルカル	percale	104
ベルベット	velvet	78, 113
ベルボトム	bell bottoms	177
ペルリーヌ	pelerine	117
ベレー	beret	156
ポシェット	pochette	61
ポショワール	pochoire	141, 156
ホーズ	hose	44
ホステス・ドレス	hostess robe	137, 148
ボーター	boater	115
ボタン	button	40, 41, 66, 78, 79, 87
ボディス（胴着）	bodice	72
ボディコンシャス	body conscious	166
ボネ	bonnet	57
ボビン・レース	bobbin lace	73
ホブル・スカート	hobble skirt	138
ボーラー	bowler	115
ポリエステル	polyester	167
ポワン・ド・フランス	point de France	76
ボンネット	bonnet	100, 119

マ

マニアキス	maniakis	26
マフ	muff	73, 76, 79
マムルーク	à la mameluke	105
マント	manteau	6, 11, 18, 21, 26, 28, 30, 31, 32, 34, 35, 36, 37, 39, 41, 63, 70
水着		129, 148
ミニ	mini	163, 164, 166, 167, 170, 172
ミ・パルティ	mi-parti	41, 42, 43
ミュスカダン	Muscadin	103
ムーシュ	mouche	72, 73, 98
メリヤス	medias	66
メルベイユーズ	Merveilleuse	103
モスリン	muslin	79, 104, 105, 107, 111
モータリング・ヴェール	motoring veil	140
モダン・ガール		147
モッズ	mods	172, 189
モード商人	marchand des modes	100, 101
モーニング・コート	morning coat	114
モノキニ	mono-kini	166

ヤ

ヤポンセ・ロッケン	Japonsche Rocken	96

山高帽 …………………………………………115
ユサール à la hussard …………………………105
ユーティリティー・ガーメント utililty garment ………160

ラ

ラウンジ・スーツ lounge suit ………………………113
ラグラン袖 raglan sleeve ……………………………114
ラケルナ lacerna ……………………………………21,23
ラシャ（羅紗）raxa …………………………………66
ラングラーブ rhingrave ……………………………77,78,79
ランゲット languerette ……………………………44
リーファー reefer ……………………………………114
リノン linon …………………………………………104
ルダンゴト redingote ………………………………87,104,105
ルトゥルーセ・ダン・レ・ポッシュ retroussée dans les poches………………………………………………90
レイショナル・ドレス協会 ……………………………132,137
レッグ・オブ・マトン leg-of-mutton sleeve …………117
レーヨン rayon ………………………………………156
ロカビリー rockabillies ……………………………172
ロッカー rockers ……………………………………172
ローブ・ア・ラ・フランセーズ robe à la française ……90
ローブ・ア・ラ・ポロネーズ robe à la polonaise ……93,123
ローブ・ア・ラングレーズ robe à l'anglaise …………93
ローブ・ヴォラント robe volante ……………………89,90
ローブ・ド・シャンブル robe de chambre …………79,81
ロリータ・ファッション Lolita fashion ………………189
ロンドン・ファッション・デザイナー連盟 ………………160

増補新装 [カラー版] 世界服飾史

発行	1998年4月15日	第1刷
	2009年4月10日	第10刷
	2010年4月15日	増補新装初版
	2022年5月1日	増補新装第5刷

監修者　深井晃子
発行人　山下和樹
編集　椎名節+田中為芳+茂木 功
編集スタッフ　高木光子+筒井直子
海外業務　牧野恭子
デザイン　中垣信夫+川瀬亜美[中垣デザイン事務所]
印刷・製本　大日本印刷株式会社
発行　カルチュア・コンビニエンス・クラブ株式会社　美術出版社書籍編集部
発売　株式会社　美術出版社
〒141-8203　東京都品川区上大崎3-1-1　目黒セントラルスクエア5F
電話：03-6809-0318（代表）　03-5280-7442（編集）
https://www.bijutsu.press

ISBN978-4-568-40077-9 C3070
©Culture Convenience Club 2022　禁無断転載
Printed in Japan

写真提供

Agence Photographique de la Reunion des Musées Nationaux, Paris
Amsterdams Historisch Museum
Archaeological museum of Heraklion Crete, Greece
Archaeological Receipts Fund, Athens
Bibliothèque National de France, paris
Bibliothèque Royale Albert Ier, Bruxelles
Donald Young Gallery, Chicago
GIRAUDON, Paris
Jean BERNARD
Kunsthistorisches Museum, Wien
Musées de la Chambre de Commerce, Lyon
Museo Archeologico Nazionale, Napoli
National Gallery, London
National Portrait Gallery, London
SCALA, Firenze
Staatliche Antikensammlungen und Glyptothek, München
Studio KOPPERMANN, München
Tapisserie de Bayeux, France
The British Museum, London
The Condé Nast Publications, London
Victoria & Albert Museum, London
William Claxton
オリオンプレス
鹿島 茂
勝井デザイン事務所
京都服飾文化研究財団
操上和美
小暮 徹
コム デ ギャルソン
柴永文夫
ストリート編集室
デサント
仁田三夫
畠山 崇
畠山直哉
広川泰士
町田市立国際版画美術館
三宅デザイン事務所
メゾン マルタン マルジェラ
ユニフォト・プレス
PPS通信社
JTBフォト